法學叢書

國家豁免問題之研究

——兼論美國的立場與實踐

陳純一　著

三民書局

國家圖書館出版品預行編目資料

國家豁免問題之研究：兼論美國的立場與
實踐／陳純一著.--初版.--臺北市：三
民，民89
　　　　面；　　公分
參考書目：面
ISBN 957-14-3126-5（平裝）

1.豁免權 2.治外法權

579.64　　　　　　　　　　　　　　88017575

網際網路位址　http：//www.sanmin.com.tw

ⓒ 國家豁免問題之研究
——兼論美國的立場與實踐

著作人　陳純一
發行人　劉振強
著作財產權人　三民書局股份有限公司
發行所　三民書局股份有限公司
　　　　地址／臺北市復興北路三八六號
　　　　電話／（〇二）六〇〇六六〇〇
　　　　郵撥／〇〇〇九九九八——五號
印刷所　三民書局股份有限公司
門市部　復北店／臺北市復興北路三八六號
　　　　重南店／臺北市重慶南路一段六十一號
初版　中華民國八十九年三月
編　號　S 57115
基本定價　壹拾貳元
行政院新聞局登記證局版臺業字第〇二〇〇號

ISBN 957-14-3126-5（平裝）

丘 序

　　「國家豁免」是國際法學中一個非常重要而且正在發展中的領域。民國八十一年，應聯合國「國際法委員會」委員，英國劍橋大學國際法研究中心主任，與「國際法學會」(International Law Association)前研究部主任克勞福德(James Crawford)教授之建議，本人推薦作者參與該學會「國家豁免委員會」的研究工作。經過長期地努力，作者將其心得與成果發表，是國內第一本有關「國家豁免」的專書。

　　全書體例分為三篇十章，主要有三個重點。首先，它說明了「國家豁免」的意義、性質、內容，並介紹聯合國「國家及其財產的管轄豁免條款草案」與「歐洲國家豁免公約」的內容，與英國、加拿大、德國、法國、瑞士、日本、我國和中共的國家實踐。其次，它討論了美國有關「國家豁免」的立場，依次分析美國如何從堅決支持「絕對豁免論」而轉向「限制豁免論」，以及在美國適用「國家豁免」時一定會面對的問題，包括「國家」的意義、管轄權的確定，並強調「國家豁免」和「外交豁免」在觀念上與規範上的差異。最後，本書則是從四個充滿爭議而重要的訴訟領域中觀察「國家豁免」在美國法院如何地被具體應用。這四個被關心的對象分別是國家從事商業活動；國家從事侵權行為；國家放棄豁免；以及國家財產的執行豁免。

　　作者過去一直持續不斷地關心「國家豁免」的問題，除參加有關的國際會議外，並曾親赴聯合國、德國海德堡大學、美國哈佛大學和馬里蘭大學等著名圖書館蒐集資料，故全書內容豐富翔實，分析客觀且有依據，此其特點之一。此外，我國的國際法學者雖曾發表過一些有關「國

家豁免」的論文，並介紹重要的外國立法和觀念，但是國內對於此一問題還是比較陌生，而大陸學者對於此一問題的重視是始於「湖廣鐵路債券案」發生後，但和其它領域的研究比起來，中國大陸有關「國家豁免」的專著也比較少。因此本書的出版應有助於普及知識，並鼓勵更多有興趣的人士繼續鑽研，此其特點之二。又「國家豁免」不但是在理論上富有討論的價值，實務的見解更值得關心。而作者以美國大量的法院判決說明「國家豁免」如何被具體的應用於國內法院，研究方法富有新意，且增加了本書的實用與參考價值，此其特點之三。最後，本人一向強調我國學者從事國際法研究時，應多發掘中國有關的理論與實踐，而本書作者除了關心美國，兼敘英國、加拿大、德國、法國、瑞士和日本的立場外，還以相當的篇幅涵蓋我國與中共的發展，這一點非常可喜，此為本書特點之四。

基於本書的價值與貢獻，本人決定將其列入本人主編之「中國國際法及國際事務叢書」，並樂意為序介紹。

中國國際法學會　理事長

丘宏達

民國八十八年九月

自　序

　　「國家豁免」不僅僅是國際公法學的研究重點之一，同時也是國際私法和國際經濟法學關心的對象。當國家在外國被控訴時，它是否能成功地主張「國家豁免」而免於外國法院的管轄，關係到國家的重大利益，不論對於法律實務界、政府機關和私人企業都有很深遠的意義與影響。這也是為什麼聯合國「國際法委員會」致力於「國家及其財產的管轄豁免條款」的編纂；世界重要的學術研究團體相繼投入此一領域的研究工作；美國、英國、加拿大、南非、巴基斯坦、新加坡和澳大利亞等國先後制訂相關的「國家豁免」法令；更不用說這麼多年來各國法院針對「國家豁免」問題而產生了數量可觀的重要判決。尤其是美國的實踐，不論是法院的見解、行政部門的態度，還是「外國主權豁免法」的內容，都能夠充分說明「國家豁免」的實用與重要性。

　　中華民國是一個重視國際貿易的國家，政府或是國營企業在外國被控訴的事例屢見不鮮，而且近年來幾個重大的訴訟案件都發生在美國。究其原因，主要還是因為中美之間密切的政治經濟關係，和往來頻繁的商務活動。有鑑於此，本書因此希望經由立法、判決、條約、外交聲明和學者意見來說明「國家豁免」的原則和內容，並經由美國的實踐來觀察「國家豁免」的具體應用，以瞭解其未來可能的發展趨勢和增加國內理論及實務界對此一問題的認識。

　　個人投入「國家豁免」的研究始於美國馬里蘭大學法學院，民國八十一年我在該校從事博士後研究工作時，丘宏達教授建議我選擇「國家豁免」做為未來的努力重點。民國八十八年我以「傅爾布萊特訪問學者」的身分

重回馬大,並在其指導下完成此書的撰寫。七年來,丘教授嚴謹的治學態度與廣博的知識,深深地影響著我在國際法的教學與研究工作。對於他的教導與關懷,我心存感激並致最深的謝意。而馬大東亞法律研究計畫副主任杜芝友女士長期的鼓勵與支持,使我受益良多,謹在此表達謝意。

我的家人是我完成本書的主要助力。感謝我的父母親,如果不是他們對教育的重視與支持,我不可能心無旁騖地順利完成學業;感謝內人歐陽純麗女士,如果不是她的耐心協助,本書無法順利完成。許多年來,她無私的愛與堅定的支持,伴我度過許多挑戰與難關;此外,還要謝謝我的兒子陳其威,因為他的成長,讓我嚴肅的研究生活中充滿了許多的歡樂。

本書是長期研究的成果,而在寫作期間,許多先進友人或是提供資料,或是表達觀點,或是針砭缺失,或是參與討論,他們的協助與關心,不但令我感激,也驅策著我努力向前而不敢稍存懈怠之心。此外,書中部分內容過去雖曾經在國內的期刊專論上發表過,但為適應本書之需要,均已重新依最新發展加以增補修訂。

本書內容雖希望力求無誤,並詳查各種資料,但疏漏之處難免,還望學者專家指正。又行政院「國家科學委員會」曾經數次對本人主持有關「國家豁免」的研究計畫提供經費,學術交流基金會則以「傅爾布萊特獎學金」資助本人到美國實地進行研究,而中國國際法學會也決定將本書編入「中國國際法及國際事務叢書」,對於這些機關與學術組織的支持,本人深感榮幸,謹在此一併致謝。

陳純一
民國八十八年九月
於美國馬里蘭大學法學院
東亞法律研究計畫

本書註解說明

一、 本書所引用的國際公約或是外國法律條文與判決以取材於丘宏達教授編輯之《現代國際法參考文件》為主，如果無中文譯本，則由作者自行翻譯。

二、 關於條約與法律條文的款項次序問題，國內立法方式一般是「條」、「項」、「款」依序排列，但中共的聯合國文件譯本與西方國家法律條文的排序則往往是「條」、「款」、「項」。本書依國內習慣，條文順序一律先為「條」，次為「項」，再下來才用「款」。

三、 一九七六年美國「外國主權豁免法」一共有八條條文，編號94–583，原載於《美國法規大全》(*United States Statute at Large*)第九十卷，頁二八九一～二八九八。依該法第四條規定，重要實質內容隨後被編入《美國法典》(United States Code)標題二十八，第九十七章，第一六〇二條至第一六一一條，由於中美兩國在立法體例上有所差異，為便利閱讀與避免誤解，本書正文及註解中所引用「外國主權豁免法」各相關條文，均以《美國法典》的內容為本（參考附件）。例如當本書提及「美國外國主權豁免法」第一六〇五條時，實際上指的是《美國法典》標題二十八下之第一六〇五條。又本書所引用《美國法典》為一九九四年版及一九九八年出版的一九九四年版增補第三卷(1994 Edition, Supplement III)。

四、 為節省篇幅起見，常用重複的資料依*Oppenheim's International Law*《奧本海國際法》一書的體例，以略字代表。此類略字所代表之中英文著作以及常用的英文縮寫符號均列表於下，當書中正文與註解若引用表中的著作時，均直接引用略字，而不再詳列全名，以避免繁瑣。至於其它書籍論文或判決，則依一般的學術註解格式說明出處。

中 文

《中國國際法年刊》　　　中國國際法學會編,《中國國際法年刊》,北京:中國對外翻譯出版公司,一九八二年開始出版,一九九六年與一九九七年兩卷已改由法律出版社出版。

《中國國際法與國際事　　中國國際法學會編,《中國國際法與國際事務年務年報》　　　　　報》,臺北:臺灣商務印書館,民國七十五年開始出版。

《中華法學大辭典:國　　王鐵崖總主編,《中華法學大辭典:國際法學卷》,際法學卷》　　　　　北京:中國檢察出版社,一九九六年。

《現代國際法》　　　　丘宏達,《現代國際法》,臺北:三民書局,民國八十四年。

《現代國際法參考文件》　丘宏達編輯,陳純一助編,《現代國際法參考文件》,臺北:三民書局,民國八十五年。

《國際法委員會第四十　　國際法委員會,《國際法委員會第四十三屆會議工三屆會議工作報告》　　作報告》,大會正式紀錄:第四十六屆會議補編第十號(A/46/10),紐約:聯合國,一九九一年。

《日本國際法辭典》　　　日本國際法學會編,《國際法辭典》,北京:世界知識出版社,一九八五年。

《國際法資料》　　　　大陸中國國際法學會和外交學院國際法研究所編輯,《國際法資料》,第七輯,北京:法律出版社,一九九三年。

英 文

aff'd	affirmed
AJIL	*American Journal of International Law*
ALL ER	*All England Law Reports*
BYIL	*The British Yearbook of International Law*
Cir.	Circuit
Cumulative Digest 1981–88	Marian Nach (Leich), *Cumulative Digest of United States Practice in International Law 1981–1988,* Books I, II, III, Department of State: Washington, D.C., 1993.
Dellapenna	Joseph W. Dellapenna, *Suing Foreign Governments and Their Corporations,* Washington, D.C.: The Bureau of National Affairs, Inc., 1988.
Encyclopedia PIL	R. Bernhardt, ed., *Encyclopedia of Public International Law*, 12 Vols., Amsterdam: North-Holland Publishing Company, 1981–1990.
F.2d	*Federal Reporter*, Second Series
F.3d	*Federal Reporter*, Third Series
FSIA	Foreign Sovereign Immunities Act (United States)
F.Supp.	*Federal Supplement*
Gordon	Michael Wallace Gordon, *Foreign State Immunity in Commercial Transactions*, New

	Hampshire: Butterworth Legal Publishers, 1991.
Henkin	Louis Henkin, Richard C. Paugh, Oscar Schachter and Hans Smit, *International Law, Cases and Materials*, St. Paul, Minn.; West Publishing Co., 3rd ed., 1993.
ICLQ	*The International and Comparative Law Quarterly*
ILA	International Law Association
ILC	International Law Commission
ILM	*International Legal Materials*
ILR	*International Law Reports*
Oppenheim's International Law	Robert Jennings and Arthur Watts, eds., *Oppenheim's International Law*, Vol. 1, 9th ed., Introduction and Part 1, Parts 2–4, Harlow, Essex, England: Longmans Group UK Limited, 1992.
Q.B.	Queen's Bench
Restatement (Third)	American Law Institute, *Restatement of the Law: the Foreign Relations of the United States*, 3rd ed., 2 Vols., 1987.
Schreuer	Christoph Schreuer, *State Immunity: Some Recent Developments*, Cambridge: Grotius, 1988.
S. Ct.	Supreme Court
Sec.	Section
UN	United Nations

UN State Immunity Materials	*United Nations Materials on Jurisdictional Immunities of States and Their Property*, United Nations Legislative Series, ST/LEG/SER. B/20, New York: United Nations, 1982.
UNTS	*United Nations Treaties Series*
U.S.	*United States Supreme Court Reports*
U.S.C.	United States Code
UST	*United States Treaties & Other International Agreements*
YBILC	*Yearbook of the International Law Commission*

國家豁免問題之研究
——兼論美國的立場與實踐

目　次

丘　序

自　序

本書註解說明

第一篇　國家豁免問題導論

第二篇　美國有關國家豁免的立場

第三篇　由美國的實踐分析國家豁免的具體應用

國家豁免問題

導論

第一章 「國家豁免」的概念與性質

第一節 「國家豁免」的意義與重要性

國家依據「領域管轄權」(Territorial Jurisdiction，又稱作「屬地管轄權」)，可以對其領域內的人、事、物行使管轄權，但此種管轄權的行使並非毫無限制(註一)。通常，外國政府、外國元首、外交使節、政府間國際組織人員、外國軍艦和軍隊等，均可以依據國際法規則，主張全部或部分地豁免地主國的領域管轄權(註二)。而「國家豁免」(Doctrine of State Immunity)正是有關國家本身主張豁免管轄的一項重要國際法原則。

「國家豁免」又被稱為「主權豁免」(Doctrine of Sovereign Immunity)，或是更精確地被表述為「國家及其財產的管轄豁免」(註三)，指的是

註一　王鐵崖，「領土管轄權」，《中華法學大辭典：國際法學卷》，頁四〇〇。

註二　*Oppenheim's International Law*, Vol. 1, pp. 460–461；參考丘宏達，《現代國際法》，臺北：三民書局，民國八十四年，頁六七五；俞寬賜，《新世紀國際法》，臺北：三民書局，民國八十三年，頁三〇三。

註三　誠如有學者指出，嚴格來說，「國家豁免」和「主權豁免」意義並不完全相同，「主權豁免」原是強調君主或國家元首在他國領域內享有豁免，而「國家豁免」則偏重於以整個國家為對象。見蘇義雄，〈論外國管轄豁免──英美兩國之實踐〉，《中興法學》，第三十一期(民國七十九年十一月)，頁二九。但實際上，由於「國家豁免」是以國家主權為根據，所以目前多數學者和官方文件都已將二者視為相同意義，不過前者較常為正式官方文件所使用。見

一個國家及其財產免於另一個國家管轄的權利(註四)。豁免的內容就廣義
而言應包括司法、行政、執行等三方面，但一般以為主要是專指兩部分：
即司法管轄豁免和執行豁免(註五)。換句話說，依據「國家豁免」原則，
國家不受另一國法院審判，其財產在另一國法院也可免於遭受扣押等強
制執行措施。不過這並不是表示國家可以依據「國家豁免」免除其實體
法上的責任，它只是賦予國家享有程序上的豁免而已(註六)。此外，這也
並不表示案件不能被裁判(Non-judiciability)，　只是因為案件涉及的當事
人為外國國家或政府，所以國內法院依法不予以管轄(註七)。至於豁免的
方式通常是一國的法院拒絕對外國的行為或財產行使管轄權，而由該國
的行政部門循外交途徑解決糾紛。此外，「國家豁免」也並不是表示外國
的行為可以不受任何拘束而為所欲為，依目前公認的見解，國家從事一

Sompong Sucharitkul, " Development and Prospects of the Doctrine of State Immunity: Some Aspects of Codification and Progressive Development," *Netherlands International Law Review*, Vol. XXIX (1982), p. 252。

註四　關於「國家豁免原則」的意義，請參考Helmut Steinberger, "State Immunity," *Encyclopedia PIL*, Vol. 10, p. 428。中文部分可參考龔刃韌，「國家豁免」，《中華法學大辭典：國際法學卷》，頁一九九。

註五　美國國際法學者Louis Henkin等人以為，當一個法院面對有關另一個國家的訴訟時，首先面對的問題是當地法院是否對該外國享有司法管轄權，這是司法管轄豁免的範疇；　其次面臨的問題是當地法院是否能根據法律裁判外國的行為，這是有關立法管轄豁免的問題；最後的問題則是當地法院有關該外國及其財產的判決可否被強制執行，　這是有關執行管轄豁免的問題，　見 *Henkin*, p. 1127。

註六　Sucharitkul, "Development and Prospects of the Doctrine of State Immunity,"前引註三，p.256。

註七　俞寬賜，前引註二，頁三○四～三○五。

些特定行為時，它不得主張援引「國家豁免」。這些特定的行為包括國家從事商業行為或是侵權行為，以及國家明示或是默示放棄豁免權等(註八)。

　　從法律實務的角度來看，「國家豁免」是國際民事訴訟活動中常見的問題(註九)，而且兼受國際法與相關國家的國內法規範。這主要是因為在目前的國際經濟活動中，國家本身常常會不可避免地參與民事交易活動，例如基於公共目的採購軍備和購買醫藥品即是。而從民事法律關係的角度來看，國家理當和普通當事人一樣的享有同樣的民事權利和承擔同樣的民事義務，所以地位應是相同的。但另一方面，國家又是一個主權者，基於國與國之間主權平等的原則，除非國家同意，否則其本身及其財產皆不應受外國法院管轄。在這種情況下，一旦產生國際民事爭議，一個國家是否能在外國法院被訴，或是國家財產是否能在外國法院作為訴訟標的往往成了一個不可避免而必須先解決的問題(註一〇)。

　　而從國際公法學的角度來看，目前「國家豁免」的理論和實踐發展都正處於一個轉型期，首先，聯合國「國際法委員會」已完成一部「國家及其財產的管轄豁免條款草案」(註一一)；第二，美、英、新加坡、南

註八　Sompong Sucharitkul, "Immunity of States," in Mohammed Bedjaui, ed., *International Law: Achievements and Prospects*, Paris: UNESCO & Dordrecht: Martinus Nijhoff Publishers, 1991, p. 327.（作者將特定行為分類為商業行為；財產的所有權、佔有和使用；人身傷害和財產損害；僱傭契約；仲裁，以及自願放棄豁免而參與訴訟。）

註九　參考陳榮宗，〈國際民事訴訟之法律問題〉，《法學叢刊》，第三十六卷第三期（一九九一年七月），頁二六～二八。

註一〇　參考黃進，〈國家及其財產豁免法的一般問題〉，刊載於黃炳坤主編，《當代國際法》，臺北：風雲論壇出版社，民國七十八年，頁一六九。

註一一　關於「國家豁免」的相關國家實踐，立法，條約，司法判決和官方文書記

非、 巴基斯坦、 加拿大和澳洲都制定了規範「國家豁免」 問題的法律(註一二)，而且各國相關的判決數量正日漸增加中。第三，隨著前蘇聯的瓦解，歐美國家有關「國家豁免」的立場正得到越來越多國家的支持。由於「國家豁免」涉及到國家的主權和重大利益，所以它的發展趨勢值得吾人關心。

第二節 「國家豁免」的法理根據

國家及其財產為何能享有豁免權呢？各國的理論和實踐曾有過不同的主張(註一三)，歸納起來包括下列五種：㈠治外法權說：在十九世紀以前，治外法權理論是外交使節享受特權與豁免的主要根據，所以一些國際法學者也一併將其適用於「國際豁免」。依此說，一個主權者在他國領土內可以行使法權，猶如在自己國內一般。但此說的缺點是它是一種虛擬的比喻，又給予人外國國家可以超越領土國法律的印象，所以早在十九世紀初就被認為不能妥善的作為「國家豁免」的法理基礎。㈡尊嚴說：在一些英美法判例中，維護外國的尊嚴常被引用作為給予「國家豁免」的根據，不過此一觀念往往是和其它概念一起共同提出來支持「國家豁免」。㈢國際禮讓說：這種理論的主要特點是以維護國家之間的政治或外

錄，可參考 *UN State Immunity Materials*； 重要的文獻目錄索引，可參考 *Oppenheim's International Law*, p. 342, n. 2。

註一二　*UN State Immunity Materials*, pp. 7–11, 20–62. 澳洲「一九八五年外國國家豁免法」全文可參考《國際法資料》，第七輯，一九九三年，頁一九～三七。

註一三　見黃進，〈國家及其財產豁免法的一般問題〉，前引註十，頁一七二～一七三；龔刃韌，〈關於國家管轄豁免理論根據的歷史考察〉，《法學》，第六期（一九九○年），頁一三六～一三九；俞寬賜，前引註二，頁三○五。

交關係的角度來考慮問題，認為一個國家的主權僅及於本國領土，而國家之間相互給予豁免權完全是基於禮讓和善意。㈣互惠說：本說以為「國家豁免」的根據在於國家之間的互利互惠，給予豁免並不是一項法律義務，只有在一方給予另一方豁免時，後者才會給前者豁免。㈤主權平等說：此說主張「國家豁免」是由國家主權原則所引申出的一項國際法原則，而依據主權平等原則，國家彼此之間應當是互相獨立且平等，故任何國家當然不能對其它國家及其財產行使管轄權。

　　上述的五種見解中，主權平等說獲得廣泛的支持(註一四)，治外法權說則早已不採，而尊嚴、禮讓、互惠等主張的共同缺點是缺乏法律要素，所以不如主權平等說來得完備。而主權平等說較為適當的理由是因為國家主權平等早已是國際社會公認的國際法基本原則，例如聯合國憲章第二條第一項就明訂了主權平等是聯合國及其會員國應遵守的基本原則；而一九七〇年聯合國大會通過的「關於各國依聯合國憲章建立友好關係及合作之國際法原則之宣言」 (Declaration on Principles of International Law Concerning Friendly Relations and Cooperation among States in Accordance with the United Nations Charter)也規定主權平等是國際法的基本原則之一(註一五)。所以「國家豁免」以國家主權平等為基礎具有堅強的法律依據。其次，「國家豁免」只能適用於互相平等的國家之間，而主權平等說正反映了國際社會中國家的地位和彼此之間的關係，它說明國家之間互相給予豁免的原因是由於彼此互相平等的結果，而不是一國比另一

註一四　*Oppenheim's International Law*, p. 342；倪征噢，〈關於國家豁免的理論和實踐〉，《中國國際法年刊》，一九八三年，頁五；黃進，《國家及其財產豁免問題研究》，北京：中國政法大學出版社，一九八七年；太壽堂鼎，「管轄的豁免」，《日本國際法辭典》，頁九三四。

註一五　相關文件可參考丘宏達編輯，陳純一助編，《現代國際法參考文件》，臺北：三民書局，民國八十五年，頁五，二二。

國具有更優越的地位。

其實，國家主權平等作為「國家豁免」的法理基礎早已為各國所接受。拉丁法諺說「平等者之間無統治權」(*par in parem non habet imperium*)，是支持說明國家平等和主權獨立為「國家豁免」基礎的強而有力論證之一(註一六)。而一些著名的西方司法判例也支持「國家豁免原則」是源於平等和主權等觀念。例如美國的「交易號」(*The Schooner Exchange v. McFaddon*)案中，大法官馬歇爾(J. Marshall)說：「一個主權者在任何地方都不從屬於另一個主權者，它有最高的義務不把自己或其主權置於另一主權者的管轄，因而導致國家的尊嚴受損。它只有在明示的特許下，或相信給予其獨立主權的豁免時，……方能進入另一國領土。」(註一七)而在英國，法官布萊特(Lord Brett)在「比利時國會號」(*The Parlement Belge*)案中寫到：「由於每一個主權的絕對獨立和導致每一個主權國家尊重其它主權國家獨立和尊嚴的結果，每一個國家都拒絕經由其法院對任何其它國家的君主或大使，或其用於公共目的的財產行使管轄……。」(註一八)至於法國最高法院則以為「國家間互相的獨立是國際法廣泛承認的原則之一，即它產生於一個政府從事活動時不可從屬於另一國的管轄權……；各國擁有審理由於自己行為引起爭議的管轄權，而這是其所固有的權利。別國政府如果不想冒著彼此關係惡化的風險，就不要請求此項權利。」(註一九)

註一六　*Oppenheim's International Law*, p. 341.

註一七　*The Schooner Exchange v. McFaddon*, 11 U.S. (7 Cranch) 116, 137 (1812).

註一八　見 Sompong Sucharitkul, "Second Report of Jurisdictional Immunities of States and Their Property," *YBILC 1980*, Vol. 2, Part One, Document A/CN.4 /331 and Add.1, New York: The United Nations, 1982, p. 216。（以下簡稱 Sucharitkul, 1980 Second Report）

註一九　同上，頁二一八。

　　雖然如前所述，國家主權平等作為「國家豁免」的法理基礎早已獲得普遍的認同，但是也有學者懷疑主權和平等等觀念是否真的能構成豁免原則的理由。他們以為如果當國家作為被告而願意服從自己法院管轄的作法並不被視為損害主權時，則該國從屬於外國正常的司法程序也不見得對其主權、尊嚴、和平等有明顯的損害，並可以提供一個合理的司法救濟途徑，因此他們反對管轄豁免的觀念(註二○)。雖然此種見解頗有見地，不過各國的長期實踐早已充分證明了「國家豁免」是一個被公認存在且被遵守的國際法原則，目前國際社會所面對的相關爭議僅是適用時主體、範圍和內容等問題，而不是「國家豁免」是否應當存在。故主權平等依舊是當前各國公認的「國家豁免」法理根據。

第三節　「國家豁免」的歷史起源和形成過程

　　「國家豁免」的起源和歷史演變很難追溯和界定(註二一)，不過咸信其早期的發展受到外交豁免、外國君主個人的管轄豁免，以及國內法上的主權豁免制度影響(註二二)。著名的拉丁法諺「平等者之間無統治權」(*par in parem non habet imperium*)和習慣法規則「國王無錯事」(the king can do no wrong)等觀念已可見到主權豁免的色彩(註二三)。雖然這種豁免

註二○　*Oppenheim's International Law*, p. 342.

註二一　Gamal M. Badr, *State Immunity: An Analytical and Prognostic View*, The Hague: Martinus Nijhoff Publishers, 1984, p. 9；李澤銳，〈國家豁免問題的回顧與前瞻〉，《中國國際法年刊》，一九八六年，頁二五二。

註二二　參考龔刃韌，〈國家管轄豁免原則的歷史起源〉，《中國法學》，北京：中國法學雜誌社，第五期（一九九一年），頁九一。

註二三　Max Sørensen, ed., *Manual of Publical International Law*, New York: St. Martiin's Press, 1968, p. 424.

的特色是著重在君主個人的管轄豁免，和今日現代國際法上的「國家豁免」觀念不同(註二四)，不過由於在君主封建時代，君主和國家往往是一體，國家甚至被視為是君主的私產，因此君主個人的管轄豁免特權事實上反映了「國家豁免」的概念(註二五)。

不過在十九世紀以前，有關「國家豁免」的案例和國家實踐極少，雖然早在西元一六六八年荷蘭就發生過一件國家管轄豁免的案件。當時有三艘西班牙軍艦在荷蘭遭到扣押，理由是西班牙國王欠債，但在西班牙駐荷蘭大使的抗議下，荷蘭政府要求法院釋放了軍艦。不過依荷蘭法學家賓克斯克(Bynkershock)的研究，荷蘭政府在該案中不行使管轄權的原因是基於政策考量，而非國際法原則(註二六)。如此看來，該事件尚不能構成「國家豁免」的先例。此外，在十九世紀以前，著名的國際法學者如金特里（Gentili, 1552～1608）、格老秀斯（Grotius, 1583～1645）、賓克斯克（Bynkershock, 1673～1743）和瓦特爾（Vattel, 1714～1767）等的著作也沒有探討「國家豁免」的問題(註二七)。這種情況要一直到十九世紀，由於國與國之間的交往愈趨頻繁，相關的案子才多了起來。而且可以確定的是，十九世紀以來各國的國內法院判例和「國家豁免」的建立密切相關(註二八)，所以一般同意「國家豁免」的發展，「主要是由一些西方國家判例法形成的，關於此問題的學者論述和國際條約一般是後來出現的，至於成熟到了制定國家立法，更是較近時期的產物」(註二九)。

註二四　*Ibid.*

註二五　龔刃韌，〈國家管轄豁免原則的歷史起源〉，前引註二十二，頁九八。

註二六　龔刃韌，〈國家管轄豁免的歷史形成過程〉，《中外法學》，北京：北京大學出版社，第一期（一九九一年），頁三五。

註二七　Badr，前引註二十一，頁一。

註二八　同上。

註二九　倪征噢，前引註十四，頁八。

　　研討有關「國家豁免」原則的形成過程和各國的相關實踐，可以發現除了前述的特色外，還可以歸納下列幾項重點：

　　第一，在「國家豁免」的歷史形成過程中，可以確定到了十九世紀末期，除了斯堪地納維亞半島國家及荷蘭外，它已經在歐洲和美國獲得了廣泛的承認。美國、英國、法國、德國、比利時、奧地利、義大利都有判例支持此一原則(註三○)。其中美國一八一二年的「交易號」案(*The Schooner Exchange v. McFaddon*)、法國一八四九年的「西班牙政府訴卡索」案(*Le Gouvernement Espagnol v. Cassaux*)和英國一八八○年的「比利時國會號」案(*The Parlement Belge*)等判決的影響力最大(註三一)。尤其是「交易號」案，幾乎所有早期有關「國家豁免」的案例都引用或採納了大法官馬歇爾(J. Marshall)在該案中所確定的原則(註三二)，即

　　一個主權者在任何方面均不服從於另一個〔主權者〕，同時它也有

註三○　龔刃韌，〈國家管轄豁免的歷史形成過程〉，前引註二十六，頁三五～三八。

註三一　龔刃韌，〈戰後歐美諸國關於國家豁免的新動向〉，《中國國際法年刊》，一九八九年，頁一四○。

註三二　Sørensen，前引註二十三，頁四二五。「交易號」一案的事實如下：西元一八一○年，原為美國人所有的「交易號」(Exchange)被法國海軍拿捕，並改名為白樂號 (Balaou)，拿捕的原因是因為當時拿破崙宣布對英國採取封鎖，並逮捕任何由新大陸至英國的船隻。不過在一八一一年，白樂號為了躲避風災駛入了費城，原船主麥克法登 (McFaddon)和其合夥人發現該船後，在聯邦地院提起訴訟，主張擁有該船的所有權，地方法院同意了檢察官的觀點，即雖然原告的船舶是被非法捕獲，但其所有權目前已轉歸法國，故法國可主張豁免。但二審巡迴法院卻不同意地方法院的見解，本案因而上訴至最高法院。最高法院判決美國無管轄權而駁回原告之訴。見 Badr，前引註二十一，頁一○～一一。

最高的義務不去貶低它的國家尊嚴，當它自己或其主權權利置於
另一個〔主權者〕的管轄範圍內時〔指領土及領海〕，應被假定進
入外國領土時， 已有明示……或確信給與獨立主權者的豁
免。(註三三)

　　換句話說，早期各國的判例實踐大致均同意馬歇爾大法官的觀點，
即一個主權國家不從屬於另一個主權國家，所以當外國的國家代表或其
財產位於本國領土內時，應視為國家明示許可或是默示承認該外國享有
豁免，而這種豁免應被理解為國家部分地放棄了其排他性的領土管轄權。
　　第二，在十九世紀末以前，「國家豁免」問題只出現在處於平等地位
的歐美國家之間。這是因為當時亞洲、非洲、拉丁美洲等國家或是在為
自身的民族獨立、脫離殖民地的地位而奮鬥，或是受制於帝國主義不公
平的「治外法權」，或是正處於國家的形成階段，所以還無法在外國要求
管轄豁免的權利(註三四)。以中國為例，西方列強經由一連串的不平等條
約取得了「領事裁判權」，這使得中國的國內法院連對普通的外國國民都
無法行使司法管轄，更遑論對外國國家。至於一些成為殖民地或是附屬
地的國家，由於已經喪失了主權和獨立平等的地位，所以也不可能在外
國法院要求「國家豁免」的權利。這些事實均充分說明在十九世紀末以
前，只有地位平等的歐美國家之間才能互相主張「國家豁免」原則。
　　第三，在各國的實踐中，關於「國家豁免」的具體適用，最早並不
是直接由對外國提起的控訴發展起來，反而是間接地經由一系列與船舶
有關的訴訟而展開。這包括沒收或扣押船舶作為海上留置權，或是碰撞
賠償，或是救助的服務費用等(註三五)。因此當時外國政府船舶的法律地

註三三　11 U.S. (7 Cranch) 116, 137(1812). 中文譯文見丘宏達，《現代國際法》，前

　　　　引註二，頁六七六。

註三四　Sucharitkul, 1980 Second Report，前引註十八，頁二一七～二一八。

位非常引人注目。一八一二年美國的「交易號」案是最早確認外國軍艦享有管轄豁免的案子；而關於外國政府的非軍用船舶方面，最重要確認豁免的判決是英國的「比利時國會號」案。但是其它國家承認外國船舶的管轄豁免似乎是基於條約而不是國際法，例如義大利和法國當時的法院判決都是基於雙邊條約的內容而給予豁免，所以雖然外國軍艦享有管轄豁免的國際法原則在十九世紀已經建立，可是非軍用船舶是否在當時享有同等地位則尚有疑問(註三六)。

第四，「國家豁免」和「外交豁免」的發展不同，後者主要是依雙邊條約和國內立法而建立一套公認的制度，但是前者主要是經由歐美國家的國內法院判例累積而形成。而觀察各國早期的判例，英美法系國家有關「國家豁免」的案例大多屬於外國政府船舶的海事對物訴訟，而在歐洲大陸法系國家，則是有關普通的民事契約糾紛佔多數(註三七)。

第五，從十八世紀末到十九世紀，各國法院有關「國家豁免」的判決大都是承認外國享有管轄豁免，並且以絕對豁免主義為原則，但是限制豁免的觀念已開始萌芽，例如美國的「交易號」案雖然日後常被視為絕對豁免論的代表，但判決已提及並不是公法行為和私法行為都一律給予豁免(註三八)；而法國的國內法也很早就有區分政府行為(actes de governement)和當局行為(actes d'autorite)的觀念(註三九)；英國著名的「比利

註三五　《國際法委員會第四十三屆會議工作報告》，頁四八。

註三六　龔刃韌，〈國家管轄豁免的歷史形成過程〉，前引註二十六，頁三八～三九。

註三七　同上，頁三八。

註三八　馬歇爾大法官認為，一個王子在外國獲得的私人財產，有可能從屬於法院地國的管轄。見11 U.S. (7 Cranch) 116, 145。並參考 Caitlin McCormick, "The Commercial Activity Exception to Foreign Sovereign Immunity and the Act of State Doctrine," *Law and Policy in International Business*, Vol. 16 (1984), p. 480 (作者認為交易號案是「限制豁免論」的萌芽)。

時國會號」案初審時，法官就認為國家如果從事商務行為應不得享有豁免權，只是該見解後來為上訴法院所推翻(註四〇)。

第六，在美國，聯邦和州之間的憲法爭議也影響了美國的理論和實踐，早先美國最高法院認為依美國憲法第三條，對一州和他州公民之間的爭議行使權力，不需要經過該州的同意，但是在通過第十一條修正案後，各州享有聯邦司法管轄豁免(註四一)。憲法的規定和州與聯邦政府之間和諧關係的維持，深刻地影響了美國早期有關「國家豁免」的立場(註四二)。

第四節　有關「國家豁免」的主要理論

如前所述，「國家豁免」的建立是經由各國長期的實踐(Practice)所建立的，這種實踐基本上是由各國法院解釋其國內法適用範圍的司法判決所構成。而在某些國家，這些司法判決的結果又往往會考慮到行政部門的意見(註四三)。由於各國的經濟發展型態和法院見解不同，所以「國家豁免」在各國的發展一定會有所差異。在十九世紀末以前，主要國家遵循的原則是「絕對豁免論」，而從十九世紀末開始，各國有關「國家豁免」的實踐(Practice)開始出現了不一致的情形。除了傳統的「絕對豁免論」外，某些國家的法院也開始採納了「限制豁免論」的看法(註四四)。「絕對

註三九　黃進，《國家及其財產豁免問題研究》，前引註十四，頁一四四。

註四〇　同上，頁五九。

註四一　同上，頁一三七。

註四二　Sucharitkul, 1980 Second Report，前引註十八，頁二一七。

註四三　*Oppenheim's International Law*, p. 342.

註四四　有關這二種理論內容的詳盡分析，請參考Badr，前引註二十一，頁二一～六二；黃進，《國家及其財產豁免問題研究》，前引註十四，頁四〇～一〇

豁免論」和「限制豁免論」是有關「國家豁免」發展的二種主要理論，而在第二次世界大戰後，有些學者提出了新的理論架構以詮釋「國家豁免」，以下將分別介紹之。

一、「絕對豁免論」

「絕對豁免論」(The Doctrine of Absolute Immunity)主張國家及其財產在其他國家法院應享有完全絕對的豁免，理由是所有國家從事的行為都是主權行為，所以除非自己同意，否則國家絕對不能接受外國法院管轄(註四五)。英國一九三八年著名的「克莉斯汀娜號」(*The Cristina*)案中，法官阿特金(Lord Atkin)的意見反映了「絕對豁免論」的內容。他說：「第一，一個國家不可以對另一個外國主權者進行訴訟，……它們不可經由訴訟使外國主權者成為一方當事者，不管訴訟是對它本身或是尋求特定財產或是損害賠償。第二，無論外國主權者是否為一方當事者，不可經由訴訟程序查封或扣押它所有或控制的財產。」(註四六)故依「絕對豁免論」，在訴訟中，被告是否享有豁免管轄的權利，重點在於其「地位」(Status)(註四七)，只要被告能證明其身分為國家、政府或其它國家機構，而訴訟直接或間接與其有關，則無論其從事的行為是公法或是私法性質，也無論其財產用作何種目的，更無論訴訟是對人還是對物，只要它不願意明示接受管轄，外國法院就不能對它行使管轄權。

四。而有關國家豁免的理論轉變分析和思想動向，可參考周鯁生，《現代英美國際法的思想動向》，北京：世界知識出版社，一九六三年，頁五五～六四。

註四五 龔刃韌，「絕對國家豁免」，《中華法學大辭典：國際法學卷》，頁三二四。

註四六 Badr，前引註二十一，頁三五。

註四七 Rosalyn Higgins, *Problems and Process: International Law and How We Use It!*, Oxford: Oxford University Press, 1996, p. 79.

上述的主張雖然對「國家豁免」的早期發展有很大的助益，但也有其不完備之處，而主要的批評論點如下(註四八)：

(1)國家和私人之間交往時，如果雙方發生民事法律爭議，則依照「絕對豁免論」的主張，會使雙方地位不平等，造成不公平的結果；

(2)如果國家從事經濟和商業活動，則該行為應屬非主權行為而不應予以豁免；

(3)許多國家的實踐已拋棄「絕對豁免論」；

(4)主張「絕對豁免論」會侵犯到法院地國的領土管轄權；

(5)國家參加商業活動表示其已放棄豁免。

此外，學者也指出雖然名稱為「絕對」豁免，但事實上世界各國的實踐均指出此種豁免論允許例外的存在， 例如國家就可以自願放棄豁免(註四九)；而且另一方面，依「絕對豁免論」，國營企業由於為國家所控制或擁有，故亦可以在面對訴訟時主張管轄豁免，這種主張國營企業可以作為享有豁免主體的說法頗值得令人懷疑其正確性而產生很大的爭議(註五〇)。

二、「限制豁免論」

那麼什麼是「限制豁免論」(The Doctrine of Restrictive Immunity)呢？它主要是試圖限制傳統的國家及其財產豁免原則，把國家的行為劃分為主權行為(*acta jure imperii*)和非主權行為(*acta jure gestionis*)， 或是統治行為和管理行為， 或是商業行為和非商業行為，或是公法行為和私法行為。而依「限制豁免論」，國家的非主權行為和用於該行為的財產不享有豁免權(註五一)，而國家從事主權行為則享有豁免。換句話說，「限制豁免

註四八　黃進，《國家及其財產豁免問題研究》，前引註十四，頁五二～五三。

註四九　同上，頁五四。

註五〇　同上，頁五六。

論」關心的重點不再是被告的「地位」，而是被告所從事的「行為」或「交易」(Activities or Transactions)(註五二)。至於如何區分被告的行為是主權行為呢？判斷的標準有三種：即「目的說」、「性質說」和「混合標準說」。依「目的說」，如果國家的行為含有公共目的，則國家即享有豁免；而依「性質說」，國家所從事的行為如私人依法也能夠為之，則不論其目的為何，均無法享有豁免；至於「混合標準說」則是強調劃分主權行為和非主權行為時，「目的」和「性質」二個標準均要採納(註五三)。這三種標準各有利弊，但事實顯示它們都很難圓滿解決區分「主權行為」和「非主權行為」的問題。

「限制豁免論」的見解是當前「國家豁免」問題的主流。而為什麼「國家豁免」的思潮會從「絕對豁免論」走向「限制豁免論」呢？可能的原因如下：

第一，自十九世紀末期，隨著自由放任經濟思想的勃興，「國家」開始從事許多以往傳統上被認為是「私人」從事的領域(註五四)。但是一旦發生民事紛爭時，「國家」卻享有管轄豁免的權利，而使得相對私人的一方處於不利的地位。面對這種國家在經濟及商業領域中影響日增的結果，傳統的「國家豁免」觀念開始顯得不合時宜。

第二，新興國家和社會主義國家從事國營貿易活動是促進「限制豁免論」發展的另一個主因(註五五)。十九世紀末和二十世紀初新獨立的國家，由於過去大多曾遭受過殖民主義的剝削，經濟上都比較貧窮落後，

註五一 *Oppenheim's International Law*, p. 357.

註五二 Higgins，前引註四十七，頁七九。

註五三 黃進，《國家及其財產豁免問題研究》，前引註十四，頁七三～七七；另參考俞寬賜教授見解，前引註二，頁三○七～三一○。

註五四 Sørensen，前引註二十三，頁四二五。

註五五 參考李澤銳，前引註二十一，頁二五七～二五九。

所以往往以國家力量從事對外貿易活動。而前蘇聯等社會主義國家建立以後，對外經濟活動更是由國家壟斷，這與西方自由貿易的作法不同。面對前蘇聯等國家既從事商業活動，又履行國家公共職能的特性，為了避免本國人民或公司與其進行交易活動等處於不利的地位，許多國家的實踐開始顯示只有在國家從事主權行為時才給予豁免(註五六)。

第三，「公平」的論點愈來愈獲得支持。許多國家逐漸認為「豁免」(Immunity)的概念不應當是藉以規避法律責任，而僅僅因為具有「國家」資格就可以無限制主張豁免的觀念更無法令人信服，尤其是如果「國家」在自己的法院內面對民事訴訟時既然願意出庭接受管轄，則接受外國法院管轄並不見得有害其主權和國家尊嚴(註五七)。

雖然如此，但一般而言，在第二次世界大戰以前，英美等海洋法系國家的學者和實踐還是支持「絕對豁免論」，而歐洲大陸法系國家則以「限制豁免論」為主要思潮(註五八)。但是到了二次大戰結束後，「國家豁免」的發展有了轉變，包括英美等已開發國家轉而支持「限制豁免論」，而「絕對豁免論」主要為社會主義國家及第三世界國家所支持。不過隨著共產集團的分崩離析，前蘇聯各加盟共和國和東歐諸國走向市場經濟，雙方的分歧因此有逐漸融合的趨勢(註五九)。

對「限制豁免論」的批判主要集中在兩點：第一是以為它和國家主權原則是不相容的；第二是以為國家無論從事任何行為都是主權行為，而「限制豁免論」強將國家行為區分為主權行為和非主權行為，並以為

註五六　同上，頁二六一。

註五七　*Oppenheim's International Law*, p. 342.

註五八　周鯁生，前引註四十四，頁五五。

註五九　Joan E. Donoghue, "Taking the 'Sovereign' Out of the Foreign Sovereign Immunities Act: A Functional Approach to the Commercial Activity Exception," *Yale Journal of International Law*, Vol. 17 (1992), p. 490.

前者享有豁免，後者則無。這種作法不但不科學，而且到目前為止還很難找到一個正確合理劃分主權行為和非主權行為的標準(註六〇)。

三、其　他

「廢除豁免論」(The Doctrine of Abolishing Immunity)和「平等豁免論」(The Doctrine of Equal Immunity)是二次大戰後一些學者提出的見解，相較於「絕對豁免論」和「限制豁免論」，他們的重要性並不高，但依舊值得介紹。

「廢除豁免論」主要是由英國著名國際法學者勞特派特(H. Lauterpacht)於一九五一年所提出(註六一)，他的中心立論點是根本廢除「國家豁免」原則，既不贊同「絕對豁免論」，也反對「限制豁免論」。依此說，國家不享有豁免是原則，只有在例外的情況下，才可以主張管轄豁免。有趣的是，近代有關「國家豁免」的國際或國內立法都剛好採取相反的負面表列模式；即首先確定國家享有豁免為原則，然後再列出國家無法享有豁免的情況(註六二)。為了達到廢除「國家豁免」的目的，勞特派特教授主張要由國內立法和國際協議方式著手(註六三)。

「平等豁免論」是德國學者恩德林(F. Enderlein)提出的，他主張「國家豁免」是源自於國家平等原則的一種權利，不過他並不認為「國家豁免」是絕對的，但是另一方面他又以為劃分主權行為和非主權行為的作法對社會主義國家不利，所以對於「絕對豁免論」和「限制豁免論」皆不表贊同。依此說，「國家豁免」被區分為「結構豁免」(Immunity Relating

---

註六〇　黃進，《國家及其財產豁免問題研究》，前引註十四，頁八九～九一。

註六一　H. Lauterpacht, "The Problems of Jurisdictional Immunities of Foreign States," *BYIL*, Vol. 28 (1951), pp. 220–272.

註六二　*Schreuer*, p. 7.

註六三　Lauterpacht，前引註六十一，頁二四七～二五〇。

to Structure)和「資產豁免」(Immunity Relating to Funds)。在「結構豁免」方面，國家有二類組織，第一種是當然要求「國家豁免」的組織，他們是依預算達成政治、行政、社會和文化功能的國家機構；另一種是不享有豁免的國營公司，至於「資產豁免」方面，他主張由財產所有國的法律來決定是否放棄有關該財產的豁免權(註六四)。

第五節　「國家豁免」與其他類似觀念之比較

一、「國家豁免」與「外交豁免」

外交使節不論在戰時或平時都應受到一定的保護和不可侵犯的觀念可以遠溯至三千年前。而就國際法的角度觀察，到了十六世紀，大使及其他外交人員享有一定的特權與豁免已是一項公認而確立的國際法原則。不過在第二次世界大戰以前，此項原則主要是建立在國際習慣法上，而且已獲得世界各國的廣泛尊重，爭議也不大(註六五)。第二次世界大戰後，世界各國於一九六一年簽訂「維也納外交關係公約」(Vienna Convention on Diplomatic Relations)；一九六三年簽訂「維也納領事關係公約」(Vienna Convention on Consular Relations)。前者於一九六四年生效，後者於一九六七年生效。這兩個公約將有關外交代表和領事人員特權與豁免

註六四　F. Enderlein, "The Immunity of State Property from Foreign Jurisdiction and Education: Doctrine and Practice of the German Democratic Republic," *Netherlands International Law Review*, Vol. 10 (1979), pp. 111–124. 中文可參考黃進，《國家及其財產豁免問題研究》，前引註十四，頁一二〇～一二九。

註六五　E. Denza, "Diplomatic Agents and Missions, Privileges and Immunities," *Encyclopedia PIL*, Vol. 9, p. 94.

規範的國際慣例法典化，是目前世界各國在此一領域中最主要的遵循標準(註六六)。

外交代表和領事人員所享有的特權與豁免的程度和範圍有所不同。在外交特權方面，大使館的館址和文件不可受到侵犯；外交代表的人身和名譽要受到保護，而且可以豁免司法管轄權、稅捐和勞務等(註六七)。而在領事特權方面，它不同於國際慣例形成的外交特權，而主要是由派遣國和接受國二國之間協商而定，每一項特權的內容都要依據條約和各國的實際情況而定。「維也納領事關係公約」對領事特權有著很詳盡的規範，一般說來，領事人員豁免的範圍比外交使節受到較大的限制，主要原因是領事官員不像外交使節的代表性那麼強，而執行的職務往往與二國之間的交通、貿易和通訊有關(註六八)。

外交代表為何可以享有特權與豁免呢？理論上有三種學說：第一種是治外法權論(Exterritoriality)，它認為在理論上，一國在另一國的使館代表著本國領土的延伸；第二種是代表論(Representative Character)，認為外交人員代表國家的尊嚴；第三種說法是功能論(Functional Necessity)，本說以為給予外交官特殊的待遇是因為有其執行職務上的必要(註六九)。功能論是目前普遍被接受的看法，例如「維也納外交關係公約」於序言中表示：「……此等特權與豁免之目的不在於給予個人以利益，而在於確保代表國家之使館能有效『執行職務』」，而「維也納領事關係公約」也有類似的規定。

雖然豁免的結果相同，但國家的豁免問題和外交領事人員的豁免問

註六六　*Restatement (Third)*, pp. 456–457.

註六七　參考撥多也里望，「外交特權」，《日本國際法辭典》，頁一八八～一八九。

註六八　參考東壽太郎，「領事特權」，《日本國際法辭典》，頁八〇〇～八〇一。

註六九　B. Sen, *A Diplomat's Handbook of International Law and Practice*, 3rd ed., Dordrecht: Martinus Nijhoff Publishers, 1988, pp. 96–99.

題值得加以區分討論(註七〇)。首先，從法律的效力及各國遵守的程度來看，「外交豁免」由於已有國際條約規範，所以比較單純，而且世界各國不但普遍遵守，豁免的內容範圍也無太大爭議。而在「國家豁免」方面，它是一項公認的國際習慣法規則，但還不構成條約法，因為除了地區性的「歐洲國家豁免公約」(註七一)生效外，到目前為止尚未有其他普遍性的國際條約(註七二)完成制定程序與生效，所以引起的爭議較大。

第二，從國際法的發展歷史來看，「外交豁免」的觀念比「國家豁免」出現得早，這是因為十八世紀末以前，國與國之間在和平時期的交往主要是限於外交使節的派遣和接受。不過如果從廣義的角度來看，給予外國外交使節管轄豁免，事實上也可以被認為是「國家豁免」的一種，因為外交使節可以被認定為國家機關的一種，這也是為何在「交易號」案中，法院以為「國家豁免」的主體有三個：即外國君主、外交使節和外國軍隊(註七三)；但是另一方面，如果從狹義的角度而言，二者範圍又不盡相同，「國家豁免」主要是強調國家及其財產在外國法院應享有管轄豁免，而「外交豁免」則是限於使館和外交代表在接受國內應享有的特權

註七〇　參考 Philip R. Trimble, "International Law, World Order, and Critical Legal Studies," *Stanford Law Review*, Vol. 42 (1990), p. 836。

註七一　*UN State Immunity Materials*, pp. 156–172.

註七二　「國際法委員會」已完成了「國家及其財產的管轄豁免條款草案」，其中文譯本及評註，刊載於《國際法委員會第四十三屆會議工作報告》，大會正式紀錄：第四十六屆會議補篇第十號(A/46/10)，紐約：聯合國，一九九一年，頁九～一六三。英文草案則見*ILM*, Vol. 30 (1991), pp. 1563–1574。有關該草案的評析，請參考陳純一，〈聯合國國際法委員會「國家及其財產的管轄豁免條約」草案評析〉，《問題與研究》，第三十三卷第七期（民國八十三年七月），頁七〇～八一。

註七三　11 U.S. (7 Cranch) 116, 136–140 (1812).

和豁免。

此外，「外交豁免」依通說是根據執行職務的需要(註七四)，而「國家豁免」依通說則是源於國家主權平等原則。二者所依據成立的國際法原則也不同。

最後，如前所述，二者在內容方面也不盡相同，例如「外交豁免」對外交人員的非公務行為依舊給予豁免，而依目前的趨勢，國家如從事非主權行為則無法依據「國家豁免」主張管轄豁免；但許多時候，二者的內容又是重疊的，例如大使館和使館的經費是屬於國家財產，故又可包括在「國家豁免」的範圍內(註七五)。

由以上可知，「國家豁免」和「外交豁免」之間存在著一種既有關連，但又可以互相區分的關係，而目前普遍的看法是由於世界各國已普遍接受「維也納外交關係公約」和「維也納領事關係公約」的規範，再加上「外交豁免」和「國家豁免」的範圍和性質皆有差異，所以目前這種平行發展自成體系的型態應繼續維持而沒有融合的必要(註七六)。

二、「國家豁免」與「國家行為論」

在有關「國家豁免」的案例中，被告國家政府除了主張管轄豁免外，常常還會提出「國家行為論」(Act of State Doctrine)作為抗辯的理由，例如在轟動一時的「劉宜良」一案中(註七七)，雖然主要的爭點是中華民國

註七四　參考Higgins，前引註四十七，頁八七。丘宏達，《現代國際法》，頁六九一～六九二。

註七五　黃進，前引註十，頁一七六～一七七。

註七六　International Law Association, *Report of the Sixty-Sixth Conference*, London: ILA, 1994, p. 474.

註七七　*Liu v. Republic of China*, 642 F.Supp. 297 (N.D. Cal. 1986), *rev'd*, 892 F.2d 1419 (9th Cir. 1989).

政府是否違反了美國「外國主權豁免法」中的「非商務侵權行為」條款，但是我國政府卻同時提出了「國家行為論」的主張。到底什麼是「國家行為論」? 它和「國家豁免」的主張又有何區別? 以下將說明之。

所謂的「國家行為論」是主張一國國內法院無權判斷另一國政府在其領土內所採取主權行為的合法性(註七八)。這種理論的形成主要是來自美國。 一八九七年的「安德希爾控何那第茲」 (*Underhill v. Hernandez*)(註七九)一案中， 前委內瑞拉元首安德希爾在政壇失勢後移居美國，並以美國公民身分在法院提起訴訟。他表示曾被委內瑞拉的軍事統治者何那第茲不當監禁，並要求賠償，但最高法院表示，「每一個主權國家都應尊重其他主權國的獨立，而一個國家的法院不應審判另一政府在其領土內所為的行為」(註八〇)，因而拒絕了原告的請求。而在面對一九一八年的「奧特基訴中央皮革公司」(*Oetjen v. Central Leather Co.*)(註八一)和「理考德訴美國金屬公司」 (*Ricaud v. American Metal Company, Ltd.*)(註八二)二案時，最高法院又再度肯定此一立場，表示美國法院為了

註七八　王鐵崖，龔刃韌，「國家行為論」，《中華法學大辭典: 國際法學卷》，頁二四八。

註七九　*Underhill v. Hernandez*, 168 U.S. 250 (1897).

註八〇　*Ibid.*, p. 252.

註八一　*Oetjen v. Central Leather Co.*, 246 U.S. 297 (1918). （墨西哥卡倫查(Carran-za)將軍的部隊在革命期間沒收了原告的皮革， 卡倫查政府被美國承認為合法政府後， 墨西哥將該批皮革先賣給德州的公司再轉賣給中央皮革公司，原告在美國提起訴訟，以為墨西哥政府的行為違反了國際法，但最高法院基於「國家行為論」駁回原告的請求。）

註八二　*Ricaud v. American Metal Company, Ltd.*, 246 U.S. 304 (1918). （同樣是發生在墨西哥革命時期，卡倫查將軍的部隊沒收了被告的鋁，雖然原告的身分是美國公民，但法院以為「國家行為論」一樣適用。）

　　不妨礙國與國之間的友好關係，對於其它國家所制訂的法令，以及在其領土內所為的行為均不予以做為裁判的對象。因此，當訴訟牽涉到被告國家行為時，如被告國能很成功地主張該行為符合「國家行為論」，則法院將會做出不宜裁判的決定。法院之所以如此做，一般以為是基於美國憲法三權分立的主張，以為保護在外國的美國人權利，是行政當局的責任，故希望法院不要干擾行政部門處理對外事務的權限(註八三)。

　　在往後有關「國家行為論」的發展上有二個重要的事件，第一個是一九四九年美國國務院對於「伯恩斯坦」　案(*Bernstein v. Van Heyghen Freres Societe Anonyme*)的說明(註八四)。伯恩斯坦先生在德國所擁有的船運公司於一九三一年至一九三七年間被德國納粹政府沒收，他因而在美國提起了返還財產的訴訟，但美國地院和巡迴法院都基於「國家行為論」的主張判決其敗訴。可是另一方面，輿論普遍同情支持納粹政府下的犧牲者，而且巡迴法院在判決中表示，行政部門可以採取措施排除「國家行為論」的適用。在這種情況下，美國國務院於一九四九年四月十三日表示，關於在美國提起任何有關納粹政府行為的訴訟，行政部門以為法院可以不受任何拘束地行使管轄權。一九五四年，巡迴法院在相關上訴

註八三　見*Alfred Dunhill of London Inc. v. Republic of Cuba*, 425 U.S. 682 (1976)；*First National Bank v. Banco National de Cuba*, 406 U.S. 759 (1972)； *Texas Trading and Milling Corp. v. Federal Republic of Nigeria*, 647 F.2d 300, 316 n. 38 (2d Cir. 1981)；並參考丘宏達，〈美國國家主權豁免法中對外國國家或其官員或代理人的侵權行為之管轄問題〉，《中國國際法與國際事務年報》，第一卷（民國七十四至七十五年），臺北：臺灣商務印書館，民國七十六年，頁九～一〇。

註八四　有關「伯恩斯坦」案的相關資料及說明，請參考Henry J. Steiner, Detler F. Vagts, and Harold H. Koh, *Transnational Legal Problems: Materials and Text*, 4th ed., New York: The Foundation Press, 1994, pp. 788–791.

案中即表示，有鑑於行政部門的政策改變，故法院可以裁判該案件。而
「伯恩斯坦」原則的意義在於自此以後，只要美國國務院表示了「國家
行為論」可以不被適用，法院就可以行使管轄權而不再受拘束。

　　第二個重大的發展是美國最高法院一九六四年有關「古巴國家銀行
訴薩巴蒂諾」(*Banco National de Cuba v. Sabbatino*)(註八五)的判決。該案
涉及一家被古巴政府國有化的美國糖業公司。該公司被古巴政府國有化
後，另一家美國公司將其應支付的購買蔗糖款項轉交給薩巴蒂諾，而薩
巴蒂諾是由美國法院所任命，代表被徵收糖業公司的財產管理人，古巴
銀行因而代理古巴政府在美國提起訴訟要求返還貸款。在訴訟過程中，
美國的一、二審法院都認為由於古巴政府的國有化措施違反了國際法，
所以不適用「國家行為論」。可是最高法院持不同的見解，它強調司法部
門不應審查外國主權者在其國境內徵收的法律效力，並因而拒絕判斷古
巴政府一九六〇年徵收糖業公司命令的公法性。

　　此一判決引起了美國國會和輿論的強烈批評，國會因而希望能以立
法的方式改變司法的態度，故立刻修正「對外援助法」(Foreign Assistance
Act)(註八六)，該法第六二〇條(e)項㈠款被稱做「希肯盧布修正案」(The
Hickenloops Amendments)，規定外國如違反國際法，採取對美國不利的
國有化措施，美國應中斷對該國的援助；此外，該法第六二〇條(e)項㈡
款則被稱做「薩巴蒂諾修正案」(The Sabbatino Amendment)，要求除非美
國總統基於外交利益而提出要求，否則對於外國違反國際法所為的徵收
行為，美國法院不能以「國家行為論」而拒絕審判。雖然行政部門對於
這二個修正案表明了強烈的反對態度(註八七)，但美國「國家行為論」的
實踐自此進入了一個新的階段，法院對於外國徵收或國有化的案件均以

註八五　*Banco National de Cuba v. Sabbatino*, 376 U.S. 398 (1964).

註八六　78 Stat. 1013 (1964).

註八七　Steiner, *Transnational Legal Problems*，前引註八十四，頁八一〇。

「薩巴蒂諾修正案」為裁判依據(註八八)。

如前所述，有關外國政府的訴訟常常同時會涉及「國家豁免」和「國家行為論」兩個爭點，故應加以區別。首先，「國家豁免」和「國家行為論」在觀念上是不同的。依「國家行為論」，法院實際上是對案子有管轄權，但它選擇不執行管轄權。但在「國家豁免」的情況，則是基於國際法的規定，使得法院的管轄權行使受到限制。所以如果一旦國內法院決定對案子沒有管轄權，則根本不用考慮「國家行為論」的主張(註八九)。

其次，從法律的效力根據來看，「國家豁免」是一項確認的習慣國際法規則，但「國家行為論」是否為確認的國際法原則則有疑義，例如：國際法學會(International Law Association)一九六二年曾通過決議，表示它注意到有些國家的國內法院基於「國家行為論」，而在不考慮實質問題下即將案件予以駁回。該決議強調如果其他國家的國內法院不遵循此種作法並不違反國際法，因為「國家行為論」並不是國際法規則(註九〇)。而且事實上，一些大陸法系國家，如法國、德國和義大利也都沒有「國家行為論」的理論，對於外國法院或是官方行為是否違反了本國的國內法，這些國家的法院往往是依據國際私法和衝突法規來決定其效力(註九一)。

最後必須說明的是，「國家豁免」和「國家行為論」都強調基於主權

註八八　同上，頁八一一～八一五。

註八九　參考*International Association of Mechanists v. OPEC*, 649 F.2d 1354, 1359 (9th Cir. 1981).

註九〇　周忠海，「國家行為理論的決議」，《中華法學大辭典：國際法學卷》，頁二四八；J. P. Fonteyne, "Acts of State," *Encyclopedia PIL*, Vol. I(1992 ed.), p. 19.

註九一　柳炳華著，朴國哲、林永姬譯，《國際法》，上卷，北京：中國政法大學出版社，一九九七年，頁二九二。

平等原則，國家所為的行為不應受外國法院管轄。在這一點上，二者的基本觀念是相關且具有共通性的(註九二)。

三、「國家豁免」與「國際管轄權」

「國際管轄權」(International Jurisdiction)所關心的問題是涉外的民事案件究竟由何國行使管轄權。它和「內國管轄權」(Local Jurisdiction)的觀念不同(註九三)，後者是在確定了國家擁有「國際管轄權」之後，再依其民事訴訟法的規則決定管轄權屬於該國何地法院，所以只有在「國際管轄權」屬當事國的前提下才有「內國管轄權」的問題(註九四)。

從特定國的角度來看，一國對於某一涉外案件是否有「國際管轄權」有二種情況：第一是本國法院受理涉外訴訟時，審查有無「國際管轄權」之情形；第二則是本國法院在決定承認並執行外國確定判決時，必須審查該外國法院是否有「國際管轄權」。前者被稱作「直接一般管轄權」(compétence générale directe)，後者則被稱作「間接一般管轄權」(compétence générale indirecte)(註九五)。二者是從不同角度來看「國際管轄權」，本應用同一標準規定來審查其性質，但實際上卻未必如此。一般而言，各國法院在決定是否承認並執行外國判決時，通常都會採取較嚴格的審查態度(註九六)。

「國際管轄權」和「國家豁免」的主要區別在於前者目前事實上是屬於國內法規範的範疇。由於缺乏統一的國際條約或是習慣法規則，所以各國判斷國家是否擁有「國際管轄權」的標準，既非依循國際法，也

註九二　王鐵崖，龔刃韌，「國家行為論」，前引註七十八，頁二四八。

註九三　劉鐵錚，陳榮傳，《國際私法論》，臺北：三民，民國八十五年，頁六八八。

註九四　陳榮宗，〈國際民事訴訟之法律問題〉，前引註九，頁三〇～三一。

註九五　池原季雄，「國際司法管轄」，《日本國際法辭典》，頁四九三。

註九六　陳榮宗，〈國際民事訴訟之法律問題〉，前引註九，頁三一。

非依據外國法律,而往往是依其國內法來決定,如此一來,有關決定國家是否擁有管轄權的標準,只要不違反國際法的基本要求,國內法可以訂得更寬鬆。另外,在二者的關係上,如果法院地國沒有有效的「國際管轄權」,則被告國根本不需要再提出「國家豁免」的抗辯。換句話說,要求豁免的前提是法院地國必須行使有效的管轄權,否則就沒有主張豁免之必要(註九七)。

第六節 小 結

「國家豁免」是公認的重要國際法規則,主要是處理外國主權者和國內法院之間的關係,而其意義和形成背景則與「外交豁免」、「國家行為論」和「國際管轄權」等觀念不同且應有所區別。從法律性質來看,它是一個以主權平等為基礎,並經由各國長期的外交實踐和法院判決而逐步形成的習慣國際法規則。當然目前國際間也制訂了一些雙邊和多邊條約來針對處理「國家豁免」問題,例如已經生效的「歐洲國家豁免公約」(European Convention on State Immunity with Additional Protocol)即是,而聯合國也在努力從事此一工作,不過到目前為止,聯合國「國際法委員會」草擬的「國家及其財產的管轄豁免條款」尚未完成立法程序。此外,雖然是重要的國際法原則,但「國家豁免」同時也以國內法的型態存在(註九八),只不過表現的型態不同。有時是國家特別立法,例如美國一九七六年的「外國主權豁免法」;有時則是在國內一般法律中包含一條特殊條文,例如前蘇聯一九六一年民事訴訟法第六十一條;有時則是由國內法院藉由判決以宣示其效果,例如法國即是典型的例子;有時甚至可以由法院地國依其憲法處理國際法與國內法關係,以決定是否適用

註九七 參考Steinberger,前引註四,頁四二八～四二九。

註九八 參考Badr,前引註二十一,頁一〇五。

國際法中的「國家豁免」原則，例如義大利憲法第十項即是(註九九)。

　　「國家豁免」當前的趨勢是由所謂的絕對豁免論逐步的走向限制豁免論。通常一個國家對此一問題採取何種立場往往涉及該國的政治哲學和商業利益。西方工業國家內的商業行為主體是私人公司和個人，所以主張「限制豁免論」對其有利，而社會主義國家的對外貿易行為往往是國營企業負責，故傾向主張「絕對豁免論」。不過今日各國的實踐顯示，有關「國家豁免」的爭議並不是在是否要採取「限制豁免論」，而是如何限制，以及如何劃分限制標準等，才不會影響到主權平等與國家尊嚴。由於「國家豁免」涉及到敏感的主權問題和重大國家利益，所以目前世界各國面對相關問題時的意見紛歧，離達成共識還有一段距離。不過可以確定的是，「限制豁免論」強調，只有主權行為和包括公共目的的外國財產才可以主張「國家豁免」的論點將是各國未來解決和面對「國家豁免」問題的基本原則和態度。

註九九　　參考 *UN State Immunity Materials* 一書各相關部分。

第二章 「國家豁免」的適用

第一節 「國家豁免」問題的產生

　　法院在審理涉外民事案件時，如果發現與外國國家或其財產有關，則應當考慮「國家豁免」原則適用的可能性，而不是單純的當作普通涉外民事案件處理。這是因為雖然是民事案件，但因為涉及主權國家，則除了要考量國際私法的原則外，同時也要接受國際公法的規範。

　　通常下列的情況被視為是對國家的訴訟，因此國家會提出「國家豁免」作為抗辯理由：第一是一國被指名為訴訟的當事方；第二是雖未被指明為訴訟的當事方，但該訴訟實際上是企圖影響該國的財產、權利、利益或活動(註一)。

　　第一種情形比較單純，因為辨認訴訟的被告為外國國家或其政府並不困難。但許多有關「國家豁免」的案子顯示，以國家直接做為被告的情況實際上比較少，大多數的訴訟都是與國家的艦艇、訪問部隊、彈藥武器和飛機等問題相關(註二)。另外，必須注意的是，豁免問題只有在被告國不願意或不同意被控告時才發生，如果被告國同意成為訴訟的當事人，則不發生豁免問題。但縱然國家以明示或默示的方法放棄了管轄豁

註一　「國家及其財產的管轄豁免條款草案」第六條，實行國家豁免的方式。(草案中文譯本載於丘宏達編輯，陳純一助編，《現代國際法參考文件》，臺北：三民書局，民國八十五年，頁五六九～五七七，以下不再敘明。)

註二　《國際法委員會第四十三屆會議工作報告》，頁四七～四九。

免，可是在判決做出前或下達後，如果牽涉到對其財產進行扣押或執行，則國家也可以提出豁免問題。因為依照國際慣例，放棄管轄豁免並不等於同時放棄執行豁免(註三)。此外，必須注意的是，國家做為原告時則根本不涉及「國家豁免」的問題。至於在反訴的情況，如果被告在訴訟中提起與主訴相同法律關係或事實的反訴，則提起主訴的國家對該反訴也不能主張「國家豁免」，因為這通常被視為國家已默示放棄了對該反訴的豁免權(註四)。

第二種情況是表示即使國家不被直接指名為被告，但訴訟如涉及國家的財產、權利、利益或活動等事項時，該國家也可以主張豁免。這種情形發生的第一種可能性是訴訟是針對或影響到一個外國國家所擁有或控制的財產，則外國可以要求「國家豁免」。例如對於國家擁有船舶所提起的對物訴訟即是一例(註五)。而且如前所述，在國家實踐中，有關國家艦艇、訪問部隊、彈藥和武器、飛機的豁免案子相當多，而且給予豁免的對象也不限於外國直接擁有的財產所有權，還包括外國實際控制的財產(註六)。至於另一種可能則是在對外國國家的財產受託人或代理人提起的訴訟中，外國也可以提起「國家豁免」的主張。

必須注意的是，當訴訟影響到與國家有關的財產時，如果希望能夠成功地主張「國家豁免」而排除法院地國的管轄權，則僅僅只是強調國家和該財產之間存在著一種利益關係並不夠，外國還必須提出充分的證據支持其主張才行(註七)。

註三　參考本章第四節有關「執行豁免」的正文及註解。

註四　參考本章第二節有關「被告國未放棄豁免」的正文及註解。

註五　*Oppenheim's International Law*, p. 348.

註六　《國際法委員會第四十三屆會議工作報告》，頁四九。

註七　*Oppenheim's International Law*, p. 349.

第二節 「國家豁免」適用的前提

一、法院管轄權的確定

牽涉到管轄豁免的第一個前提是法院所屬的當地國要享有有效的管轄權，否則被告國就沒有主張「國家豁免」的必要。至於判定管轄權的是否存在，主要是依據當地國的國內法規則，但必須不違反國際公法的基本規則(註八)。因此，管轄權與豁免的關係是先有管轄權的存在，但當地國基於國際法上「國家豁免」原則的要求而不行使管轄權(註九)。

關於判定管轄權是否存在的具體標準，有的學者主張應依國際私法規則中的住居所、國籍、領土連繫、或是物之所在地等觀念來決定(註一〇)。聯合國「國際法委員會」的「國家及其財產的管轄豁免條款草案」也依循此一精神，其第十條是以「根據國際私法適用的規則」作為決定法院是否有管轄權的基礎。對於如此的規定有正反二面的意見。一方以為它能反映各國的觀點，包容所有相關的規則，故是一條妥協但可以接受的條文。不過另一方卻以為，目前世界上根本不存在統一的國際私法規範，而且國際私法是屬於各國國內法的範疇，因此，如果依第十條，一旦發生爭端，各國一定會優先適用自己所認可的國際私法規則，

註八　《國際法委員會第四十三屆會議工作報告》，頁四五。

註九　但有學者對豁免的前提是管轄權存在的觀點提出不同的看法，參考周曉林，〈審判管轄權與國家豁免〉，《中國國際法年刊》，一九八八年，頁九二～九三。

註一〇　Sompong Sucharitkul, "Immunity of States," in Mohammed Bedjaui, ed., *International Law: Achievements and Prospects*, Paris: UNESCO & Dordrecht: Martinus Nijhoff Publishers, 1991, p. 330.

其結果是從理論上而言，一個國家把另一主權國家置於自己的法律制度下，有損它國的主權獨立；而從實務上而言，則可能有二種可能性，一是國家為了保障自己的利益，會傾向於藉由制定自己的國際私法而擴大管轄權；另一個可能是一旦商業糾紛發生，各國會紛紛自行其事，依自己遵循的國際私法規則主張管轄權，因而造成管轄權衝突(註一一)。

不過到目前為止，僅有聯合國「國際法委員會」明文以「國際私法適用的規則」作為確定管轄標準外，其它的國家實踐不一，有些是嚴格地要求以「領土聯繫」作為判斷是否有管轄權的原則。這一種主張是基於以下的認識，即一般而言，在跨國的民商訴訟中，一國行使管轄權的先決條件是當事人、法院所在地、和訴訟之間存在著足夠的聯繫關係，因此以國家為被告的案件，應當也適用同樣的規則。而考察目前各國有關「國家豁免」的立法或是判例，重要的領土關係的確是構成行使管轄的堅強理由(註一二)，例如英國「國家豁免法」(State Immunity Act，簡稱SIA) 第三條第一項(b)款，美國「外國主權豁免法」(Foreign Sovereign Immunity Act，簡稱FSIA) 第一六○三和一六○五條都要求外國不享有豁免的商業行為應當和法院地國有領土上的連繫關係，而義大利法院和瑞士聯邦法院也有不少案例作相同的要求(註一三)。但是另一方面，加拿大「國家豁免法」第五條和澳大利亞「外國國家豁免法」第十一條對於領土關係則是完全不提。這並不是由於疏忽，而是反映另一種觀點，即

註一一　吳志奇，〈略評聯合國「關於國家及其財產管轄豁免的條款草案」存在的問題〉，《法學》，北京：中國人民大學書報資料中心，第八期（一九九〇年），頁一五八。

註一二　陳純一，〈聯合國國際法委員會「國家及其財產的管轄豁免條約」草案評析〉，《問題與研究》，第三十三卷第七期（民國八十三年七月），頁七七～七八。

註一三　*Schreuer*, p. 36, n. 120.

有關領土連繫關係的問題應當是一般國際私法處理的範圍，而不在「國家豁免」的領域內討論。此種立場不但為「國際法學會」(ILA)所採(註一四)，事實上，荷蘭、德國和法國等歐洲大陸法系國家法院也認為沒有必要以領土聯繫做為法院擁有管轄權的要件(註一五)。

至於在條約的規範方面，「歐洲國家豁免公約」明文嚴格地要求「法院地聯繫」作為一個締約國對另一個締約國行使管轄權的前提條件。公約第七條規定締約國如在法院所屬的國家設立用來從事工業、商業或財務活動的辦事處，代理或設施的活動，則不得援引管轄豁免。除此之外，該公約並進一步的規定下列各種情形不構成管轄基礎：

(1)被告在法院所屬國的境內擁有財產，或原告對該財產的扣留，除非訴訟的目的是為了主張對該財產的所有權或占有權，或該財產構成訴訟標的之債的擔保物；

(2)原告的國籍；

(3)原告在法院所屬國內有住所，慣常或經常居所。除非是基於特定契約標的而允許據此行使管轄權；

(4)被告在法院所屬國境內從事經營活動，除非訴訟產生於該經營活動；

(5)原告單方面選擇法院。

由前述的說明可知，雖然關於是否要以領土聯繫做為國內法院對外國國家行使管轄權的前提存有爭議，但可以確定在採納「限制豁免論」

註一四 International Law Association, *Report of the Sixty-Fourth Conference*, London: ILA, 1991, p. 427. (*以下簡稱ILA 64th Report*)

註一五 龔刃韌，《國家豁免問題的比較研究：當代國際公法、國際私法和國際經濟法的一個共同課題》，北京：北京大學出版社，一九九四年，頁三一七。

的國家，法院在區分被告國家的行為是主權行為或是非主權行為之前，它必定會先決定自己對該爭議是否擁有管轄權(註一六)。

二、被告國未放棄豁免

一個國家不同意或不願意服從另一個國家的管轄是適用「國家豁免」的必要條件。因此，法院對未出庭的外國欲行使管轄權時，不可以推定或假定該國願意服從管轄，必須有明確的證明或證據表示該國同意，才能對一國行使管轄權(註一七)。從另一方面而言，國家當然可以明示放棄豁免或同意接受另一國行使管轄權(註一八)，這種明示可經由三種方式達成：㈠國際協定；㈡書面契約；㈢在法院就該特定訴訟發表聲明(註一九)。不過，一個主權國家雖然可以這三種方式明示同意接受管轄，但是否行使管轄是審理法院的權限。換句話說，國家明示同意管轄對法院地國的法院沒有絕對拘束力，審理法院依舊可以遵照其國內法的規定而不行使管轄(註二○)。此外，關於同意還有一點值得注意，即應當把同意接受另一國法院管轄和同意適用另一國法律二個問題分開處理。所以聯合國「國

註一六　D. W. Greig, "Forum State Jurisdiction and Sovereign Immunity under the International Law Commission's Draft Articles," *ICLQ*, Vol. 38 (1989), p. 266.

註一七　《國際法委員會第四十三屆會議工作報告》，頁五二。

註一八　「國家及其財產的管轄豁免條款草案」第七條，明示同意行使管轄豁免，*Oppenheim's International Law*, p. 351, n. 35；參考「歐洲國家豁免公約」第二條；英國「國家豁免法」第二和二⑴條，分別見於*UN State Immunity Materials*, pp. 41, 157, 以及美國「外國主權豁免法」第一六○五條(a)項(1)款，28 U.S.C. § 1605(a)(1).

註一九　參考《國際法委員會第四十三屆會議工作報告》，頁五七；*Oppenheim's International Law*, p. 352, n. 36（列舉有關明示放棄豁免的判決）。

註二○　《國際法委員會第四十三屆會議工作報告》，頁五七。

際法委員會」的「國家及其財產的管轄豁免條款草案」第七條第二款規
定:「一國同意適用另一國的法律,不應被解釋為同意該另一國的法院行
使管轄權。」

　　同意應當明確,不能僅僅由於國家的不行為而推定其同意。國家除
了明示同意以外,也可能經由另外二種行動表示同意不援引「國家豁免」:
一是參加法院訴訟,另一是反訴。國家在另一國法院提起訴訟或是參加
訴訟,不論它是原告或是被告,也不論訴訟的性質為何,都應服從該國
法院的管轄。不過,如果該國出庭的目的是為了爭辯「是否可援引國家
豁免」則並不被視為同意管轄。過去有不少案例顯示,法院必須在確信
國家有關豁免管轄主張不是虛構的情況下才會同意給予豁免(註二一),而
僅僅出庭主張管轄豁免並不能建立這種確信,國家往往還必須提出證據
才可以。不過,一國如果未在另一國法院中出庭也不能就當然解釋該國
為同意管轄(註二二)。至於反訴程序不享有豁免的情況一般而言有二種:
第一種情形是如果對方當事人提起的反訴是基於與主訴相同的法律關
係,提起主訴的國家對反訴就不享有豁免;另一種情形是,一國如就一
項在另一國法院對其提起的訴訟中提起反訴,等於是採取一項與訴訟案
情實質有關的步驟,故該國不論在主訴或反訴中皆不得援引「國家豁
免」(註二三)。

註二一　《國際法委員會第四十三屆會議工作報告》,頁六三。

註二二　見「國家及其財產的管轄豁免條款草案」第八條,參加法院訴訟的效果;
　　　　「歐洲國家豁免公約」第一和第十三條, *UN State Immunity Materials*, pp.
　　　　156, 159, 英國「國家豁免法」第四條(a)項和(b)項, *UN State Immunity
　　　　Materials*, p. 42。

註二三　見「國家及其財產的管轄豁免條款草案」第九條,反訴;英國「國家豁免
　　　　法」第二條(b)項, *UN State Immunity Materials*, pp. 41–42; 美國「外國主
　　　　權豁免法」第一六〇七條(b)項, 28 U.S.C. § 1607(b)。

第三節 「國家豁免」的適用主體

一、概 論

「國家」是享有國家豁免權的主體，但是在「國家豁免」的領域內，「國家」的概念有所延伸，關心的重點不是國際法上「國家」的定義，而是到底由那些個人或組織可以代表國家或經國家授權從事公行為，因而可以主張管轄豁免(註二四)。而依聯合國「國際法委員會」通過的「國家及其財產的管轄豁免條款草案」第二條第一項(b)款，「國家」被定義為：

(1)國家及其政府的各種機關；

(2)聯邦國家的組成單位；

(3)受〔授〕權為行使國家主權權力而行為的國家政治區分單位；

(4)國家機構或部門和其他實體，只要它們受〔授〕權為行使國家主權權力而行為；

(5)以國家代表身分行為的國家代表。

所以，「國際法委員會」對於實際上享有豁免權主體的認定是採取廣義解釋和從寬認定，即判斷是否給予該主體豁免權的標準是著重在爭議時的主體是否為國家的機關或組成單位，和該主體是否在執行國家主權權力。所有的國家機關、地方組織和個人，只要是被授權行使公權力，都可以主張豁免。因此，除了國家自身外，其它享有「國家豁免」的受惠者還包括一個主權國家的君主或國家元首、政府首長、中央政府、各部門和各機關， 以及代表國家的外交使團、 領館、 常駐代表國和使節

註二四 王鐵崖主編，《國際法》，北京：法律出版社，一九九五年，頁一三一。

等(註二五)。值得注意的是，依該定義，聯邦國家的組成單位也可以主張豁免權。

　　相較於「國際法委員會」的草案，「歐洲國家豁免公約」第二十七條規定「締約國」有權享受管轄豁免，但除了強調獨立的法律實體不在豁免的範圍內外，公約並未對「締約國」下定義。不過它對於聯邦國家的地位和聯合國「國際法委員會」的草案不同，公約第二十八條原則上確認聯邦國家的組成單位不享有豁免，但卻又例外地容許聯邦國家自己聲明允許其組成單位可以援引「國家豁免」。

　　而在各國立法方面，英國一九七八年「國家豁免法」第十四條第一項規定「國家」應包括：㈠具有公共身分的國家君主或元首；㈡該國政府；㈢政府各部門，但不包括與政府行政機關有區別，且能起訴和被訴的獨立實體(註二六)。而美國一九七六年「外國主權豁免法」所規定的「外國」則包括外國的政治區分單位，或外國國家的機構或部門(註二七)。

　　雖然已有不少判例、立法、國際條約或是學說嘗試定義解釋適用「國家豁免」的主體，但下列兩個問題值得吾人關心。首先，到底是依國內法還是國際法來決定一個實體或是一個機構屬於「國家」的一部分呢？到目前為止，國際上並沒有統一的規範，所以無法建立一個共同的標準。但是如果依國內法解決此一問題，則到底是依法院所屬國的法律呢？還是依該機關或實體所屬國家的法律呢？答案也尚無定論。有的學者主張如何分配與行使主權是一國的內政，且國家機關的設置通常是由該國的憲法和其他有關法律確定，故不應由其它國家來加以評斷，因此當法院決定有關機關是否為外國「國家」時，應當依據該機關所屬國的國內法

註二五　Sucharitkul, "Immunity of States," 前引註十，頁三三一；並參考丘宏達，《現代國際法》，臺北：三民書局，民國八十四年，頁六九〇。

註二六　*UN State Immunity Materials*, p. 46.

註二七　28 U.S.C. § 1603(a).

及其他相關規定。例如前蘇聯即曾以法律明文規定前蘇聯派駐各地的商務代表處是國家機關，則其他國家在判斷商務代表處的地位時，應以前蘇聯的國內法為準(註二八)。

其次，政府擁有或控制的國營企業是否能援引「國家豁免」也是一個有爭議且值得討論的問題。許多國家對外從事經濟商業活動並不是以自己的名義為之，而是透過公司或企業。這些政府擁有或控制的企業組織架構和設立目的形形色色，例如在前蘇聯，國家主要的對外貿易活動由前蘇聯派駐各地的商務代表處負責，它們具有獨立的法律人格，但卻又受前蘇聯政府的直接控制。此外，在許多國家，中央銀行一方面負責外匯管制，另一方面又與普通銀行有商業關係(註二九)。這些類型的公司或組織一旦在國外涉訟，則它們是否也能主張豁免，往往會產生很大的爭議，故實有加以研究的必要。

依聯合國「國際法委員會」的「國家及其財產的管轄豁免條款草案」，凡是未行使國家主權權力，而且具有獨立人格的國營企業應當都不能主張豁免。這個態度基本上反映了大多數國家的實踐，即國營企業和國家本身應有所區分，它並不是「國家豁免」的主體。此一立場為英國、新加坡、巴基斯坦、南非和加拿大的「國家豁免」法律所採。但另一方面，美國的「外國主權豁免法」第一六三○條在國家的定義中卻加入了「外國國家的機構或部門」(agency or instrumentality of a foreign state)，而該

註二八　黃進，〈國家及其財產豁免的一般問題〉，黃炳坤主編，《當代國際法》，臺北：風雲論壇出版社，民國七十八年，頁一七五。

註二九　J. Stang, "Foreign Sovereign Immunities Act: Ownership of Soviet Foreign Trade Organizations," *Hastings International and Comparative Law Review*, Vol. 3 (1979), p. 201.至於國家企業與政府的關係，可參考蘇敏，〈論國家企業與政府分離的國際承認問題〉，《中南政法學院學報》，第四期（一九九一年），頁六一～六五。

條所提的「外國國家的機構或部門」包括：「㈠獨立法人；㈡外國國家或其政治區分單位的機關，或外國國家或其政治區分單位擁有主要股份或其它所有權權益的機關；……(註三〇)。」所以美國的立法體例相當特殊，因為它將國營企業納入了豁免主體的範圍。不過美國於第二次世界大戰後所簽署的友好通商航海條約都曾明確的規定國營企業不得享有管轄豁免(註三一)。

　　而在其他條約與學者意見方面，一九七二年的「歐洲國家豁免公約」和「國際法學會」的「蒙特利爾國家豁免公約草案」(ILA Montreal Draft for a Convention on State Immunity)的立法方式與立場是首先規定具有獨立法人資格的國營企業原則上不應享有豁免，然而，如果該獨立法人能夠證明其所從事的行為具有政府主權性質，則其仍舊可以享有管轄豁免。所以由上述各國的實踐與相關條約的規範(註三二)可推論出，國際法並未要求法院國家一定要給予國家所擁有或所控制的公司管轄豁免。而目前一般的見解是，國營企業是否能主張「國家豁免」應以該企業的行為或財產是否與行使主權行為有關來決定(註三三)，而不是考量國家是否擁有

註三〇　28 U.S.C. § 1603(b).

註三一　*UN State Immunity Materials*, p. 133.

註三二　相關規定與條文如下：

　　　　⑴「歐洲國家豁免公約」，第二十七條；

　　　　⑵英國「國家豁免法」，第十四條；

　　　　⑶巴基斯坦「國家豁免法令」，第十五條；

　　　　⑷南非「外國主權豁免法」，第一條㈡項和第五條；

　　　　⑸新加坡「國家豁免法」，第十六條㈠和㈡項；以及

　　　　⑹國際法學會「蒙特利爾國家豁免公約草案」，第一條(B)項。

　　　　條文英文內容請參考*UN State Immunity Materials*。

註三三　Helmut Steinberger, "State Immunity", *Encyclopedia PIL*, Vol. 10, p. 434.

或控制該公司。因此，中央銀行是否能主張「國家豁免」，標準在於中央銀行所從事行為的性質，而不是其銀行的股份結構。這種以公司的「功能」(Function)而不是以其「結構」(Structure)作為給予國營企業豁免的標準正日漸受到支持(註三四)。

除了上述兩個問題，在面對適用「國家豁免」的主體問題，還必須瞭解「國家豁免」是一種屬物理由的豁免(註三五)。也就是說，如果確定「國家」享有豁免，則只要主權國家始終存在，豁免權利就始終存在，而不會因為國家代表的變更而有所影響。因此，在實際的案例中，原告可以對外國政府部門或它的使領館提起訴訟，也可以直接控告這些官方機構的負責人或代表。由於對於外國政府代表因官方身分所為的公務行為而提起訴訟，基本上是等於對國家提起訴訟，所以即使該名官員的身分變動或終止，「國家豁免」依舊存在，因為這個豁免是屬於國家，給予的理由是基於活動的主權性質，而非基於個人。由此一角度觀察，君主元首的豁免與外交代表享有豁免的情況類似但又不完全相同。從歷史的演變而言，君主和外交豁免的起源較「國家豁免」為早，而且君主元首和大使等外交代表除了從事官方行為外，在某種程度上從事與公務無關的私人活動也可以主張豁免。但是和「國家豁免」不同的是，一旦他們的官方職務解除或終止後，君主元首或大使一切與官方無涉的活動，都還是應受當地法院的管轄，而不得再主張享有豁免的權利(註三六)。

二、豁免主體與承認制度的關係

「國家豁免」主體與承認制度的關係重點在於國內法院是否應將「承

註三四　有關以「功能」或是「結構」來決定是否給予國營企業豁免一事，可參考 *Schreuer*, pp. 93–95。

註三五　Sucharitkul, "Immunity of States," 前引註十，頁三三〇。

註三六　同上，頁三三一。

認」作為給予外國管轄豁免的前提要件，換句話說，未被法院地國(Forum State)承認的國家是否可以在法院地國主張「國家豁免」呢？關於此一問題國際法並沒有統一的規則，而英美兩國的實踐是顯示豁免只給予被承認的國家(註三七)。但是在英國方面，早期的判決顯示這種承認並不限於法律承認(*de jure*)的國家，就是被事實承認(*de facto*)的國家也可以享有相同的權利。而在美國方面，美國也可以以國內法的形式作例外規範，例如中美斷交後，美國於一九七九年四月十日制訂「臺灣關係法」，就表示適用到外國國家的法律條文也同樣適用於臺灣，雖然美國已不承認在臺灣的中華民國(註三八)。

　　除了英美兩國外，印度和愛爾蘭的法院也都認為未被承認的國家不能享有管轄豁免。不過另一方面，荷蘭、日本和法國則採取不同的立場，荷蘭法院曾於一九五一年表示，無論荷蘭政府是否承認南摩鹿加共和國，只要這個國家事實存在，它就可以被允許作為法院的訴訟當事國。而日本法院則曾經判決當時日本尚未承認的緬甸享有管轄豁免(註三九)。至於法國的實踐也顯示法國法院是自行決定是否給予豁免，而不受被告國是否被承認的影響。在一九六九年的一個案子中，法院面對是否應當扣押北越政府在歐洲銀行的財產時，雖然當時法國並未承認北越，但法院表示「一個國家的獨立存在，與其獲得他國的外交承認無關。」(註四〇)法院緊接著列舉一些理由，說明北越確實是一個國家，而北越政府當然也有權利援引北越在國際法上的權利(註四一)。

註三七　Steinberger，前引註三十三，頁四三三。

註三八　丘宏達，《現代國際法》，前引註二十五，頁六九〇。

註三九　龔刃韌，《國家豁免問題的比較研究》，前引註十五，頁一七二～一七三。

註四〇　*Clerget v. Banque Commercials pour L'Europe du Nord and Banque du Commerce Exterieur du Vietnam*, Court of Appeal of Paris, 7 June 1969, *ILR*, Vol. 52 (1979), p. 311.

　　但是如果國家已被承認，而政府未被承認時，則情形又當如何？各國的實踐依舊不一致。在英國，早期的案子以為只有獲得承認的政府才能在英國法院享有管轄豁免(註四二)。而最近的案子則顯示英國法院則是將國家或政府的地位留給行政部門解決，如果行政部門決定被告國政府擁有主權地位，則法院就給予豁免(註四三)。

　　而在美國，「吳爾夫森控蘇聯」案(*Wulfsohn v. Russian Socialist Federated Soviet Republic*)是最有名的案例。在該案中，法院以為美國雖未承認當時的蘇聯政府，但是其依舊可以主張與享有主權豁免(註四四)。而《美國對外關係法第三次整編》也表示國家「應當對有效控制該國的實體如對該國政府的一般的對待。」 (註四五)這似乎也表示未被承認的政府可以主張主權豁免。

　　由各國的實踐及學者見解，可得出一個結論，即如果一國被承認，而其政府未被承認，則對於其政府的主權行為應可給予豁免(註四六)。而欠缺外交關係或終止外交關係則並不影響給予國家管轄豁免的權

註四一　*Ibid.*, pp. 312–313.

註四二　*Mighell v. Sultan of Johore*, [1894] 1 Q.B. 149.

註四三　Steinberger，前引註三十三，頁四三三；以及*Sayce v. Ameer Ruler Sadig Mohammad Abbas, Bahawalpur State*, [1952] 2 Q.B. 390, 395–398.

註四四　*Wulfsohn v. Russian Socialist Federated Soviet Republic*, 234 N.Y. 372 (1923).

註四五　*Restatement (Third)*, § 203(1).

註四六　見丘宏達，《現代國際法》，頁六九〇。另外有學者提出應對巴勒斯坦解放組織是否享有國家豁免權的問題作進一步的研究，見Burhard Hess, "The International Law Commission's Draft Convention on the Jurisdictional Immunities of States and Their Property," *European Journal of International Law*, Vol. 4, No. 2, (1993), pp. 279–280。

利(註四七)。

第四節　「國家豁免」的適用範圍

「國家豁免」的範圍包括了管轄豁免和執行豁免二部分，這兩種豁免內容和性質不同，以下將分別說明之。

一、管轄豁免

一國國內法院能否對外國國家行使審判管轄權的首要問題即在確定豁免的範圍。依「絕對豁免論」，除非國家明示放棄豁免接受管轄，否則國家所有的行為都是主權行為，故均可主張豁免。在這種情況下，豁免的範圍非常易於確定。但依「限制豁免論」，由於國家只有在從事主權行為時可主張豁免，非主權行為則否，所以如何決定那一個事項是屬於豁免事項就成為非常重要的工作。

檢討過去的文獻學說，處理此一問題的方式有下列幾種：第一是依著名的國際法學者勞特派特(H. Lauterpacht)的主張，根本否定了「國家豁免」原則，而把豁免事項作為例外原則列出，依勞特派特教授的見解，有關外國國家的立法行為與國家在其領域內的行政管理行為，還有關於其軍隊的訴訟都應當是屬於豁免事宜(註四八)。第二種主張則是另一著名英國學者布朗利(Ian Brownlie)提出，在其代表國際法研究院(Institut de Droit International)第十四委員會所提出的報告中，他同時列舉了國家豁免事項和非豁免事項，並給予不同的判斷標準，從這個角度看來，布朗利教授已不再區分「國家豁免」是原則還是例外的問題(註四九)。第三種

註四七　Steinberger，前引註三十三，頁四三三。

註四八　H. Lauterpacht, "The Problems of Jurisdictional Immunities of Foreign States," *BYIL*, Vol. 28 (1951), pp. 237–238.

方式則是歐洲大陸一些法院的見解，即不明確列舉那些事項是屬於豁免的範圍，而完全本於限制主義的精神，就具體案情來考量。例如依據比利時法院的長期實踐得知，外國可以主張享有豁免的行為包括使館租賃不動產、簽訂公債契約、管理國際貿易和國際金融等(註五〇)。

　　但是實務上，大多數的國家立法或是條約草案都採取有別於上述的方式。它們通常都是先確定國家享有管轄豁免是一項原則，然後再臚列出不享有管轄豁免的事項(註五一)。

　　那麼那些不是國家管轄豁免事項呢？聯合國「國際法委員會」的「國家及其財產的管轄豁免條款草案」第三部分規定了八種情形，分別是商業交易（第十條）、僱傭契約（第十一條）、侵權行為（第十二條）、財產權（第十三條）、知識產權（第十四條）、參加公司或其他集體機構（第十五條）、國家擁有或經營的船舶（第十六條），以及仲裁協定（第十七條）等。

　　而「歐洲國家豁免公約」也是採取相同的作法。第四至第十二條列舉了主要的非豁免事項，它們包括國家在法庭地國履行義務（第四條）、僱傭契約（第五條），參加公司或其他集體組織（第六條）、商業活動（第七條）、知識產權（第八條）、不動產權益（第九條）、財產的繼承與贈與（第十條）、侵權行為（第十一條）、和仲裁（第十二條）。

　　而在國家立法上，美國的「外國主權豁免法」第一六〇五條也是負面表列「國家豁免」的例外事項，它們是國家從事商業活動和侵權行為，訴訟是有關於不動產，或是財產的繼承贈與，或是外國商業用途船舶及貨物等事項，或是與違反國際法所取得的財產有關。至於英國的「國家

註四九　*ILA 64th Report*，前引註十四，頁四〇三。

註五〇　龔刃韌，《國家豁免問題的比較研究》，前引註十五，頁二七〇～二七一。

註五一　國家不享有豁免事項的詳盡內容分析，請參考本書第三篇第六至九章的分析。

豁免法」，不論在內容和形式上都比較接近「歐洲國家豁免公約」，它列舉了不得主張管轄豁免的情況包括：商業交易（第三條）、僱傭契約（第四條）、侵權行為（第五條）、有關不動產、繼承或贈與財產的訴訟（第六條）、知識產權（第七條）、做為法人、非法人團體，以及合夥資格的訴訟（第八條）、仲裁協定（第九條）、與商業用途有關的海事訴訟（第十條），以及稅收（第十一條）。新加坡、南非、巴基斯坦、加拿大和澳洲等國的國家豁免法立法方式則基本上和英國相似(註五二)。

在學術組織方面，一九三二年哈佛大學研究草案第九條至第十三條就是採取列舉非豁免事項的作法，將有關不動產、繼承或贈與財產、工商金融活動，以及公司股東權益等事項列為國家不得援引豁免(註五三)。至於「國際法學會」(International Law Association)一九九四年通過的「蒙特利爾國家豁免公約草案」修正條文第三條則是列舉了商業活動、僱傭契約、知識產權、侵權行為，以及違反國際法取得財產為非豁免事項(註五四)。

註五二　相關條文如下：

　　　　(1)新加坡「國家豁免法」，第五至十三條；

　　　　(2)南非「外國主權豁免法」，第四至十二條；

　　　　(3)巴基斯坦「國家豁免法令」，第五至十二條；

　　　　(4)加拿大「國家豁免法」，第五至八條；

　　　　(5)澳洲「外國國家豁免法」，第十一至二十條。

　　　　原文請參考 UN State Immunity Materials 相關部分。

註五三　Harvard Law School, "Harvard Draft Convention on Competence of Courts in Regard to Foreign States," *Supplement to the American Journal of International Law*, Vol. 26 (1932), pp. 456–457.

註五四　International Law Association, *Report of the Sixty-Sixth Conference*, London: ILA, 1994, pp. 489–491.

由上述的條約與立法例可以知道，目前確定管轄豁免範圍的主要方法是採取所謂的「負面表列」型式，即將非豁免事項單獨地作為「國家豁免」的例外原則列出。而在眾多的例外原則中，國家如果從事商業活動、侵權行為，以及參與仲裁則無法主張管轄豁免已形成「限制豁免論」者的一項共識。

此外，送達與缺席判決兩個問題與「國家豁免」相關，故必須加以說明。

首先，國際法並不禁止法院地國送達訴訟文書給被告國，至於送達的對象，可簡述如下：

⑴外國的外交部長；

⑵除非有特別的授權，否則外國在法院地國的使館館長不一定有權接受；

⑶對於具有獨立法律地位的政治區分組織，則送達至中央政府外交部；

⑷具有獨立法律人格的國營企業，則必須送達至可代表該公司的機關；

⑸外國出庭參加訴訟的代理人被當然視為可以接受送達的對象。(註五五)

聯合國「國家及其財產的管轄豁免條款草案」則建議送達訴訟文書的三類辦法，分別是：㈠法院地國應優先適用對其與被告國有拘束力國際協定的規定；㈡在無該種公約的規範下，則是通過外交管道；或是㈢依有關國家接受的任何其他方式進行(註五六)。

至於缺席判決的重點則一樣有三項，分別是：㈠只有在證明已經對被告國進行文書送達程序，而且時限已過，才能下達缺席判決(註五七)；

註五五　Steinberger，前引註三十三，頁四三七。

註五六　「國家及其財產的管轄豁免條款草案」第二十條，訴訟文書的送達。

㈡法院不能僅僅因為一國未出席就下達缺席判決；㈢雖然被告國沒有參加訴訟，但法院在審理時，一定要審查被告國是否享有「國家豁免」(註五八)。

二、執行豁免

在「國家豁免」的領域內，執行豁免是指一國財產免於另一國法院所採取的扣押、查封和執行等強制措施。通常原告申請採取這種強制措施的目的是要為了確定管轄權，或是為了保全未來判決的執行，或是要執行判決。無論如何，執行豁免和所謂的管轄豁免宜加以區分，因為後者主要是針對外國國家的有關行為，而前者的對象限於國家財產(註五九)。而在實務上，國家會提出執行豁免的主張，往往是因為其請求管轄豁免被拒絕，而私人原告基於有利的判決而要求執行國家財產時。所以如果國家提出管轄豁免的理由被拒絕，並不當然表示其財產可以被強制執行，尤其是考慮到支持「國家豁免」原則的基本理由：「平等者之間無統治權」，如果既然一國不能對另一平等國家行使主權權力，那麼以強制措施執行其它國家的財產更不應當被允許，因為實際的執行措施比單純的審判更有可能引起敏感的外交問題(註六〇)。當然，對私人原告而言，經過了冗長的訴訟程序和花費了昂貴的訴訟費用後，所得到的結果只是一個毫無執行力的判決，而無法享受勝訴的果實，這必然是一件非常挫折的事(註六一)。雖然如此，各國政府和大多數學者的意見是，關於

註五七　參考美國「外國主權豁免法」第一六〇八條(d)項。項, 28 U.S.C. § 1608(d)；和英國「國家豁免法」，第十二條(2)項。

註五八　Steinberger, 前引註三十三，頁四三八。

註五九　龔刃韌，《國家豁免問題的比較研究》，前引註十五，頁三五一。

註六〇　《國際法委員會第四十三屆會議工作報告》，頁一四五。

註六一　*Schreuer*, p. 125.

強制執行的豁免和國家的管轄豁免是不同的(註六二)。

那麼執行豁免的原則為何? 各國在執行豁免的實踐方面，自十九世紀到第二次世界大戰之間，大都是採取「絕對豁免論」，即使是在國家有關管轄豁免的請求被拒絕時，其財產一樣能免於被強制執行。而在第二次世界大戰後，各國法院對此一問題的態度開始逐漸轉變，以為國家財產在一定的條件下依舊可以被執行，但強制措施的標準必須非常嚴格，美國、英國、巴基斯坦、新加坡等國的立法和相關的條約都採取了相似的立場(註六三)， 他們的基本觀點是以為執行豁免和管轄豁免無論是性質、法律根據以及效果都不同，故應有所區分。「歐洲國家豁免公約」則原則上禁止締約國實施強制執行和保全等措施。至於聯合國「國際法委員會」的草案則是區別對待管轄豁免和執行豁免，並明文規定對外國財產強制執行要符合一定的標準。

由於文獻和國家實踐都顯示管轄豁免和執行豁免是兩個不同的問題，應分開處理並適用不同的法則。因此，即使國家在法院所屬的當地國不享有管轄豁免權，也並不意味著法院可以當然依據判決對其為強制執行，除非該國明示或在一定的情況下默示放棄了其執行上的豁免權；而且除了放棄豁免外，原告也僅能對被告國特定種類的財產採取強制執行措施， 而所謂特定種類的財產， 通常指的是具有「商業」目的的財產(註六四)，因為由執行豁免的歷史發展和當前各國的實踐可知，國家用於公共目的財產可以享有執行豁免已是一項普遍接受的國際法原

註六二　Sompong Sucharitkul, "Seventh Report on Jurisdictional Immunities of States and Their Property," *YBILC 1985*, Vol. II, Part One, Document A/CN.4/388, pp. 30, 35–36.

註六三　各國法院、政府和條約關於執行豁免的實踐，請參考Sucharitkul，同上，頁三一～三六，四二～四三。

註六四　*ILA 64th Report*，前引註十四，頁四〇七。

則(註六五)。

第五節 小 結

「國家豁免」是國家基於主權平等原則，對於外國的主權行為及其財產不行使領域管轄權，所以只有作為被告的外國「國家」可以提出豁免的要求。雖然「國家」是享受豁免的主體，但這並不是表示它一定必須被明示指定為訴訟當事人，如果訴訟的對象是國家機關、行使國家職權的機構、國家代表、國家所有或使用的財產時，則還是會被視為是以「國家」為被告而有「國家豁免」原則的適用。

此外，「國家豁免」在性質上應分為管轄豁免和執行豁免。這兩種豁免實質內容不同，而且國家不享有管轄豁免並不表示國家的財產也當然可以依據判決而被強制執行。至於二者的豁免範圍，在管轄豁免方面，目前世界各國的立法例都是明列國家從事一定的行為不能享有豁免，並強調這些列舉的非豁免事項是「國家豁免」的例外。而一般公認而重要的非豁免事項包括國家進行商業活動，國家從事侵權行為和國家放棄了豁免（包括簽訂了仲裁契約的效力），其中「商業活動」更是構成了非豁免事項的核心內容。

而在「執行豁免」方面，目前的條約規範與國家實踐顯示，對外國財產採取強制措施的標準比「管轄豁免」更為嚴格，不過財產的使用如果與國家的公共目的無關，而且訴訟又是針對國家的非主權行為，則該財產能被允許執行或是扣押的可能性將會大的多。

註六五 Steinberger，前引註三十三，頁四四一。

第三章 「國家豁免」的現狀與前景

第一節 重要的國家實踐

一、概論

由「國家豁免」原則在各國的演變和發展看來，主張國家及其財產在外國法院享有絕對豁免的觀點已式微，而「限制豁免論」的看法則是當前的趨勢。不過由於此一轉變的過程歷時相當長，世界各國如何由堅持地支持「絕對豁免論」而走向今日「限制豁免論」的立場值得吾人關心與討論。

首先，就現有文獻資料來看，到了十九世紀末，除荷蘭等少數國家外，歐美國家大致都承認「國家豁免」的存在。而最早採取「限制豁免論」主張而不再對國家的私行為給予豁免的國家是比利時和義大利(註一)。一九〇三年的「盧森堡列日鐵路公司控荷蘭」(*Chemin de Fer*

註一　義大利、比利時和埃及法院分別於一八八六年、一九〇三年和一九一二年採取「限制豁免論」的立場，關於義大利的實踐，請參考H. Lauterpacht, "The Problem of Jurisdictional Immunities of Foreign States," *BYIL*, Vol. 28 (1951), p. 251；比利時的實踐，則可參考 J. Verhoeven, "Immunity from Execution of Foreign States in Belgian Law," *Netherlands Yearbook of International Law*, Vol. 10 (1979), p. 78；埃及的實踐，則參考Joseph M. Sweeney, *The International-al Law of Sovereign Immunity*, Washington D.C.: U.S. Department of State,

Liegeois-Luxembourg v. The Netherlands)一案中，比利時法院就很明確地指出：「只有當國家完成政治行為時才涉及主權……然而，國家本身並不是僅限於政治角色，它可以購買、擁有、簽訂、充當債權人和債務人，以及從事商務……當從事這些功能時，國家並不是行使公共權力，而是如私人般的地位行為……因此不能享有豁免」(註二)。不過在當時，比利時法院對於在執行豁免方面依舊採取絕對豁免的立場，而義大利法院則是不論在審判管轄和對外國財產為強制執行兩方面都已主張限制豁免了(註三)。

　　在第一次世界大戰後，各國關於「國家豁免」的立場分歧愈趨明顯。「絕對豁免論」和「限制豁免論」並存，奧地利、瑞士、法國、埃及、希臘相繼接受了「限制豁免論」的立場，但是英、美、大不列顛國協會員國、德國、荷蘭、奧地利、日本以及阿根廷仍舊給予廣泛國家的豁免權(註四)。至於前蘇聯的情形比較特殊，作為一個社會主義國家，其對外經濟貿易活動都是由國家直接參與，和傳統資本主義國家的作法不同。而在有關「國家豁免」的立場上，它一般而言是堅持「絕對豁免論」，但是從一九二一年起開始同意在貿易協定上採取限制的立場。而從一九三五年起，在對外進行商務活動時，又往往透過具有獨立法律人格的商務代表處進行。因此在實務上，前蘇聯有關在商務活動時所採取的立場倒頗與「限制豁免論」的主張相似(註五)。至於中國在一九二七年審理的「李

1963, p. 20。關於早期各國的實踐，尚可參考 Harvard Research in International Law, "Competence of Courts in Regard to Foreign States," *AJIL Supp.*, Vol. 26 (1933), p. 597。

註二　判決內容取自Sweeney，同上，頁二一。

註三　Harvard Research in International Law，前引註一，頁六三八～六四〇。

註四　Helmut Steinberger, "State Immunity," *Encyclopedia PIL*, Vol. 10, pp. 430–431.

柴愛夫兄弟控告蘇俄商船艦隊」案(*Rizaeff Freres v. The Soviet Merchantile Fleet*)則採「絕對豁免論」(註六)。

　　所以從第一次大戰結束後到第二次大戰爆發前，採取「絕對豁免論」的國家較多，而且主要大國都傾向於該立場。而在這一段時期內，「國家豁免」的發展特點是許多訴訟與外國政府所擁有的商船有關，雖然軍艦和政府公務船能享有「國家豁免」的見解早在第一次世界大戰前已廣被承認，但商用船的地位要一直到此時才確定。此外，承認「國家豁免」的國家也日漸增多，第一次大戰前，只有某些歐美國家才有這方面的實踐，但大戰結束後，亞洲、非洲和拉丁美洲國家也開始有所主張。一九二八年，二十個拉丁美洲國家締結關於國際私法的公約時就採納了「國家豁免」的條文；而一九二七年至一九二八年間，也有二十一個國家向國際聯盟表示有必要將「國家豁免」法典化(註七)。

　　第二次世界大戰結束以後，「限制豁免論」幾乎為所有西方國家所採。西德（一九九一年德國統一前的德意志聯邦共和國）、法、美、英、奧地利、巴基斯坦等國的最高法院紛紛採取了此種見解(註八)。許多國家更利用國內立法的形式來限制外國的豁免，這包括美、英、新加坡、南非、巴基斯坦、加拿大和澳大利亞等國(註九)，其中又以美、英二國的國家豁

註五　*Ibid.*, p. 431.

註六　判決的英文見*UN State Immunity Materials*, pp. 251–252；有關該案的背景資料及中文原文，請參考丘宏達，《現代國際法》，頁六八八～六八九。有關中華民國在「國家豁免原則」的理論與實踐，請參考陳純一，〈中華民國有關「國家豁免原則」的理論與實踐〉，《問題與研究》，第三十四卷第八期（民國八十四年八月），頁三～九。

註七　龔刃韌，《國家豁免問題的比較研究：當代國際公法、國際私法和國際經濟法的一個共同課題》，北京：北京大學出版社，一九九四年，頁九三～九五。

註八　Steinberger，前引註四，頁四三一。

免法最具代表性。而這些國家之所以採取限制豁免的立場，主要是因為其在國內外所從事的經濟貿易活動主體是私人企業，為了避免和社會主義國家或是開發中國家交易而產生爭議時，因對方主張「國家豁免」而無法援引應有的權利，故紛紛支持「限制豁免論」。

至於共產社會主義國家的情形又如何呢？在前蘇聯瓦解前，除了前南斯拉夫外，前蘇聯、捷克、匈牙利和波蘭都是採取「絕對豁免論」的立場(註一〇)，而德意志民主共和國(前東德)，則是採取平等豁免的觀點。不過隨著前蘇聯與東歐局勢的改變，咸信這些國家的看法已有所改變，例如目前俄羅斯國會已準備仿效美國，制訂一部有關「國家豁免」的專門立法(註一一)。

其它開發中國家的實踐又如何呢？依據學者的研究指出，目前採取或是傾向「絕對豁免論」的國家是敘利亞、緬甸、印尼、奈及利亞、蘇丹、阿根廷、巴西、智利、委內瑞拉、千里達及托巴哥共和國(Trinidad and Tobago)；採取或是傾向「限制豁免論」的國家則是巴基斯坦、新加坡、埃及、巴貝多(Barbados)、厄瓜多、蘇利南(Suriname)、墨西哥。表明支持「國家豁免」是一項國際法原則，但無法分辨其是支持絕對理論或是限制理論的有印度、泰國、哥倫比亞(註一二)。

註九　　有關這些國家所制定國家豁免法的內容，見*UN State Immunity Materials*, pp. 3–73。

註一〇　黃進，《國家及其財產豁免問題研究》，北京：中國政法大學出版社，一九八七年，頁二〇〇～二二五。

註一一　陳純一，〈參加「聯合國五十年與國際法」國際會議報告書〉，《中國國際法與國際事務年報》，第九卷（民國八十三至八十四年），臺北：臺灣商務印書館，民國八十六年，頁八二。（俄羅斯外交部條法司司長Mr. Khodakov的報告指出俄羅斯在「國家豁免」的立場將有所改變。）

註一二　黃進，前引註十，頁二二六～二五四。

聯合國一九八二年出版的《關於國家及其財產的管轄豁免的資料》
(*Materials on Jurisdictional Immunities of States and Their Property*)顯示，
當時全世界總共有二十八個國家採取了新的限制豁免原則，二十個國家
仍堅持「絕對豁免論」立場，不過「多數拉丁美洲、亞洲和非洲及社會
主義國家並未接受有限國家豁免理論。」(註一三)而從一九八二年至一九
九九年，國際局勢產生了很大的變化，由於前蘇聯的瓦解及東歐各社會
主義國家紛紛走向市場經濟路線，預料「限制豁免論」將更為盛行。事
實上，已有新資料顯示，上述支持絕對理論的阿根廷和智利正在立法，
並採取了限制論的立場(註一四)，　另外菲律賓也是採取限制豁免的立
場(註一五)。

以下將說明「國家豁免」在英國、加拿大、德國、法國、瑞士和日
本等國家的發展、演變與現況。分析的重點除了法院判決和國家立法外，
還包括條約協定、外交聲明與學者見解。

二、英　國

英國曾是一個長期堅持「絕對豁免論」的國家，有關「國家豁免」

註一三　李浩培，〈論國家管轄豁免〉，《中國國際法年刊》，一九八六年，頁三〇二。

註一四　International Law Association, "Committee on State Immunity: Working Ses-
sion," *Report of the Sixty-Sixth Conference*, London: ILA, 1994, p. 502. （以
下簡稱*ILA 66th Report*）（Dr. Raul Vinuesa 報告阿根廷和智利有關「國家
豁免」的現狀。）

註一五　Florentino P. Feliciao, "The Doctrine of Sovereign Immunity from Suit in a
Developing and Liberalizing Economy: Philippine Experience and Case
Law," *Japan and International Law: Past, Present and Future*, International
Symposium in Commemoration of the Centennial of the Japanese Association
of International Law, in Supplement Document.

的發展可以追溯到十九世紀初期，第一個主要案例是一八二〇年的「佛
萊德王子號」(*The Prins Frederik*)(註一六)。至於「國家豁免」在英國的發
展模式則頗類似美國，即從十九世紀初到一九七〇年代制定有關「國家
豁免」法律之前，二國都接受了「國家豁免」原則，但是都在為是否完
全採納「限制豁免論」的主張而爭執不休。所以討論英國有關「國家豁
免」的實踐，一九七八年「國家豁免法」(State Immunity Act)的制定是一
個很重要的分水嶺。

在第二次大戰之前，早期著名的案子有上述的「佛萊德王子號」案
(*The Prins Frederik*, 1820)、「查爾克號」案(*The Charkieh*, 1873)(註一七)、
「比利時國會號」案(*The Parlement Belge*, 1880)(註一八)、「亞歷山大港號」
案(*The Porto Alexandre*, 1920)(註一九)以及「克莉斯汀娜號」案(*The Christi-
na*, 1938)(註二〇)等。這些早期案子都與船舶訴訟有關，而且當時英國法

註一六　*The Prins Frederik*, (1820) 2 Doc. 451. (荷蘭國王所擁有的戰艦運送珍貴商
　　　　品到荷蘭，中途因損害被英國船拖至英國港口，英國船船長和海員請求荷
　　　　蘭國王支付救難費用。法官以為對外國軍艦的管轄涉及國際法的層面，故
　　　　建議以仲裁方式解決較好。)

註一七　*The Charkieh*, (1873) LR 4A & E 59. (埃及海軍所擁有的「查爾克號」在泰
　　　　晤士河航行時和荷蘭汽船公司的船隻相撞，荷蘭公司請求損害賠償。法官
　　　　以為由於埃及當時還不是一個主權獨立的國家，　所以英國法院擁有管轄
　　　　權。)

註一八　*The Parlement Belge*, (1880) 5 PD 197. (比利時政府擁有的運郵船「比利時
　　　　國會號」在英國港口和私人船隻碰撞，英國上訴法院以為該船的主要目的
　　　　是運送郵件，商業性運輸只是附屬工作，故依舊享有管轄豁免。)

註一九　見*Gordon*, p. 16-7.(有關葡萄牙公用船在英國海岸擱淺所導致的救難費用
　　　　訴訟，法院以為該船是外國國家的財產，並被用於公共目的，故得享有豁
　　　　免。)

院的立場也一再的說明，外國國家及其財產在英國享有絕對豁免(註二一)。

　　第二次大戰後到一九七〇年代之間，英國法院實務依舊是堅持國家應享有絕對的管轄豁免。這段期間英國樞密院(Privy Council)司法委員會曾審理過著名案件「兩航公司」案(註二二)；而其殖民地香港政府則處理過「永灝油輪」案(註二三)，兩案均與我國及中共立場有關。其中，「兩航公司」案的起因是由於一九四九年中共政權控制大陸後，原中華民國政府交通部的中國航空公司和中央航空公司的飛機飛抵香港以避免為中共

註二〇　*Compania Naviera Vascongado v. Steamship "Christina"*, [1938] AC 485; [1938] 1 ALL ER 719. 參考 I. Sinclair, "The Law of Sovereign Immunity: Recent Developments," *Recueil DES Cours*, Vol. 167 (1980, II), p. 126。（西班牙駐英國的領事依據其政府的命令接管「克莉斯汀號」商船，英國上議院以為西班牙政府徵收本國私人商船的行為應享有豁免。）

註二一　在該段期間內，與船舶訴訟無關的主要案子是一八四八年的*Duke of Brunswich v. King of Hanover*案，見 [1848] 2 HLC 1。有關這些案例的分析，請參考Gamal M. Badr, *State Immunity: An Analytical and Prognostic View*, The Hague: Martinus Nijhoff, 1984, pp. 14–19.

註二二　*Civil Air Transport Inc. v. Central Air Transport Corporation*, [1953] AC 70; 並參考黃進，《國家及其財產豁免問題研究》，前引註十，頁二五八～二六〇。值得注意的是，樞密院司法委員會是英聯邦的某些成員國，殖民地保護國和託管地的最高上訴法院，受理來自這些地區的上訴案件。至於上議院(House of Lords)則是英國的最高法院。上海社會科學院法學研究所編譯室編譯，《各國憲政制度和民商法要覽》，歐洲分冊（下），北京：法律出版社，一九八六年，頁三九三。

註二三　《中華人民共和國對外關係文件集》，第二集，北京：世界知識出版社，一九五八年，頁一四～一七。

所控制。當中共政府要求香港政府歸還這批飛機時，香港政府卻依據一項新通過的法令接管這批飛機，以避免任何進一步的糾紛。而在中華民國方面，有鑒於當時的政治情勢，中華民國政府將這批飛機賣給了美國的陳納德等人，陳納德又將其轉售給由其所控股的美國公司——「民用航空運輸公司」。一九五〇年，「民用航空運輸公司」在香港法院提起訴訟，要求陳納德等人交付飛機及相關資產。當時英國已於一九五〇年一月六日正式承認中共政府，而香港初審法院和上訴法院皆以為基於「國家豁免」原則而無法行使管轄權。一九五〇年五月十日，英國樞密院表示有關財產所有權的爭執問題依舊需要由法院解決，因為其以為有關該批飛機的買賣是發生在英國承認新政府之前，所以舊政府當時所為的買賣行為是有效的，在這種情況下，樞密院不同意中共提出有關「國家豁免」的主張。一九五二年七月二十八日，樞密院判決「中央航空公司」的飛機應交給「民用航空運輸公司」。同年十月八日，香港高等法院也下達類似的判決，決定將「中國航空公司」的飛機及其它資產交給「民用航空運輸公司」。

中共對本案的反應當然是相當強烈。在一九四九年十二月三日，中共總理周恩來曾表示：

> 中國航空公司和中央航空公司為我中華人民共和國中央人民政府所有，受中央人民政府民航局直接管轄。兩航公司留在香港的資產，只有我中央人民政府和我中央人民政府委託的人員，才有權處置。我中央人民政府此項神聖的產權，應受到香港政府的尊重。(註二四)

註二四　《中華人民共和國對外關係文件集》，第一集，北京：世界知識出版社，一九五七年，頁八六。

而在樞密院下達判決後，中共也發表下列聲明表達其立場：

> 對於我國兩航空公司留港的資產，英國政府絕對沒有任何權利
> 行使其管轄權，亦絕對沒有絲毫權利加以侵犯、損害和轉移。英
> 國政府應該立即停止其侵犯我中華人民共和國主權的非法行
> 為。(註二五)

　　至於「永灝油輪」案則是由於一九五○年三月十八日中共交通部宣
稱，在世界各港口所停留的中國船舶都屬於中共所有，受中共交通部管
轄。「永灝油輪」原屬上海中國油輪公司所擁有，當時則停泊在香港，依
中共政府聲明，該油輪竟成了中共的財產，中華民國政府因此在香港提
起訴訟，宣稱該船屬於其財產。但結果是香港政府依據「緊急條例」，宣
布為了「公共利益」而徵用該船並將其交給英國海軍。香港政府此種行
為自然遭到中共的嚴重抗議(註二六)。

　　除了上述與中國有關的判決外，英國的法院實踐顯示，直到一九七
六年「菲律賓海軍上將號」案(*The Philippine Admiral*, 1976)(註二七)清楚
地表示贊成「限制豁免論」立場之前，「絕對豁免論」在英國法院仍舊是
佔主導地位。例如在一九五八年的「拉希圖拉」案(*Rahimtoola v. Nizam
of Hyderabad*)(註二八)和一九七五年的「泰歐」案 (*Thai-Europe Tapioca*

註二五　《中華人民共和國對外關係文件集》，第二集，前引註二十三，頁八六。

註二六　同上，頁一四～一五。

註二七　*The Philippine Admiral*, [1976] 2 WLR 214; *ILR*, Vol. 64 (1983), p. 90. (菲律
　　　　賓政府所擁有的商船因為貨物和勞務糾紛而在香港被訴，並上訴至樞密
　　　　院司法委員會，結果委員會認為菲律賓商船不享有豁免。)

註二八　*Rahimtoola v. Nizam of Hyderabad*, [1958] AC 379. (有關銀行存款轉讓的
　　　　爭端。)

Serv. v. Government of Pakistan)(註二九)二案中，法官丹寧(Lord Denning)
都曾經發表過支持「限制豁免論」的見解，但並未改變英國法院的立場，
直到「菲律賓海軍上將號」案，英國樞密院(Privy Council)才採納了「限
制豁免論」的立場，認為菲律賓政府在其所擁有而用於商業目的的船舶
所涉及的對物之訴中無權主張豁免(註三〇)。另外，在對人訴訟方面，首
先適用「限制豁免論」 的是一九七七年的「特瑞德克斯貿易公司」 案
(*Trendtex Trading Corp. v. Central Bank of Nigeria*)(註三一)。在該案中，奈
及利亞政府購買水泥，而由其中央銀行簽發信用狀付款，但中央銀行後
來未付款。英國上訴法院(Court of Appeal)以為雖然奈及利亞政府購買水
泥的目的是軍事用途，但性質是商業行為，而且法院視奈及利亞中央銀
行為獨立法人，在這種情形下，奈及利亞中央銀行無法主張管轄豁免。
到了一九八一年,作為英國最高司法機關的上議院(House of Lords)於「堂
代會一號」一案(*The I Congreso del Partido*)則明確地以「限制豁免論」的

註二九　*Thai-Europe Tapioca Serv. v. Government of Pakistan*, [1975] 1 WLR 1485.
　　　　（原告船舶在巴基斯坦卸貨時受到損害，故在英國法院提起訴訟，但上訴
　　　　法院以為本案事實發生在領土之外，故無管轄權。）

註三〇　法官在判決中對「亞歷山大港號」(*The Porto Alexandre*)一案提出了批評，
　　　　並說明了基於下列四點原因而建議英國法院在對物訴訟方面得享有豁免
　　　　權。第一，「比利時國會號」案的原則在此並未被推翻；第二，在「克莉
　　　　斯汀娜號」(*The Christina*)一案中，五位法官中有三位法官已對是否給予
　　　　外國政府從事商業活動船舶給予豁免產生疑問；第三，在二次大戰後，英
　　　　聯邦以外的國家大都對國家的普通貿易活動不給予豁免；最後，大多數的
　　　　西方國家政府允許國家在其本國法院內因為商業契約而被訴，見*ILR*, Vol.
　　　　64 (1983), pp. 92–110。

註三一　*Trendtex Trading Corp. v. Central Bank of Nigeria*, [1977] 1 Q.B. 529; *ILR*,
　　　　Vol. 64 (1983), p. 111.

立場下達判決，並且表示在區分主權行為和非主權行為時，將以行為的「性質」而非「目的」作為判斷的標準(註三二)。

在立法方面，英國於一九七八年制定「國家豁免法」(State Immunity Act)。立法原因主要有二：第一，有關「國家豁免」原則的問題以往一向是由法院決定，但到了一九七○年代後期，英國法院同時有「絕對豁免論」和「限制豁免論」的先例存在，在英國上議院還沒有新判例確定原則的情況下，以通過新法律確定採取「限制豁免論」是一種解決問題的方式；第二，英國當時已簽署了「歐洲國家豁免公約」，但尚未批准，通過「國家豁免法」有助於英國批准該公約(註三三)。

在體例方面，英國「國家豁免法」第二至第十一條規定了外國不享有管轄豁免的情形(註三四)，它們是自願接受法院管轄；在英國從事商業

註三二　*The I Congreso del Partido*, [1981] 2 ALL ER 1064; *ILR* Vol. 64 (1983), p. 154.本案涉及到一九七三年與古巴關係良好的智利總統阿蘭得 (Salvador Allende)被推翻時，二艘古巴國營公司所擁有的船隻原本預定要運貨給智利公司(Iansa)，但由於政變，在接獲古巴政府命令後，一艘在智利港口未卸完貨即提前返回古巴，另一艘將船上蔗糖轉贈給越南。一九七五年，該智利公司對古巴國營公司提起訴訟。

註三三　龔刃韌，〈戰後歐美諸國關於國家豁免立場的新動向〉，《中國國際法年刊》，一九八九年，頁一五二。

註三四　有關英國國家豁免法的介紹分析，可參考蘇義雄，〈論外國管轄豁免——英美兩國之實踐〉，《中興法學》，第三十一期 (民國七十九年十一月)，頁三四～三九。英文部分則可參考G. Delaume, "The State Immunity Act of the United Kingdom," *AJIL*, Vol. 73 (1979), p. 185；G. Marston, "State Immunity-Recent United Kingdom Developments," *Journal of World Trade Law*, Vol. 13 (1979), p. 349；D. W. Bowett, "The State Immunity Act 1978," *Cambridge Law Journal*, Vol. 37 (1978), p. 193。

交易和履行契約；僱傭契約；人身傷亡和財產損害；財產的所有、擁有和使用；專利和商標；集體組織成員；仲裁；用於商業目的的船舶；和加值稅、關稅等。其中，關於「商業交易」(Commercial Transaction)規定於第三條，該條第一項表示一個國家在以下二種訴訟程序中無法享有豁免：第一是國家從事商業交易；第二則是有關一個在英國全部或部分履行契約所導致的義務。至於「商業交易」的定義則見於第三條第三項，包括「一切提供實物或勞務的契約」，「一切借貸或為提供資金的其它交易」，以及關於這種「交易或其它金融債務的保證和賠償」和「國家參加或從事的非行使主權權力的任何其它活動或交易」。而用於商業用途的外國財產可以作為實行強制執行措施的標的，不過外國中央銀行的財產以及與外國軍事活動有關的財產均不得列為強制措施的對象。而在送達程序方面，英國「國家豁免法」第十二條第一項規定，在沒有條約或其它協定的情況下，法院可以透過外交與國協部將傳票送達外國的外交部。

　　英國「國家豁免法」制定生效後，法院的實踐顯示有關外國「國家豁免」的案子，英國法院完全依「國家豁免法」的規定，並且尊重英國曾簽署的相關國際條約，包括一九二六年的「布魯塞爾公約」及其一九三四年的議定書，以及一九七二年的「歐洲國家豁免公約」(註三五)。

三、加拿大

　　在有關國家及其財產豁免問題上，加拿大深受英國影響，主要原因是它曾經是英國的屬地，法律制度類似。而長久以來，法院在處理有關「國家豁免」案件時所面對的主要問題是應否區分國家從事行為的性質，以及是否只有當國家從事公行為時才能給予豁免，此一爭論一直到加拿大制定了「國家豁免法」後才告一段落(註三六)。

註三五　*Gordon*, p. 18–2.

註三六　Edward M. Morgan, *International Law and the Canadian Courts*, Carswell:

　　在第二次大戰以前，由於受英國法院的影響，加拿大法院持「絕對豁免論」的立場。但在一九四〇年代至一九七〇年代之間，加拿大法院的立場則不明確，不過比較傾向「絕對豁免論」。一九四四年的「狄薩勒控波蘭」案(*Dessaules v. Republic of Poland*)(註三七)、一九五八年的「聖約翰郡」案(*Saint John County v. Froser−Brau*)(註三八)、一九六二年「加拿大征服號」案(*The Republic of Cuba and Floata Maritima Browning de Cuba, S.A. v. The S.S. Canadian Conqueror*)(註三九)和一九七一年的「剛果民主共和國訴溫尼」案(*Republique Democratique du Congo v. Venne*)(註四〇)等案都是採「絕對豁免論」的見解。到了七十年代末，「限制豁免論」的思想開始抬頭，例如在「史密斯訴加拿大賈弗林股份有限公司」案(*Smith v. Canadian Javelin Ltd.*)(註四一)中，加拿大安大略省高等法院就表示，外國政府的代理機構可享有豁免，但如其在安大略省從事商業交易，則不能援引管轄豁免。

　　在政府的實踐方面，加拿大外交部曾表明：有關主張豁免權事宜是

Toronto, 1990, p. 33.

註三七　*Dessaules v. Republic of Poland*, [1944] SCR 275.（法院拒絕對有關波蘭領事館雇用法律顧問服務費的爭端行使管轄權。）

註三八　*Saint John County v. Froser−Brau, UN State Immunity Materials*, pp. 221−225.（被告所擁有的國家財產因為用於公共目的，故豁免當地稅捐。）

註三九　*The Republic of Cuba and Floata Maritima Browning de Cuba, S.A. v. The S.S. Canadian Conqueror, UN State Immunity Materials*, pp. 241−245.（古巴船舶用於公共目的故可豁免管轄。）

註四〇　*Republique Democratique du Congo v. Venne, UN State Immunity Materials*, pp. 248−249.（剛果政府雇用人員為參加展覽會的剛果政府畫草圖是行使國家主權行為。）

註四一　*Smith v. Canadian Javelin Ltd., UN State Immunity Materials*, p. 249.

屬於司法部門的權限，行政部門無權干涉(註四二)。此外，在一九六五年一宗有關美國船和比利時船的碰撞訴訟中，加拿大政府曾就主權豁免問題提出說明，指出由於涉及碰撞的引水人和加拿大政府之間是具有「政府職能」(Government Function)的關係，因此美國「泰特信函」所標示的限制主義應適用於該案，故加拿大政府可享有豁免(註四三)。

一九八二年加拿大制定了「國家豁免法」，該法明示外國國家在加拿大法院享有管轄豁免(註四四)， 但如果外國從事商業活動則構成例外(註四五)。而該法對「外國」(Foreign State)的定義不僅包括聯邦國家的政治分支機構 (Political Subdivisions，指省、州等)，同時也包括各種型態的政府部門和機構(註四六)。而「商業活動」(Commercial Activity)則指「具有商業性質的任何特別交易、活動或行為，或是任何經常的商業活動過程(註四七)」。

在最近的發展方面，加拿大法院的以下見解值得觀察：

第一，在關於認定「國家」一事上，「崔特訴美國」(*Tritt v. United States of America*)一案中(註四八)，原告聲稱被告所屬的「打擊犯罪組織小組」(The Organized Crime Strike Force)屬於美國司法部，而被告曾於一九八

註四二　*UN State Immunity Materials*, p. 75.

註四三　*UN State Immunity Materials*, pp. 75–78.

註四四　State Immunity Act 1982, *ILM*, Vol. 21 (1982), p. 798; *UN State Immunity Materials*, p. 7.並參考H. L. Molot/M. L. Jewett, "The State Immunity Act of Canada," *The Canadian Yearbook of International Law*, Vol. 20 (1982), p. 79。

註四五　加拿大「國家豁免法」第五條。

註四六　加拿大「國家豁免法」第二條。

註四七　同上。

註四八　*Tritt v. United States of America, ILR*, Vol. 94 (1994), p. 260.

一年八月到一九八二年一月期間非法進入其家中，取走屬於原告的有關
文件，因而侵犯了原告的權利。但法院以為該小組屬於一個外國的政府
部門，故作為成員的被告可享有管轄豁免，因此根本不必討論是否有侵
權的情事。

第二，在如何區分主權行為和非主權行為上，有二個相關案子。在
「卡瑞特訴美國」(*Carrato v. U.S.A.*)(註四九)一案中，一位美國法院所指
派的收稅員(Receiver)被控非法侵入原告的住宅，並占有原告位於加拿大
安大略省的資產。安大略省高等法院以為，即使該名收稅員的行為可能
是非法，但一個具有公共性質的行為依舊享有絕對的豁免特權。「卡瑞特」
一案的事實發生於加拿大「國家豁免法」制定以前，而「傑夫訴米勒」
案(*Jaffe v. Miller and Others*)(註五〇)則是在該法生效之後產生。原告提起
損害賠償之訴，而被告則是佛羅里達州的官員。原告聲稱被告綁架其至
佛羅里達州以面對一個錯誤的刑事訴訟程序，並因而導致原告在佛州服
刑超過二年。本案上訴被駁回，因為法院認為被告的職位是基於州憲法
而產生的公務員，而原告所主張有關被告的非法行為不論基於普通法或
是國家豁免法都並不能剝奪被告所享有的管轄豁免權。

第三，在有關僱傭契約方面，一群受雇在美國海軍的租用基地工作
的加拿大僱員，在加拿大勞工委員會主張其應受加拿大勞工法保護，而
加拿大勞工委員會認為該「僱傭契約」是商業活動，所以上訴法院有管
轄權。美國海軍部不服，故上訴至最高法院，加拿大最高法院以為雖然
一個軍事基地的僱傭契約頗類似商業活動，但是軍事基地的工作具有主
權性質，所以被告可以主張豁免。法院並進一步解釋在區分國家的行為
是否具有主權性質時，應從整體著眼，這意味著它有時也會考量行為的
目的(註五一)。

註四九　*Carrato v. U.S.A., ILR*, Vol. 90 (1992), p. 229.

註五〇　*Jaffe v. Miller and Others, ILR*, Vol. 95 (1994), p. 446.

四、德　國

　　在第二次世界大戰以前，德國法院有關國家豁免的立場是支持「絕對豁免論」(註五二)，而今日德國的立場則是採取「限制豁免論」(註五三)。在條約的實踐方面，統一前的西德（德意志聯邦共和國Federal Republic of Germany）曾於一九五四年和一九五八年分別與美國和前蘇聯簽訂了有關通商航海問題的雙邊條約。在和美國簽訂的「友好、通商和航海條約」中(註五四)，規定了締約國的國營企業如果從事商業活動不得享有管轄和執行豁免；而和前蘇聯簽訂的「貿易和航海條約」第四條(註五五)則規定前蘇聯商務代表處從事商業活動享有豁免，但附件中則又規定商務代表處如因為在西德境內擔保商業契約而涉訟則是例外。至於在多邊條約方面，德國是一九二六年「布魯塞爾公約」及其一九三四年議定書，一九六九年「國際油污染損害民事責任公約」(註五六)和一九七二年「歐

註五一　*United States of America v. The Public Service Alliance of Canada, The At-torney General of Canada and the Canada Labour Relations Board, ILR*, Vol. 94 (1994), p. 264.

註五二　Sweeney, 前引註一，頁三六；有關一九二〇年代案例的分析，可參考 Lauterpacht, 前引註一，頁二六六～二六八。

註五三　Hartmut Hillgenberg, "State Immunity and Diplomatic and Consular Immuni-ty in German Practice," *Documentation for the Use of the Members of the Committee on State Immunity of the International Law Association*, 1994, p. 132（國際法學會「國家豁免委員會」會議討論參考文件）；黃進，前引註十，頁一四八。

註五四　*UN State Immunity Mate- rials*, p. 131.

註五五　*Ibid.*, pp. 142–143.

註五六　黃進，前引註十，頁一四九。

洲國家豁免公約」的締約國(註五七)。

在政府部門的立場方面，德國外交部一九七三年致各國駐波昂使領館的照會中指出，依目前的國際法，外國並不能完全地免於國家管轄，而必須依其行為是主權行為或非主權行為而定，而外國從事主權行為則享有管轄豁免。至於外交部在有關「國家豁免」訴訟中的功能，僅是代法院送達法院文書，並不會對相關案件表示立場或意見。因此一旦被告，外國唯有經由訴訟程序來尋求救濟， 不出席則必須承受缺席判決的風險(註五八)。而在一九七九年西德駐聯合國常設代表團致聯合國秘書處的照會中也表示，德國並未就有關「國家豁免」問題單獨立法，但依基本法第二十五條，國際法的一般原則是聯邦法律的一部分，並可以取代前法而優先適用。而依憲法法院的見解，國家只能就其主權行為主張管轄和執行豁免，德國政府也支持此一立場，即國際公法只要求國家因為從事主權行為而主張管轄豁免(註五九)。

至於法院的見解方面，聯邦憲法法院一九六三年的「訴伊朗王國」(*X v. Empire of Iran*)案和一九七七年的「訴菲律賓共和國」(*X v. Republic of Philippines*)案是二個最重要的判例，前者標示著德國法院徹底放棄了「絕對豁免論」，而後者則將「限制豁免論」的精神及於執行豁免的領域。「訴伊朗王國」案源於一家私人企業公司和伊朗大使館之間為了有關修理使館暖器設備而產生了爭議。法院在詳細地調查了有關「國家豁免」

註五七　*Oppenheim's International Law*, p. 343, n. 9.

註五八　Circular Note Transmitted by the Government of the Federal Republic of Germany to Foreign Embassies in Bonn on 20 December 1973, *UN State Immunity Materials*, p. 87.

註五九　Note from the Change D'Affairs of the Permanent Mission of the Federal Republic of Germany to the Secretariat on 7 August 1979, *UN State Immunity Materials*, pp. 88–89.

的理論和各國實踐後，認為「絕對豁免論」已不再是習慣國際法的規則，而且國家的行為是否具有主權性質，應依法庭地法律來判斷(註六〇)。至於「訴菲律賓共和國」案則與對外國財產扣押執行有關，原告因為房租及房屋修理費而和菲律賓大使館產生爭論，原告因此要求扣押被告菲律賓大使館的銀行帳戶。憲法法院在詳細考量本案之後，認為不屬於主權事項的外國財產依舊可以被執行，但由於該案涉及的帳戶與外交職權有關，所以禁止被扣押(註六一)。

德國法院有關「國家豁免原則」的最近的見解如下：

第一，在「國家」資格的認定方面，德國行政法院曾考慮是否可以要求印度國防部提供有關印度部隊在斯里蘭卡的部署及軍事活動的相關證據，但法院以為印度軍隊的活動毫無疑問的是主權行為，而主權國家及其國家的組織代表就有關主權行為的行使享有絕對的管轄豁免(註六二)。

第二，在區分主權行為和非主權行為方面，德國法院在一件控告前蘇聯有關車諾比核能電廠事故的案件中，以為經營核能電廠是一件非主權行為(註六三)，故不能主張管轄豁免。

五、法　國

註六〇　Decision by the Federal Constitution Court on 30 April 1963, *X v. Empire of Iran, UN State Immunity Materials*, pp. 282–290.

註六一　Decision by the Federal Constitution Court on 13 December 1977, *X v. Republic of Philippines, UN State Immunity Materials*, pp. 297–321.

註六二　*Indian Foreign Minister Judicial Assistance Case*, 30 September 1988, *ILR*, Vol. 90 (1992), p. 408.

註六三　International Law Association, *Report of the Sixty-Fifth Conference*, London: ILA 1993, p. 300.（以下簡稱*ILA 65th Report*）

　　法國在十九世紀和二十世紀初的國家實踐顯示其原則上遵守「絕對豁免論」(註六四)，一八四九年的「西班牙政府訴卡索」(*Le Gouvernement Espagnol v. Cassaux*)案中，法國最高法院第一次明確表示，一國政府所從事的活動不應受另一國法院管轄，不過從一九二〇年代開始，法國的實踐顯示其開始轉向「限制豁免論」，但法院的見解並不一致，例如一九二九年「蘇聯訴法國出口公司」(*U.S.S.R. v. Association France-Export*)案中，法國最高法院以為前蘇聯商務代表處的商業行為不應享有主權豁免，而在「夏利皮訴蘇聯」案(*Chaliapine v. U.S.S.R.*)中，法國最高法院以為前蘇聯違反著作權的作法不是主權行為，因而不享有豁免，但前蘇聯商務代表處雇用蘇聯籍員工卻又被認為是主權行為；而前蘇聯和波蘭等國將公司國有化的措施也被以為是主權行為。另一方面，一九四六年的「威斯特衛格」(*Procureur General pres la Cour de Cassation v. Vestwig*)一案中，法院又以為挪威在法國的帳戶如屬於私人所擁有則不能享有豁免權(註六五)。

　　第二次世界大戰以後，法院的實踐開始很穩定地走向了「限制豁免論」，但直到一九六九年以前，法院基於不同立場而有著不同判決的情況還是存在。這或許是因為法國是大陸法系國家，並沒有採取英美法系的「遵循先例原則」，因此法院有關外國主權豁免的案件對其後的法院並沒有強制拘束力，造成了各個法院實踐不一的情況(註六六)。

　　法國最高法院於一九六九年的「伊朗鐵路局」案(*Administration des Chemins de fer du Gouvernement Iranien v. Societe Levant Express Transport*)中明確地表達了採納「限制豁免論」的立場(註六七)。法院以為外國

註六四　黃進，前引註十，頁一四四。

註六五　Sweeney，前引註一，頁三二。

註六六　黃進，前引註十，頁一四六。

註六七　*UN State Immunity Materials*, pp. 264–265；Badr，前引註二十一，頁五八。

國家或機構只有在引起爭議的行為是主權行為或是為大眾利益而進行的情況下才可享有管轄豁免，而在該案中，法院以為雖然伊朗鐵路局是伊朗政府的機構，但是運輸活動卻是一個商業行為，故伊朗鐵路局無法援引管轄豁免。到了一九七三年，法國最高法院於「喬治五世飯店訴西班牙政府」案(Hotel George V v. Spanish State)中，又提及了公行為和私行為的區分。在該案中，西班牙領事代表該國觀光局向喬治五世飯店公司租屋，契約的形式和內容與一般商業租賃契約相同。在訴訟中，西班牙主張管轄豁免，巴黎上訴法院以為雖然契約的形式是商業的，但是它的目的卻是為了公共大眾，所以可以享有管轄豁免。但是法國最高法院推翻了巴黎上訴法院的見解，以為外國政府如私人般的從事商業行為不能主張豁免，而西班牙在該案中不能被認為是從事主權行為，即使是它有意在承租的房子上從事具有公共性質的行為，但該種意圖並未明示表達。換句話說，法國最高法院承認觀光局的行為具有公共目的的性質，但卻認定租賃房屋是一個私人商業行為(註六八)。

在最近的發展方面，比較引人注意的重要判決如下：

第一，在區分主權行為和非主權行為方面，第一個案子是有關喀麥隆開發銀行擔保該國為公立醫院籌措資金而開立的匯票問題。喀麥隆開發銀行以為它所給予的擔保是代表國家，而由交易的目的來看，公共目的相當明顯，但是法院以為該銀行所為的擔保行為是正常從事的商業交易，與行使公權力無關(註六九)，故該銀行不得享有豁免。故在本案中法國法院是以「性質論」(Natural Test)來決定是否為主權行為的標準；但在隨後一件有關法國公司為伊朗國家石油公司建造輸油管的案子中，最高

註六八　*UN State Immunity Materials*, pp. 267–272; Badr，前引註二十一，頁六○；
　　　　ILR, Vol. 65 (1984), p. 61。

註六九　*Cameroons Development Bank v. Societe des Establissements Robber, ILR*,
　　　　Vol. 77 (1988). p. 532.

法院又表示，外國國家及其機關不但可以因為從事主權行為而豁免，也可以因為該行為有利於公共大眾而豁免，此一判決則又說明了法國法院並未完全放棄「目的論」(Purpose Test)的立場(註七〇)。

第二，在對外國財產執行豁免方面，法國最高法院最近表達了新的立場。在「歐羅帝夫公司」案(*Islamic Republic of Iran and Others v. Societe Eurodif and Others*)中，法國最高法院表示外國國家財產享有執行豁免是一項國際法原則，但是如果被要求扣押的財產是用於私法性質的經濟或商業活動時，則該原則可以被排斥不用(註七一)。

六、瑞 士

到目前為止，瑞士並沒有制定有關「國家豁免」的國內法，因此它的國家實踐和理論主要表現在司法判決和條約的簽訂上。而在國內法院的見解上，從一九一八年起，瑞士開始走向「限制豁免論」。在一九一八年的「追佛思訴奧地利財政部長」(*Dreyfus v. Austrian Minister of Finance*)一案中(註七二)，瑞士聯邦法院以為奧地利國家和債券持有人之間的法律關係是私法性質，因此奧地利無法在瑞士主張管轄豁免。隨後一系列有關「國家豁免」的案子也都採相同的見解(註七三)。而檢討法院在相關案例中的意見，可以發現瑞士在司法方面的實踐有幾項特點(註七四)：第一是將國家行為區分為統治行為和事務行為，外國只有在從事統治行為時

註七〇　本案請參考*ILA 65th Report*，前引註六十三，頁二九九。

註七一　*Islamic Republic of Iran and Others v. Societe Eurodif and Others, ILR*, Vol. 89 (1992), p. 31.

註七二　Lauterpacht，前引註一，頁二五七～二五八。

註七三　黃進，前引註十，頁一七七～一七八；倪征噢，〈關於國家豁免的理論和實踐〉，《中國國際法年刊》，一九八三年，頁一九。

註七四　黃進，前引註十，頁一八〇；*UN State Immunity Materials*, pp. 427–440.

方可主張享有豁免；第二是區分國家從事統治行為和事務行為的標準是以行為的性質作判斷的標準，而外國國家以任何私人也可以進行的方式從事活動就是從事事務行為；第三，瑞士法院不區分管轄豁免和執行豁免，因為法院以為後者是前者的結果，所以外國國家如被法院認定不享有管轄豁免，則在瑞士國內也不享有執行豁免；最後，法院特別強調有關法律爭議和瑞士領土之間的密切關係，如果這種領土關係不存在，瑞士法院對於外國國家從事的任何行為均認定無管轄權。

在多邊公約的簽署方面，瑞士是一九二六年有關國有船舶豁免的「布魯塞爾公約」及其一九三四年補充議定書的締約國，它也是「歐洲國家豁免公約」的締約國(註七五)。而在雙邊條約上，瑞士同許多前東歐社會主義國家之間締結了有關貿易和支付協定，以確定國家機關和公司的何種財產能被扣押執行。這些曾和瑞士簽署過雙邊協定的國家有捷克、保加利亞、羅馬尼亞、波蘭、匈牙利以及前蘇聯等(註七六)。

在最近的判決發展上，瑞士法院的重要見解如下：

第一，「國家」資格的認定上，一九八七年的「馬可仕」案(*Marcos and Associate v. Chambre d'Accusation*)(註七七)以為，國家元首的豁免是給予現任元首或是其代表國家利益從事行為時的一項特權，由於馬可仕已不再是菲律賓的總統，所以他無法享有此項特權。因此瑞士法院有權依菲律賓政府的要求，凍結馬可仕存放在瑞士的一些資產。法院在該案中還引用了一九六一年「維也納條約法公約」第三十一條和第三十七條

註七五　黃進，同上，頁一八一。「歐洲國家豁免公約」於一九七六年六月十一日起生效，附加議定書則於一九八五年五月二十二日起生效。至於歐洲國家豁免問題法庭則於一九八五年五月二十八日依公約而設立。見《國際法委員會第四十三屆會議工作報告》，頁二三，註四十一。

註七六　黃進，前引註十，頁一八一～一八二。

註七七　*Marcos and Associate v. Chambre d'Accusation, ILR*, Vol. 82 (1990), p. 53.

的觀念，並認為其判決符合國際法的要求。

　　第二，在有關財產的強制執行一事上有二個相關判決。第一個是一九八六年的「西班牙王國」案(*Kingdom of Spain v. Company XSA*)(註七八)，一九八五年，一家瑞士公司打算扣押二棟建築物，而這二棟房子是西班牙移民局所擁有，功用是為了要設立西班牙在瑞士的教育和文化中心。法院以為雖然該局的活動介於公法和私法行為之間，但是公共性質的活動還是居於主導地位，尤其是對法院而言，保護移民國國民的利益是「一個典型的領事任務」，所以西班牙可以主張「國家豁免」。第二個案子的結論恰與前述案件相反，在該案中，瑞士政府當局希望取得一個瑞士銀行內有關「宗教工作中心」的帳戶資料，此一請求是基於義大利政府的要求，法院發現該中心雖然位於梵蒂岡城內，但是由於該帳戶內的資金從未被用於有關主權行為的活動，或是與執行國家任務相關，所以該帳戶不能免於被執行(註七九)。

　　第三，在有關領土連繫方面，「瑞士航空公司」案(*Swissair v. X and Another*)中，聯邦法庭指出本案是有關瑞士航空公司希望經由對一家阿爾及利亞公司財產的扣押而能確保債權，但在拒絕被告的豁免請求之前，法院一定要先確定爭議中的法律係和瑞士領土有密切關係(註八〇)。

七、日　本

　　到目前為止，日本也和德國、法國、瑞士等國一樣，並沒有制定有關「國家豁免」的法律，不過可從其司法判例、政府意見和學者觀點來觀察日本的實踐。值得注意的是，日本於西元一八八九年制定第一部憲

註七八　*Kingdom of Spain v. Company XSA, ILR*, Vol. 82 (1990), p. 38.

註七九　*Banque du Gothard v. Chambre des Recours en Matiere Penale du Tribunal d'Appel du Canton du Tessin and Another, ILR*, Vol. 82 (1990), p. 50.

註八〇　*Swissair v. X and Another, ILR*, Vol. 82 (1990), p. 36.

法後，雖然學者對條約是否具有國內法的效力意見分歧，但政府和法院都承認條約為日本法律的一部分。而「國際慣例」(Customary International Law)也毫無疑義地被視為具有日本國內法效力(註八一)。由於「國家豁免」是公認的國際慣例，所以日本法院有義務遵守並適用它(註八二)。在這樣的前提下，一九二八年日本最高法院有關「松山和佐野訴中華民國」案(*Matsuyama and Sano v. The Republic of China*，以下簡稱「松山」案。)的判例是日本法院第一次面對「國家豁免」的問題，也是至今影響最深遠的判例。在該案中，法院以為一個國家不應接受另一個國家的管轄，除非它自願放棄豁免。此外法院也表示，雖然不容否認地，法院發布和送達傳票是行使其職權，但此種行為卻不會對一個不接受日本管轄的國家產生任何效力(註八三)。

「松山」案被認為是日本有關堅持「絕對豁免論」最重要的判例，它不但闡述了「絕對豁免論」，也解釋了何謂自願放棄豁免，並說明了有關對外國送達傳票的問題。依日本學者的研究指出，日本最高法院的見解顯然是受到當時英國法院和學者支持「絕對豁免論」的影響(註八四)。

第二次大戰後，依日本一九四六年制定的新憲法，國際慣例是日本

註八一　Yuji Iwasawa, "The Relationship between International Law and Municipal Law: Japanese Experiences," *BYIL*, Vol. 64 (1993), p. 333.

註八二　Yuji Iwasawa, "Japan's Interactions with International Law: Western or Non-western Approaches? The Case of State Immunity," *Japan and International Law: Past, Present and Future*, International Symposium in Commemoration of the Centennial of the Japanese Association of International Law, 1997, p. 113. (以下簡稱Iwasawa, Japan's Practice on State Immunity)

註八三　*Matsuyama and Sano v. The Republic of China, UN State Immunity Materials*, pp. 338–339.

註八四　Iwasawa, Japan's Practice on State Immunity, 前引註八十二，頁一一四。

法律的一部分，所以日本法院依舊應適用國際法解決紛爭(註八五)。而日本法院在第二次大戰後的判決大都依循「松山」案的見解，給予外國國家管轄豁免，例如一九九七年三月，東京地方法院就依據「松山」案的意見而判決美國政府免於接受日本法院的管轄。在該案中，東京西部一個航空基地的附近居民要求美國軍方賠償因飛機起降時噪音所造成的損害，並且禁止軍機在晚上起飛降落。由於在一九九六年，日本最高法院曾通知日本各地方法院的院長，說明當外國作為被告時應採取的程序，並要求地院必須經由最高法院請求日本外務省回答該外國是否願意應訊。日本東京地方法院因此依最高法院的指示，經由日本外務省確定美國政府拒絕出庭後，再依「松山」案的見解而駁回該案(註八六)。

不過在有些案子中，日本法院也曾拒絕當事國援引「國家豁免」原則。一九五五年的「中華民國訴中國國際新聞公司」案(*The Republic of China v. Chuka Newspaper Co. Ltd., et al.*)(註八七)中，東京地方法院以為原告自願在法院提起訴訟代表其願意服從管轄。而在「訴緬甸聯邦」案(*Limbin Hteik Tin Lat v. Union of Burma*)(註八八)中，該案涉及有關位於日本境內不動產的爭議，結果法院表示「在有關不動產的訴訟中，一般長期以為管轄權專屬於不動產所在地國」，所以日本法院享有管轄權。這二個案子說明在日本，如果外國自願接受管轄，或是訴訟與位於日本境內的不動產有關，則外國不享有豁免。除此之外，「訴緬甸聯邦」案的另一個意

註八五　丘宏達，《現代國際法》，臺北：三民書局，民國八十四年，頁一一五。

註八六　本案的事實及評述參考Iwasawa, Japan's Practice on State Immunity，前引註八十二，頁一一七。

註八七　*The Republic of China v. Chuka Newspaper Co. Ltd., et al., UN State Immunity Materials*, pp. 340–341.

註八八　*Limbin Hteik Tin Lat v. Union of Burma, UN State Immunity Materials*, pp. 339–340.

義是由於當時日本並未承認緬甸，所以日本法院等於是確認一個未被承認的外國國家可以在日本法院中作為被告並且主張「國家豁免」。換句話說，日本法院在決定「國家豁免」時，有關外國國家是否被日本承認並不需要考慮(註八九)。

在五十年代一系列有關駐日美軍的判決也值得一提。在這些案子，日本法院以為美國空軍基地的軍官俱樂部、東京的「民用開放餐廳」和東京的「中央交換商店」由於是依照美國法律所建立的，必須接受當地美軍指揮官的指揮和監督，所以是美國的機構，因而可以享有豁免。但在另一案中，日本法院卻又表示，受雇於空軍基地軍官俱樂部的女服務員並不是從事軍事任務，她們的雇主是美方負責並經授權管理勞工的人員，因為僱傭契約是屬於民事契約，日本法院有權行使管轄權(註九〇)。此一案例雖然僅是地方法院的意見，但還是可以看出「限制豁免論」的傾向。

由上述的分析可知，七十年前的「松山」案判決到目前為止還是一個有效的日本最高法院判決，而且未被推翻，所以嚴格地說起來，日本有關「國家豁免」的立場依舊是「絕對豁免論」，這一點情況和其它工業化國家紛紛支持「限制豁免論」的主張不同，但是日本政府和學者的意見又如何呢？

日本政府的意見可以從訴訟與條約二方面來看，當它在國外被訴時，它一向是主張享有豁免。 例如在「費德里西訴日本政府」 案(*Giacomo Federici v. The Government of Japan*)(註九一)中，義大利原告要求日本賠

註八九　黃進，前引註十，頁一九七。

註九〇　Kazuya Hirobe, "Immunity of State Property: Japanese Practice," *Netherlands Yearbook of International Law*, Vol. 10 (1979), pp. 239–240.

註九一　*Giacomo Federici v. The Government of Japan, ILR*, Vol. 65 (1984), pp. 270–272, 275–279.

償日軍於第二次世界大戰中在上海徵收其財產所造成的損失，日本政府不出庭，表示除非它自願同意放棄豁免，否則日本沒有義務服從另一國法院的管轄。而在「布拉格熱維克訴日本銀行」(*Zavicha Blagojeric v. The Bank of Japan*)(註九二)一案中，日本銀行表示由於它接受政府授權處理外匯業務，所以可以免於法國的管轄。最後在一九七五年，當美國田納西州當局打算對日本電力公司徵稅時，日本政府也曾出面干預，表示它有權享有豁免，不過該案最後是以和解收場(註九三)。

但是在另一方面，日本政府的條約實踐則呈現不同的立場。一九六○年亞非法律諮商委員會(Asian-African Legal Consultative Committee)提出一份報告，建議國家的商業行為不應當享有豁免，日本支持此一提議。在其它多邊條約方面，日本已經批准了一九五八年的「公海公約」，一九五八年的「領海與鄰接區公約」，以及一九八二年的「海洋法公約」，而上述條約都以為國有船舶在從事商業行為時，應當接受如私人船舶一般的待遇(註九四)，換句話說，是採取「限制豁免論」的立場而無法主張「國家豁免」。而在雙邊條約方面，一九五三年「日美友好通商航海條約」規定，「締約雙方的企業，不論是國有或是國家所控制，如果在對方領域內從事商業、工業、運輸或是其它業務，不得為自己或其財產，請求或享有納稅、審判或執行判決的豁免」(註九五)。而一九五七年日本和前蘇聯

註九二　*Zavicha Blagojeric v. The Bank of Japan, ILR*, Vol. 65 (1984), pp. 63–67.

註九三　Charles N. Brower, "Litigation of Sovereign Immunity before a State Administrative Body and the Department of State: The Japanese Uranium Tax Case," *AJIL*, Vol. 71 (1977), p. 438.

註九四　Iwasawa, Japan's Practice on State Immunity，前引註八十二，頁一二一～一二二。

註九五　Article 18 (2) of United States of America and Japan, Treaty of Friendship, Commerce and Navigation, *UN State Immunity Materials*, p. 133.

商業條約也提及〔蘇聯〕商務代表處在日本境內所締結的商業契約或是保證應從屬於日本法院管轄」(註九六)。所以，由條約的內容又顯示出日本行政部門支持「限制豁免論」的立場。

在第二次世界大戰以後，日本學者的意見幾乎都是支持「限制豁免論」，聯合國「國際法委員會」草擬有關「國家及其財產的管轄豁免條款草案」的第二任報告員小木曾本雄(Motoo Ogiso)也是採相同的立場(註九七)。所以總結來說，日本的司法實踐顯示其支持「絕對豁免論」，但這或許是因為日本最高法院沒有機會推翻七十年前的「松山」案，至於日本行政部門和學者的意見則毫無疑問的是傾向「限制豁免論」。

第二節　海峽兩岸政府有關「國家豁免」的立場

如前所述，「國家豁免」觀念的發展主要是源於歐美諸國，早期以「絕對豁免論」為主流思想，但自第二次世界大戰後，不少國家開始接受了「限制豁免論」的見解。而在中國，此一觀念的演進除了受西方思潮影響外，還必須考慮本身獨特的歷史、文化和經濟發展等因素。這些因素包括：第一，清末簽訂許多不平等條約，允許列強在中國有所謂「治外法權」的存在。這種歷史上曾遭受的屈辱和對主權平等的渴望，對海峽兩岸政府早期有關「國家豁免」的立場皆有影響(註九八)；第二，對中共

註九六　Article 4 of U.S.S.R. and Japan, Treaty of Commerce, *UN State Immunity Materials*, p. 143.

註九七　Iwasawa, Japan's Practice on State Immunity, 前引註八十二，頁一二三～一二四。

註九八　有關國際法與中國的關係，尤其是不平等條約的影響，可參考Jerome A. Cohen, and Hungdah Chiu, *People's China and International Law: A Documentary Study*, Vol. 1, Princeton: Princeton University Press, 1974, pp. 3–22.

而言，共產主義意識形態的堅持是影響中共立場的另一個因素(註九九)；第三，經濟的蓬勃發展和與外國商業交往日益頻繁是未來影響兩岸有關「國家豁免」的第三個重要考量。

以下將分別從立法、司法判決、行政部門意見等不同的角度來分析討論兩岸有關此一問題的立場。

一、立　法

目前已有不少國家專門制定「國家豁免」法律以解決相關爭議，這些國家包括美國、英國、加拿大、新加坡、南非、巴基斯坦和澳大利亞等，但中華民國和中共都並未針對「國家豁免」問題專門立法，因此只能嘗試從其它相關法規中找尋兩岸政府的立場。

在中華民國方面，首先，有關國際私法的規範不應被忽視，這是因為國家是公法人，在法律上具有權利能力，它除了與外國或本國國民之間產生公法關係外，也時常會作為涉外民事法律關係的當事人，所以，以國家為主體的涉外私法關係也有可能會適用國際私法的規範(註一○○)。而在我國，所謂的國際私法主要指的是「涉外民事法律適用法」以及一些散見在民法及其他民事法規中的相關規定，它們包括：第一，民法總則施行法第十一至十五條（有關外國法人之認許；認許後的權利能力；事務所的登記設立與撤銷；和未經認許之外國法人為法律行為之責任。）：第二，民法第二○二條（外國貨幣之債）；第三，公司法第三七○至三八六條（外國公司）；以及第四，民事訴訟法第一至第三十

註九九　Jill A. Sgro, "China's Stance on Sovereign Immunity: A Critical Perspective on *Jackson v. People's Republic of China*," *Columbia Journal of Transnational Law*, Vol. 22 (1983), pp. 120–122.

註一○○　參考劉鐵錚、陳榮傳，《國際私法論》，臺北：三民書局，民國八十五年，頁一九四～一九五。

一條（管轄） 和民事訴訟法第四〇二條（外國法院確定判決之效力）(註一〇一)。

不過，上述有關國際私法的法律皆未明文規定國家及其財產的管轄豁免問題。而另一方面，雖然依一般見解以為「外交豁免」和「國家豁免」是二個不同的研究領域，但因為觀念有其相似性，故可嘗試從外交法規著手，看是否有相關的立法可以參考(註一〇二)。結果，相關的豁免規範有「駐華外國機構及其人員特權暨豁免條例」（簡稱「外交人員特權暨豁免條例」）以及「聯合國各組織及人員在華應享受之特權暨豁免辦法」（簡稱「聯合國組織暨人員特權豁免辦法」）。

依「外交人員特權暨豁免條例」第五條第二項之規定，駐華外國機構之財產免於搜索、扣押、執行及徵收。而第四項又規定其可以豁免民事、刑事及行政管轄，但下列情形不在此限：

(1)捨棄豁免；

(2)為反訴之被告；

(3)因商業行為而涉訟；

(4)因在中華民國之不動產而涉訟。

惟須同時注意同法第三條有關互惠原則的規定:「駐華外國機構及其人員依本條例享受之特權暨豁免，應基於互惠原則，以該外國亦畀予中華民國駐該外國之機構及人員同等之特權暨豁免者為限。……」此外，依「聯合國各組織及人員在華應享受之特權及豁免辦法」第二條，聯合國職員在中國〔中華民國〕境內執行公務而生之訴訟，應予豁免，而第

註一〇一　同上，頁二一。

註一〇二　有關外交法規的研究，可參考外交部條約法律司編印，《外交法規彙編》，臺北：外交部條約法律司，民國八十二年五月。

三條則強調來華出席聯合國所召開會議之各國代表，其所享受的特權與豁免，應比照駐華外交官待遇辦理(註一○三)。而依「外交人員特權暨豁免條例」第六條，駐華外交人員可以豁免因執行職務而發生之民事及刑事管轄(註一○四)。

由以上研究可知，在有關外交特權及豁免的立法方面，已經可以見到三種精神。第一是駐華機構的管轄豁免權不是絕對的，例如因商業行為涉訟就無法主張外交豁免權；第二是外交官在訴訟上的豁免也限於因執行公務而生。換句話說，這些立法已可見到區分「公行為」和「私行為」，或是「主權行為」和「非主權行為」的想法；第三是在外交豁免的立法中已見「互惠原則」的觀念。

事實上，已故的中國國際法學家張彝鼎先生在檢討中華民國法制後，也以為中華民國採「限制豁免論」，因此不會給予外國從事商業行為者管轄豁免權(註一○五)。他的立論主要有三點：第一，依我國國營事業管理

註一○三　目前「亞洲蔬菜研究發展中心」人員是依照「聯合國組織暨人員特權豁免辦法」與外交部六十一年二月十九日外禮三字第○三○八八號令而享有適當之特權與豁免權。

註一○四　有關外交特權暨豁免權之討論，可參考王啟明，〈從涉外案件之案例談外交豁免權之研究〉，《警學叢刊》，第二十七卷第二期（民國八十五年九月），頁一～一四；郭春源，〈涉外案件處理與外交特權暨豁免權之探討〉，《警學叢刊》，第二十七卷第二期（民國八十五年九月），頁一五～二七。

註一○五　相對於其它專題，國內學者發表有關「國家豁免」問題論文的數量較少，據作者所知有下列著作（依出版時間排列）：

　　　　1.陳榮傑，"The Foreign Sovereign Immunities Act of 1976 and Its Application to Commercial Transactions Involving Foreign States"，《臺大法學論叢》，第八卷第二期（民國六十八年六月），頁一六五～一九二。

辦法第六條規定，國營事業與同類民營事業享有同等之權利與義務，公

2.黃慶源，〈從政府的國際商事活動論美國一九七六年外國豁免權法〉，《中興法學評論》，第十六期（民國六十九年三月），頁八七～一一九。

3.張彝鼎，"Jure Imperii and Sovereign Immunity"，《國際法論集》，臺北：亞洲與世界社，民國七十五年，頁一〇九～一一一。

4.丘宏達，〈美國國家主權豁免法中對外國國家或其官員或代理人的侵權行為之管轄問題〉，《中國國際法與國際事務年報》，第一卷（民國七十四至七十五年），臺北：臺灣商務印書館，民國七十六年，頁三～一七。

5.蘇義雄，〈論外國管轄豁免——英美兩國之實踐〉，《中興法學》，第三十一期（民國七十九年十一月），頁二九～七七。

6.劉文仕，郭豫珍，〈司法豁免權之理論與實踐〉，《立法院院聞》，第十九卷第十二期（民國八十年十二月），頁八～一六。

7.陳純一，〈論「國家豁免原則」〉，《問題與研究》，第三十二卷第十二期（民國八十二年十二月），頁七七～九二。

8.陳純一，〈米倫工業公司控告北美事務協調委員會案之分析〉，《美國月刊》，第八卷第十二期（民國八十二年十二月），頁一三〇～一三九。

9.陳純一，〈聯合國國際法委員會「國家及其財產的管轄豁免條約」草案評析〉，《問題與研究》，第三十三卷第七期（民國八十三年七月），頁七〇～八一。

10.陳純一，〈中華民國有關「國家豁免原則」的理論和實踐〉，《問題與研究》，第三十四卷第八期（民國八十四年八月），頁一～一二。

11.陳純一，〈「國家豁免原則」在美國的發展與演變〉，《華岡法科學報》，第十期（民國八十四年十二月），頁一四五～一五七。

12.陳純一，〈國務院與「國家豁免原則」在美國的發展〉，《美歐月刊》，第十卷第十一期（民國八十四年十二月），頁一〇五～一一七。

司法也沒有因為公司是公營或民營而有不同的待遇。此外，我國法律也沒有對在我國從事商業行為的外國公司或外國機構給予管轄豁免。這一點可由舊「外國人投資條例」第二十條規定外人投資事業與中華民國國民所經營的公司享受同等待遇可知。第二，他以為「眾生生而平等」的觀點在我國很早就存在。「王子犯法，與庶民同罪」，中國的法制史並沒有自己產生過主權豁免的觀念，此一原則直到十九世紀才被承認，而且與不平等條約所造成的領事裁判權大有關係。第三，我國民法和行政法程序極易區分，商業行為屬於民法的範疇，但與國營企業有關的案子依舊由民事庭審理，不因為主體不同而有差別待遇(註一〇六)。

雖然似乎可以從法規以及其它相關規範推論出中華民國有接受「限制豁免論」的傾向，但由於欠缺直接有關的立法，所以日後如果法院面對有關「國家豁免」的問題時，必須考慮到國際慣例在我國國內法的效

13.陳純一，〈國家主權豁免原則中有關商業交易不得援引豁免問題的研究〉，《中國國際法與國際事務年報》，第七卷(民國八十至八十二年)，臺北：臺灣商務印書館，民國八十四年，頁三～三〇。

14.陳純一，〈「國家豁免原則」的一般內容〉，《國際私法理論與實際(一)：劉鐵錚教授六秩華誕祝壽論文集》，臺北：學林，一九九八年，頁三八五～四一一。

15.陳純一，〈美國「國家豁免原則」實踐中有關商業活動之研究〉，《華岡社科學報》，第十三期(民國八十八年三月)，頁二三～三九。

16.陳純一，〈美國國家豁免實踐中有關外國侵權行為管轄問題之研究〉，《政大法學評論》，第六十一期(民國八十八年六月)，頁四七九～四九九。

以上文章大多數是對外國法制的介紹，或是討論國際公法在此一領域的最新發展，分析中華民國實務的論述並不多。

註一〇六 見張彝鼎，前引註一百零五，頁一〇九～一一一。

力問題，這是因為「國家豁免」已是公認的國際慣例，那麼國際慣例在我國國內法的效力為何呢？答案是我國應當可以適用，不過如果慣例與條約或是協定牴觸，則應適用後二者，因為後二者為國家對國際法的明示同意；而慣例如果與法律牴觸，則我國法院恐怕會優先適用法律，但會儘量解釋二者不牴觸； 至於慣例如與行政規章牴觸， 則應適用慣例(註一〇七)。

所以，雖然沒有法律明文規定，但是吾人以為「國家豁免」原則確定可以在中華民國法院被適用。

而在中共方面，它也沒有制訂有關「國家豁免」的專門法律。不過一九九一年的「中華人民共和國民事訴訟法」和「中華人民共和國外交特權與豁免條例」都與「國家豁免」問題有關。前者第二三九條規定「對享有外交特權與豁免的外國人、外國組織或者國際組織提起的民事訴訟，應當依照中華人民共和國有關法律和中華人民共和國締結或者參加的國際條約的規定辦理」；後者第四條則明示外國財產享有豁免權。而民訴第二三九條對外交特權與豁免的規範是否可以擴大而涵蓋「國家豁免」尚有待司法進一步的解釋，不過該條是一九八二年中共試行民事訴訟法第一八八條修正而來，而依中共學者黃進的研究，該規定至少具有下列意義：第一，外國的外交機構、組織和國際組織及它們的財產可以在中共境內享有管轄和執行豁免；第二，中共法院將依照中共法律和中共參加有關「國家豁免」的國際條約處理相關的訴訟；第三，中共堅持對等原則，即如果外國法院限制中共在民事訴訟中行使豁免權，中共人民法院也可對外國國家及其國家機構和財產的訴訟實行對等的限制(註一〇八)。

註一〇七　丘宏達，〈國際慣例、條約、協定及非（準）官方協定在我國國內法上的地位〉，《中國國際法與國際事務年報》，第二卷（民國七十五至七十六年），臺北：臺灣商務印書館，民國七十七年，頁一五。

註一〇八　黃進，前引註十，頁二五五～二五六。

而另一學者龔刃韌則以為現行民事訴訟法規定豁免的範圍應涵蓋外國使領館、使領館成員、聯合國及其專門機構派駐中國的機構及代表、外國的軍艦與非商用政府船舶以及其它依據條約而可以主張享有管轄豁免的機構與人員(註一〇九)。

至於國家本身的豁免問題，依據中共最高法院民事庭的類推解釋，享有「外交特權與豁免」的主體應及於外國國家和外國元首。另一方面，由於「國家豁免」是一條公認的習慣法規則，所以中共法院可以自動執行(註一一〇)。

二、司法判決

中華民國國內法院判決與「國家豁免」直接有關的案例只有早期的上海臨時法院民事庭判決：一九二七年九月十三日的「李柴愛夫兄弟控訴蘇俄商船艦隊」案 (*Rizaeff Freres v. The Soviet Merchantile Fleet*)(註一一一)。而在介紹本案事實之前，首先需說明上海臨時法院的背景。上海臨時法院在一九二六年成立，其前身為會審公廨，是滿清政府於一八六八年和在華有領事裁判權之各國訂立章程成立，用以會審中外

註一〇九　龔刃韌，《國家豁免問題的比較研究》，前引註七，頁一五三。

註一一〇　同上，頁一五四。

註一一一　原英文判決見*UN State Immunity Materials*, pp. 251–252。又民國七十三年二月十五日，臺灣高等法院曾經在一件伊朗國防部與我國彰化商業銀行的民事訴訟中，裁定伊朗回教共和國在我國具有訴訟當事人能力，見臺灣高等法院民事裁定七十二年度抗字第一五一四號，轉載自《中國國際法與國際事務年報》，第一卷（民國七十四年至七十五年），臺北：商務印書館，民國七十六年，頁四五四～四五七。但該案與「國家豁免」無關，因為伊朗國防部是居於原告的地位請求被告彰化銀行交付美金一千五百萬元。

互訴案件。後該臨時法院因一九三○年國民政府與有關各國訂定協定後而被廢除，並改設地方法院及高等法院(註一一二)。

至於李案的事實如下：原告與俄國義勇艦隊(Russian Volunteer Fleet)簽訂運貨契約，但由於後者違約而使得原告失去全部貨物。原告因此在上海公共租界內控告被告。公廨於民國十五年三月二十五日認為它對本案有管轄權，但由於公廨隨後被解散，本案因此歸上海臨時法院審判。此時該艦隊名稱已改為蘇俄商船艦隊(Sovturgflot, 即Soviet Merchantile Fleet)，但原告仍以蘇俄商船艦隊為繼承人而將其列為被告。蘇俄商船艦隊除強調其曾以相當代價購買俄國義勇艦隊部分資產外，並以為蘇俄商船艦隊為蘇俄國家機構，故與俄國義勇艦隊並非同一單位。

法院以為不論原告所述是否屬實，法院卻對該案無管轄權，其理由如下：

> 本院審查證據，被告確係蘇維埃社會主義聯邦共和國之國家機構，被告既提出管轄問題，本院自應將該項問題先行解決。本院按本院管轄問題應取決於國際公約、國際公法慣例，凡友邦之國有航業機關，概不受本國法院管轄。本案被告既係蘇維埃社會主義聯邦共和國國有航業機關，則本院顯無審理本件訴訟之權。

此一判決是採「絕對豁免論」，但由於年代久遠，所以在「限制豁免論」已成為主流思想的今天，我國法院是否未來仍會遵循此一立場則值得懷疑(註一一三)。

註一一二　沿革參照丘宏達，《現代國際法》，前引註八十五，頁六八九，註三十四。有關的章程及協定，可參考王鐵崖編，《中外舊約章彙編》，第一～三冊，北京：三聯書局，一九八二年。

註一一三　丘宏達，《現代國際法》，同上，頁六八八～六八九。另外，最高法院八

　　而在中共方面，由於涉及外國國家或其政府的民事糾紛一般都是經由外交途徑解決。所以到目前為止，中共法院並沒有任何有關「國家豁免」的判決先例(註一一四)。

三、外交實踐

　　十一年有關外交豁免的刑事判決見解或許可供參考，民國八十一年一月十日臺北地院在一件確定判決中，認為被告為美國在臺協會正式職員，故縱然因執行職務而實行詐欺行為屬實，仍享有刑事管轄豁免權，法院對之無審判權，且不經言詞辯論，即諭知不受理判決。本案經最高法院檢察署檢察總長提起非常上訴後，最高法院撤銷原判決違背法令部分，而其見解如下：

　　　「依駐華外國機構及其人員特權暨豁免條例第三條規定：『駐華外國機構及其人員依本條例享受之特權暨豁免，應基於互惠原則，以該外國亦畀予中華民國駐該外國之機構及人員同等之特權暨豁免者為限』，而我方駐美人員在美所享訴訟及法律程序之豁免權，為一項功能性之豁免權，在程序上僅屬一種抗辯，倘我方人員涉訟，法院仍簽發傳票傳喚我方人員，我方人員須應法院傳喚，如我方人員認為該案屬職務上行為，欲享受豁免，則須主動向法院提出豁免之主張，否則法院不予主動審酌，有上開條例及外交部（八一）北美一字第八一三一三三九三號函影本在卷可稽。從而，被告是否享有刑事管轄之豁免權，仍應經法院傳喚，主動提出豁免權之主張，法院始得以無管轄權為理由，諭知不受理之判決。」

　　本案雖然並不是有關「國家豁免」的判決，但其見解重點在強調駐華外國機構及其人員特權暨豁免條例中的「互惠原則」，非常富有參考價值。見最高法院刑事判決，八十一年度臺非字第三七二號。

註一一四　龔刃韌，《國家豁免問題的比較研究》，前引註七，頁一五四。

外交實踐對於「國家豁免」的發展相當重要，以下將從條約協定的簽署和重要的涉外聲明主張等方面探討中華民國和中共的立場。

首先，由我國在外國法院被控訴的案例顯示，「國家豁免」是我國政府常常提出的主要抗辯理由，這雖不能證明中華民國法院面對類似案件的態度，但是至少指出中華民國行政部門瞭解此一原則的意涵及其應用的範圍和發展。

其次在條約協定的簽署方面，多邊條約中，聯合國「國際法委員會」於一九九一年採納了「國家及其財產的管轄豁免條款草案」(註一一五)，中華民國因為已經退出聯合國而未參與該項工作，所以並沒有清楚地表示過自己的立場。而在第二次世界大戰之前，與「國家豁免」最重要相關的多邊條約是一九二六年在布魯塞爾制訂的「統一國有船舶豁免的某些規則的國際公約」和一九三四年補充議定書，該公約當時計有十九國簽署批准，規定國家所有但用於商業目的的船舶排除在豁免以外(註一一六)。其餘重要相關的國際公約還包括一九二七年「關於外國仲裁裁決執行的公約」、一九二八年的「國際私法法典」（即「布斯塔曼特法典」）、一九五八年的「關於承認和執行外國仲裁裁決的公約」、一九六五年的「解決各國和其他國家的國民之間的投資爭端公約」、一九七二年的「歐洲國家豁免公約」、一九二三年在日內瓦簽署的「關於仲裁條款的議定書」、一九四〇年的「國際海商法條約」、一九五八年的「公海公約」和「領海及鄰接區公約」、一九六九年的「國際油污染損害民事責任公約」以及一九八二年的新「聯合國海洋法公約」等(註一一七)。

註一一五　參考John Tessitore, and Susan Woolfson, ed., *A Global Agenda: Issues before the 49th General Assembly of the United Nations*, Lanham: University Press of America, 1994, p. 265。

註一一六　*UN State Immunity Materials*, pp. 173–176.

註一一七　以上這些條約的相關條文均收錄於*UN State Immunity Materials*, pp.

在以上這麼多相關的公約中，中華民國曾經批准加入的公約是「解決各國和其他國家的國民之間的投資爭端公約」(註一一八)，該公約與「國家豁免」有關的條文是第五十五條，而依第五十五條，有關第五十四條的規定（指仲裁判斷的承認與執行）並不減損締約國有關「國家豁免」或是執行豁免有效法律的效力(註一一九)。因此，從條文看來，參加此公約實在並不足以說明中華民國的立場。

而在雙邊條約方面，美國曾在一九四八年至一九五六年期間與丹麥、德國、希臘、南韓、伊朗、愛爾蘭、以色列、義大利、日本、荷蘭和尼加拉瓜分別簽訂了一系列的「友好通商航海條約」。其中規定締約一方或其國營公司不得因商業行為涉訟而主張管轄豁免(註一二○)。但是民國三十五年十一月四日我與美國簽訂的「中美友好通商航海條約」卻並無類似規定(註一二一)。　不過有趣的是我國與前蘇聯於民國二十八年簽訂的「中蘇通商條約」中，其附件「關於蘇維埃社會主義共和國聯邦駐中華民國商務代表處之法律地位」第一節有如下之規定：「蘇聯國駐中國商務代表處及其分處之全部職員，與商務代表處因職務關係而發生之問題，不受中國法院之法律裁判」(註一二二)。而第三節又規定：「凡依蘇聯國法律有獨立法人權利之任何國營經營經濟機關所簽訂之商業契約，未經蘇

150–178；並參考黃進，前引註十，頁一五；以及本章第三節正文及相關註解。

註一一八　參考外交部條約法律司編製，　中華民國歷年所締結之多邊條約資料處理系統。

註一一九　*UN State Immunity Materials*, p. 156.

註一二○　*Ibid.*, pp. 131–134.

註一二一　參考中華民國外交部編，《中外條約輯編》（中華民國十六至四十六年），臺北：臺灣商務印書館，民國五十二年六月，頁六四八。

註一二二　同上，頁四九五。

聯國商務代表處保證者，僅由該機關負責；執行判決時，亦僅限於該機關之財產。……」。(註一二三)換句話說，原則上當時的蘇聯商務代表處在中國似乎享有絕對的管轄豁免，而國營企業則限於商業契約為代表處所保證者方能享有管轄豁免。

其實在一九四八年到一九七一年期間，前蘇聯為解決其商務代表處可能導致的糾紛，計和阿爾巴尼亞、保加利亞、中共、捷克、前東德、匈牙利、北韓、蒙古、羅馬尼亞、前北越、奧地利、丹麥、芬蘭、法國、前西德、義大利、日本、荷蘭、瑞士、玻利維亞、巴西、哥斯達黎加、埃及、加納、印度、伊拉克、新加坡、葉門、多哥等國簽訂雙邊條約(註一二四)，規定商務代表處簽訂或保證的契約發生糾紛時，除非約定交付仲裁，否則不享有管轄豁免，不過強制執行則僅能以代表處的貨物和債權為限。

我國與無邦交國家所簽訂的雙邊條約或協定中，可能可以作為「國家豁免」立場參考的是「北美事務協調委員會與美國在臺協會特權免稅暨豁免協定」，但是該協定第六條第八項只表示締約雙方之組織所享有的特權暨豁免是以政府間國際組織能享有的為準，而未直接觸及國家管轄豁免的問題(註一二五)。

最後，在官方聲明方面，目前並無任何資料顯示我國外交部曾就「國家豁免」發表過正式聲明以闡述我國的立場，而美國第九巡迴上訴法院於民國七十八年十二月二十九日判決我國在「劉宜良案」敗訴後，政府決議該案的處理方式是：「繼續應訴，等待對方主動要求和解，而我亦應把握和解機會與對方達成和解。和解所需款項，則由政府以專案列支，

註一二三　同上，頁四九七。

註一二四　*UN State Immunity Materials*, pp. 134–150.

註一二五　中華民國外交部編，《中外條約輯編》第六編（中華民國六十六至七十年），臺北：臺灣商務印書館，民國七十一年九月，頁三八一。

所據理由為基於人道立場，我政府對劉宜良之遺孀及子女未來之生活費給予若干濟助，無涉賠償並明確聲明我政府在劉案中無任何責任問題。和解條件之訂定，應使本案可予確實完全了斷，即崔氏今後無法於美國或我國內再就本案提出任何追訴或求償」(註一二六)。結果是我政府付給劉宜良遺孀一百四十五萬美元，律師費一百二十九萬美元達成和解(註一二七)，而並沒有針對訴訟結果發表任何有關「國家豁免」的立場聲明。

　　不過民國七十一年五月十日，司法院曾函請外交部，就友邦駐華使館涉及其本國事務，是否在中華民國領域內，有全權代理的權利(註一二八)。外交部於民國七十一年五月二十九日答覆指出，友邦駐華大使館就涉及該外國之事務，在我國領域內，有代理之全權(註一二九)。不過值得注意的是，該函在說明中指出，在一些國家的實踐中，當國家做為被告時，如果是與公共行為有關，則外國可主張豁免，反之則無法主張。而由於有關案件是涉及訴訟代理人問題，主張區分公行為與私行為並無實益。因為大使館不論是基於公行為或私行為，都不需要特別授權，就可以全權代表其政府參加訴訟。這一函釋可以證明外交部至少早在民國七十一年就注意到主權行為和非主權行為的「國家豁免」問題(註一三〇)。

註一二六　〈外交部長錢復於立法院報告江南案和解經過及經費開銷情形〉，《自由時報》，民國七十九年十一月六日，第三版。

註一二七　同上。

註一二八　司法院(七一)院臺廳一字第〇一三二七號。

註一二九　外(七一)條(二)一二二〇二號。

註一三〇　相關文件及內容可參考《中國國際法與國際事務年報》，第二卷（民國七十五至七十六年），臺北：臺灣商務印書館，民國七十七年，頁四五一；*Chinese Yearbook of International Law and Affairs*, Vol. 3 (1983), pp.

以往由政府撥預算成立的「海外經濟合作發展基金」(現已併入「國際合作發展基金會」)(註一三一)，在其內部的貸款契約應注意事項中，明白地要求借款人或保證人放棄「國家豁免」(註一三二)，這也可以表示政府機關已注意到此一問題。

至於中共的外交實踐顯示它相當堅持也肯定「國家豁免」原則，立場則是傾向「絕對豁免論」，但卻又容許一定「例外原則」的存在。這可以由其對「湖廣鐵路債券」案的態度和在「國際法委員會」起草「國家及其財產的管轄豁免條款草案」時所展現的立場以及所參與簽署的多邊與雙邊條約獲得證實。

「湖廣鐵路債券」案中，中共在致美國政府的官方文件中反覆地表明其立場。例如一九八三年二月二日，中共外交部一份給美國國務院的外交備忘錄指出：

> 主權豁免是一項重要的國際法原則，它是以聯合國憲章確認的國家主權平等原則為基礎的。中國作為一個主權國家無可爭辯地享有司法豁免權。美國地方法院一項以一個主權國家作為被告的訴訟行使管轄權，作出缺席判決，甚至威脅要強制執行這種判決，完全違反了國家主權平等的國際法原則和聯合國憲章。中國政府堅決反對把美國國內法強加於中國這種有損於中國主權和國家尊嚴的作法。如果該美國地方法院無視國際法，強制執行上面提到的判決，扣押中國在美國的財產，中國政府保留採取相應措施的權利。(註一三三)

234–235.

註一三一　海外經濟合作發展基金收支保留及運用辦法，第四條。

註一三二　General Conditions Applicable to Loan and Guarantee Agreements, 10.05. （海合會內部參考文件）

　　這不僅僅表示了其對主權豁免的立場，更進一步地表示如果外國任意侵犯中國國家及其財產的豁免權，中共會採取相應的報復措施。

　　此外，「國際法委員會」於一九八六年一讀通過關於「國家及其財產的管轄豁免條款草案」，曾依委員會章程請各國發表評論。中共的回函如下：

> 中國政府認為，國家及其財產的管轄豁免是一項建立在國家主權平等基礎上的，久已確立和公認的國際法原則。「國際法委員會」關於這一專題的條款草案應當明確規定這一原則在國際法上的地位。
>
> 條款草案應當在確定上述原則的前提下，深入地研究世界各國，包括社會主義國家和發展中國家的實踐的基礎上，實事求是地規定為現實證明為必要和合理的「例外」，如「不動產的所有，占有和使用」，「商用船舶」等，以適應國際關係，特別是國際經濟、貿易交往的現狀和發展。
>
> 制定國家管轄豁免的法律制度的目標應當是，在有助於減少和防止對外或主權國家濫用國內司法程序和提供公平合理的爭端解決途徑之間維持必要的平衡，從而有利於維護國際和平，發展國際經濟合作關係，促進各國人民之間的友好交往……(註一三四)。

註一三三　黃進，前引註十，頁二六八～二六九，英文翻譯見Eugene Theroux, and B. T. Peele, "China and Sovereign Immunity: The Huguang Railway Bond Case," *China Law Reporter*, Vol. 2 (1982), pp. 151–152.

註一三四　小木曾本雄，《關於國家及其財產的管轄豁免的初步報告》，A/CN.4/415，紐約：聯合國，一九八八年，頁一〇～一一。

此一回函表明了中共打算以一種比較務實的態度處理有關國家及其財產管轄豁免的爭議(註一三五)。而且，有鑒於中共曾積極地參與聯合國「國際法委員會」有關「國家及其財產的管轄豁免條款草案」的討論，一般咸信如果草案未來獲得通過，中共應當會遵守草案的規範(註一三六)。

在相關條約的簽署方面，一九五八年中共和前蘇聯締結了通商航海條約，在附件第四條中規定：商務代表處就對外貿易享有主權國家有權享有的一切豁免權，但下列事項構成此一原則的例外：㈠關於商務代表處在接受國締結或擔保的對外商業合同的爭議，在缺乏有關仲裁或任何其他管轄權的選擇的情況下，應受接受國法院的管轄，但接受國法院不得作出提供擔保的臨時命令；㈡就上述爭議對商務代表處作出的最後判決可以強制執行，但這種強制執行僅能對商務代表處的貨物和債權實施(註一三七)。這條規定一方面肯定了彼此商務代表處的豁免權，但另一方面也同意彼此可以自願放棄一些豁免權以作為例外。

在其它的多邊公約方面，由於中共一九八〇年參加了「國際油污染損害民事責任公約」，而依該公約第十一條第一款規定，締約國將就油污損害賠償案件放棄損害所在地締約國法院的管轄豁免權；此外，一九六一年「維也納外交關係公約」和一九六三年的「維也納領事關係公約」中有關國家及其財產管轄豁免的規定也同樣適用於中共(註一三八)。

註一三五　Guiguo Wang, "China's Attitude toward State Immunity: An Eastern Approach," *Japan and International Law: Past, Present and Future*, International Symposium in Commemoration of the Centennial of the Japanese Association of International Law, 1997, p. 185.

註一三六　*Ibid.*, p. 186.

註一三七　*UN State Immunity Materials*, pp. 135–136.

註一三八　黃進，前引註十，頁二五七～二五八。

第三節　有關「國家豁免」的條約

一、「歐洲國家豁免公約」

　　有鑑於歐洲國家關於「國家豁免」的立場並不一致，一九六四年的歐洲國家司法部長會議通過決議，設置一個專門委員會研究有關「國家豁免」的相關問題。而該委員會在經過了長期的努力後，完成了「歐洲國家豁免公約」的草案及附加議定書。一九七二年五月十二日，在歐洲理事會的主持下，奧地利、比利時、法國、前西德、盧森堡、荷蘭、瑞士和英國等八國於瑞士巴塞爾簽訂該公約(註一三九)。「歐洲國家豁免公約」(European Convention on State Immunity)是第一個有關「國家豁免」的多邊條約，也是目前有關「國家豁免」唯一生效的多邊條約。

　　「歐洲國家豁免公約」基本上是採取了「限制豁免論」的立場(註一四〇)，締約國在法院地國領土內從事有關下列事項而產生的訴訟中都不得援引管轄豁免：

　　⑴關於締約國在法院地國內履行契約義務的訴訟（第四條）；
　　⑵關於應在法院地國內執行僱傭契約的訴訟（第五條）；

註一三九　I. Sinclair, "The European Convention on State Immunity," *ICLQ*, Vol. 22 (1973), p. 266. 依較新的資料，目前已有九國簽署該公約，且除了葡萄牙外，另外八國均已批準該公約，見本章註一四一及一五四與相關正文。

註一四〇　European Convention on State Immunity, *ILM*, Vol. 11 (1972), p. 470; *UN State Immunity Materials*, pp. 156–168. 內容簡介可參考龔刃韌、王獻柜，「歐洲國家豁免公約」，《中華法學大辭典：國際法學卷》，頁四四七。

⑶有關締約國在法院地國參加公司、社團等法人組織時與其他參
　加者之間的訴訟（第六條）；

⑷有關締約國在法院地國內建立機構從事工業、商業或金融活動
　的訴訟（第七條）；

⑸有關專利、工業設計、商標、服務標章以及版權等無體財產權
　的訴訟（第八條）；

⑹關於位於法院地國內的不動產權益訴訟（第九條）；

⑺關於在法院地國繼承、贈與或無主財產的訴訟（第十條）；

⑻有關發生在法院地國的人身傷害和財產損害的訴訟（第十一
　條）；

⑼有關民事或商事仲裁協定的訴訟（第十二條）。

　　如上所述，在管轄豁免方面，公約反映了「限制豁免論」的精神。
但是在執行豁免方面，公約採取了不同的處理態度。依據第二十三條，
除非有關國家以書面明示同意，否則公約禁止對締約國的財產強制執行
或是採取保全措施。不過公約第二十條也規定締約國有義務執行另一締
約國的終審判決。除此之外，公約第二十四至第二十六條被稱做「任意
選擇條款」：依第二十四條，締約國可以在加入該公約時聲明其法院對不
屬於第一至第十三條範圍的案件依舊可以受理；第二十五條則規定對接
受第二十四條的締約國，應承認發表相同聲明的其他締約國的法院判決
效力；最後，依第二十六條，如果法院地國與當事國都基於任擇條款而
發表聲明，則當事國在與私人以同樣方式所從事的工商活動訴訟中敗訴
時，法院地國可以對該當事國專用於從事該活動的國家財產為強制執行。

　　批准「歐洲國家豁免公約」的國家並不多，到目前為止計有奧地利、
比利時、塞普路斯、瑞士、荷蘭、西班牙、英國和德國等八個締約國。
但是該公約的簽署至少說明了在西歐地區，「限制豁免論」已形成一種趨

勢。其次，該公約促進了英國立場由「絕對豁免論」轉向「限制豁免論」，而英國的變化也刺激了英聯邦國家採取相同的立場，所以影響相當深遠(註一四一)。

二、聯合國「國際法委員會」的編纂工作

早在一九四八年，聯合國「國際法委員會」選擇了十四個題目作為未來的編纂工作(註一四二)，其中之一就是「國家及其財產的管轄豁免」，但真正有關「國家豁免」的編纂工作實際上直到一九七八年才開始。這是由於聯合國大會有鑑於有關「國家豁免」的判例、立法、國家實踐和學者意見非常多而繁雜，而且主要的資料來源都是集中在所謂的西方工業化國家。因此為了消弭分歧、統一意見，並且希望能適當反映第三世界國家的觀點，故於一九七七年十二月十九日做出第32/151號決議，請求「國際法委員會」進行有關「國家及其財產的管轄豁免條約」的編纂工作。在大會的要求之下，「國際法委員會」正式將「國家及其財產的管轄豁免條約」排入工作議程，並任命泰國籍外交官頌蓬・素差伊庫(Sompong Sucharitkul)先生為特別報告員。

草案一讀的工作於一九八六年完成，一共有二十八個條文。聯合國秘書長將草案轉交給各會員國，聽取各方意見，一共有二十八國提出它

註一四一 龔刃韌，《國家豁免問題的比較研究》，前引註七，頁一三七～一三八；有關「歐洲國家豁免公約」的生效日期與締約國家等相關資料，可參考 Christian L. Wiktor, *Multilateral Treaty Calendar 1648–1995*, The Hague: Martinus Nijhoff Publishers, 1998, p. 967。

註一四二 依一九四七年聯合國大會通過的「國際法委員會章程」第十五條規定，國際法的編纂是指「更精確地制訂並系統地整理廣泛存在的國家慣例、判例和原則的國際法規則」，有關內容可參考：王鐵崖，「編纂」，《中華法學大辭典：國際法學卷》，頁四三。

們的看法(註一四三)。一九八七年日本籍的小木曾本雄(Motoo Ogiso)先生接替素差伊庫先生擔任二讀工作的特別報告員。雖然他曾試圖大幅修改一讀所通過的條文，但由於「國際法委員會」內各國立場不一，所以一九九一年「國際法委員會」第四十三屆會議所通過並送交聯合國大會的二讀條文，在內容和文字上都和一讀所通過的條文差不多(註一四四)。

聯合國大會於一九九一年邀請各國就「國際法委員會」的提案提出意見，總共有二十二個國家表示看法。第六委員會並成立了一個工作小組審議有關草案的各項議題。一九九三年第六委員會指出各國在一些議題上的分歧很大，故需要再努力解決。而爭議的核心則在於如何決定一個商業交易？到底是僅依交易的性質作為決定的標準（性質論）？或是除了性質外還要考慮到交易的目的（混合論）？工業化國家大多數對「國際法委員會」的草案所採取的混合論觀點表示不滿，而希望完全以行為的性質作標準(註一四五)。

從一九九三年至一九九四年，第六委員會的委員們提出了一些折衷方案，但美國、英國和德國對這些折衷作法持保留的態度，並堅持「性

註一四三　Comments and Observation from Governments, *YBILC 1988*, Vol. 2, Part 1, p. 45, UN Doc. A/CN.4/SER.A/1988.

註一四四　Report of the Commission to the General Assembly on the Work of Its Forty-Third Session, *YBILC 1991*, Vol. 2, Part 2, pp. 14, 20, UN Doc. A/CN.4/SER.A/1991/Add.1 (Part 2).

註一四五　*Report of the Secretary-General*, pp. 3–4, 11, 25, 29, UN Doc. A/47/326 (1992)（說明美國、英國、澳洲和奧地利的立場）；*Report of the Secretary-General*, Addendum 4, A/47/326/Add.4 (1992)（說明德國的立場）；*Report of the Secretary-General*, Addendum 2, A/47/326/Add.2 (1992)（義大利的立場）；以及*Report of the Secretary-General*, Addendum 3, A/47/326/Add.3 (1992)（荷蘭的立場）。

質」是唯一的決定標準(註一四六)。美國還宣稱「唯一可接受的標準是性質論。如果缺乏一個清楚而毫無疑問能造成前述效果的條文，美國將無法接受該公約」(註一四七)。至於其他工業化國家，如奧地利和澳大利亞等國雖然支持「性質論」，但也表示願意考慮其他折衷方案。

另一方面，開發中國家則反對任何忽視「目的論」的提案，並以為「國際法委員會」的草案是最佳的解決方式(註一四八)。由於涉及到基本觀點的重大歧異，所以聯合國大會因此於一九九四年決定延期討論此議題，並預定在一九九七年九月第五十二屆大會時再考慮，而在此之前，聯合國大會則希望各國將其對工作小組的審議結果向秘書處表達意見(註一四九)。

但到一九九七年十一月十一日聯大第六委員會重新討論是否要召開討論「國家及其財產豁免條款草案」的外交會議時，委員們發現各國關於此一問題的歧異依舊很大。美國代表表示工作小組至今無法對如何決定「商業行為」的標準提出一個滿意的解決方案，而且除非各國重新考慮是否要改變立場，否則短期內要在此一問題達成共識很困難。中共代表則主張各國在外交會議召開前還需要廣泛的交換意見，結果委員會決定延期至第五十三屆大會再討論此一問題(註一五〇)。但到了一九九八年

註一四六　見UN GAOR 6th Comm., 49th Sess., 32d mtg., pp. 4, 7, 13, UN Doc. A/C.6/49/SR.32 (1994)。

註一四七　*Ibid*., p. 13.

註一四八　參考Iwasawa, Japan's Practice on State Immunity, 前引註八十二，頁一三五（作者指出巴西、白俄羅斯、阿爾及利亞、中共、印度均持此種看法）。

註一四九　同上。

註一五〇　Press Release, "Delay in Convening Conference on Immunities of States Called for in Legal Committee," GA/L/3059, 11 November 1997.

十月，第六委員會以為由於困難依舊很多，所以目前還不是召開外交會議制訂聯合國「國家豁免公約」的適當時機(註一五一)。

聯合國「國際法委員會」的編纂工作有助於「國家豁免」原則的發展，而且如果未來能順利制訂成為一部公約，也有助於協調各國的立場，解決分歧；但是從目前的進度看來，各國有關「國家豁免」的分歧相當大，雖然聯大第六委員會已在審議相關條文，但可預期將來從召開外交會議審議條文到公約完成、簽字、批准、生效，恐怕都要花一段相當長的時間。不過無論如何，「國際法委員會」的草案，不但顯示出「國家豁免」的重要性，而且也已充分說明了「絕對豁免論」的式微。

三、其他相關條約

有關「國家豁免」的雙邊條約簽訂主要是在第二次世界大戰後。美國曾在一九五○年代同丹麥、前西德、希臘、南韓、伊朗、愛爾蘭、以色列、義大利、日本、荷蘭和尼加拉瓜簽訂所謂的「友好通商航海條約」，並在該條約中規定國家所擁有或所控制的企業從事商務活動不能主張管轄豁免(註一五二)。此外，前蘇聯為了解決其商務代表處可能導致的訴訟糾紛，共計和阿爾巴尼亞等三十個國家簽訂條約，規定商務代表處簽訂或保證的契約發生爭議時，除非有交付仲裁的約定，否則可受當地法院管轄，而強制執行時則僅能以代表處的貨物和債權為限(註一五三)。

在多邊條約方面，「歐洲國家豁免公約」是專門針對國家及其財產豁免問題而制訂的地區性條約，目前已有奧地利、比利時、塞浦路斯、前

註一五一　Press Release, "Sixth Committee Considers Additional Efforts to Complete International Convention on Jurisdictional Immunities of States and Their Property," GA/L/3091, 9 November 1998.

註一五二　*UN State Immunity Materials*, pp. 131–134.

註一五三　*Ibid.*, pp. 135–150.

西德、盧森堡、荷蘭、瑞士、英國和葡萄牙等國簽署(註一五四)。其中，這九個國家中，除了葡萄牙外，都已批准了該公約。而其它相關的重要國際公約則有一九二六年在布魯塞爾簽定的「統一國有船舶豁免的某些規則的國際公約」(International Convention for the Unification of Certain Rules Relating to Immunity of State-Owned Vessels)及其一九三四年簽定的補充議定書、一九二三年在日內瓦簽署的「關於仲裁條款的議定書」(Protocol on Arbitration Clauses)、一九二七年的「關於外國仲裁裁決執行的公約」(Convention on the Execution of Foreign Arbitral Awards)、一九二八年美洲國家會議通過的「國際私法法典」(Convention on Code of Private International Law, Bustamante Code，即「布斯塔曼特法典」)、一九四〇年在蒙得維的亞簽署的「國際海商法條約」、一九五八年的「公海公約」(Convention on the High Sea)和「領海及鄰接區公約」(Convention on Territorial Sea and Contiguous Zone)、一九五八年在紐約制定的「關於承認和執行外國仲裁裁決的公約」(New York Convention on the Recognition and Enforcement of Foreign Arbitral Awards)、一九六一年「維也納外交關係公約」(Vienna Convention on Diplomatic Relations)、一九六三年「維也納領事關係公約」(Vienna Convention on Consular Relations)、一九六五年的「解決各國和其他國家的國民之間的投資爭端公約」(Convention on the Settlement of Investment Disputes Between States and Nationals of Other States)、一九六九年的「國際油污染損害民事責任公約」(International Convention on Civil Liability for Oil Pollution Damage)、一九六九年的「特種使節公約」(Convention on Special Mission)、一九八二年通過的新「聯合國海洋法公約」(United Nations Convention on the Law of the Sea)等(註一五五)。

註一五四 *Oppenheim's International Law*, p. 343, n. 9.

註一五五 *UN State Immunity Materials*, pp. 150–180. 條約的中文譯本，可分別參考

「歐洲國家豁免公約」已於前文介紹過，而上述部分公約有關「國家豁免」的內容相當重要，故簡述如下：

第一，「統一國有船舶豁免的某些規則的國際公約」及其補充議定書主要是與國有船舶及貨物的豁免問題有關。依該公約，國有船舶及貨物在因為經營或載運而產生的訴訟爭議中不得主張豁免，但是公約也明定政府所擁有而使用於非商業目的的船舶依舊享有豁免(註一五六)。

第二，「國際私法法典」(布斯塔曼特法典)則在第三三三條規定，如果訴訟為對人之訴，則締約國的法院無權審理另一締約國或以其元首為被告之民事或商事案件，但如被告國明確表示接受管轄或反訴則不在此限。而第三三四條也表示，在符合一定的條件下，締約國法院或法官也無權審理其它締約國或其元首以公務員身分形式的對物訴訟(註一五七)。

第三，「國際海商法條約」第三十五條則規定，有關該條約訴訟條款中所規範的管轄規則，不適用於軍艦、遊艇、飛機或醫療、海防、警察、衛生、供應和公共工作等船舶，以及在訴訟提出時為國家所有或經營或雇用並用於非商業範圍的公共服務的其他船舶(註一五八)。

第四，「領海及鄰接區公約」(註一五九)和「公海公約」(註一六〇)重申軍艦和國家所有或經營並用於非商業用途的船舶可豁免其他國家的管

盧峻主編，《國際私法公約集》，上海：上海社會科學院出版社，一九八六年，以及丘宏達編輯，陳純一助編，《現代國際法參考文件》，臺北：三民書局，民國八十五年。

註一五六　第二條與第三條, *UN State Immunity Materials*, p. 173。

註一五七　盧峻主編，《國際私法公約集》，前引註一百五十五，頁六五～六六。

註一五八　同上，頁一〇八。

註一五九　第二十一條與第二十二條, *UN State Immunity Materials*, p. 156。

註一六〇　第九條，同上，頁一五五。

轄。

第五，「維也納外交關係公約」確定外國使館內的國家財產享有豁免(註一六一)，「維也納外交關係公約」同意使領館的國家財產享有「國家豁免」(註一六二)。「特種使節公約」則表示特別使節團所使用的國家財產享有國家豁免(註一六三)。

第六，「國際油污染損害民事責任公約」規定軍艦及其他為國家所有或經營且當時用於政府非商業性服務的船舶，在油污染損害民事責任方面享有管轄豁免(註一六四)。

有關「國家豁免」條約，不論是雙邊還是多邊，都僅適用於條約國之間，並不影響非條約的當事國的立場，但是他們反映一個趨勢，即「國家豁免」是一個國際法原則，而締約國可以經由條約而自願放棄行使該種管轄豁免權或是有所限制，這並不影響國家的主權權利。而許多相關條約將管轄豁免權的內容區分為公共行為或是商業行為，作為是否給予豁免的考量，如此作法已展示出濃厚的「限制豁免論」色彩。

第四節　重要學術組織和專業團體研究成果

除了聯合國「國際法委員會」以外，尚有許多地區性或學術組織從事此一研究。例如亞非法律諮商委員會(Asian-African Legal Consultative Committee)、美洲國家司法委員會(The Inter-American Juridical Committee)、歐洲法律合作委員會(European Committee on Legal Cooperation)、國

註一六一　第二十二、二十四、二十七條，《現代國際法參考文件》，前引註一五五，頁六八九。

註一六二　第三十一、三十三、三十五條，同上，頁七〇八～七〇九。

註一六三　第二十一、二十五、二十六、二十八條，同上，頁七二九～七三〇。

註一六四　第十條與第十一條，*UN State Immunity Materials*, p. 176.

際法研究院(Institut de Droit International)、國際法學會 (或譯為國際法協
會, International Law Association)、哈佛法學會和國際律師協會(Interna-
tional Bar Association)等(註一六五)。其中歐洲法律合作委員會參與完成的
「歐洲國家豁免公約」(註一六六)和國際法學會一九八二年提出的「蒙特
利爾國家豁免公約草案」(Montreal Draft for a Convention on State Immu-
nity)(註一六七)都是目前比較引人注目的。而前述這些組織的努力成就可
簡述如下:

註一六五　Sompong Sucharitkul, "Preliminary Report on Jurisdictional Immunities of
　　　　　States and Their Property," *YBILC* 1979, Vol. II, Part One, A/CN.4/SER.A/
　　　　　1979/Add.1 (Part 1), New York: The United Nations, 1981, pp. 230–231.
　　　　　(以下簡稱Sucharitkul, *1979 Preliminary Report*) 國際法學會最早是一
　　　　　八七三年在比利時成立, 原名「改造與編纂國際法學會」(Association
　　　　　for the Reform and Codification of the Law of Nations), 後於一八九五年
　　　　　改名為「國際法學會」(International Law Association)。我國「中國國際
　　　　　法學會」 (Chinese Society of International Law) 目前在該會的名義是
　　　　　Chinese (Taiwan) Branch。關於該會中文譯名方面, 國內有些學者和中
　　　　　共方面將Institute of International Law譯為「國際法學會」或是「國際法
　　　　　研究院」, 而將International Law Association譯為「國際法協會」。請參考
　　　　　丘宏達,《現代國際法》, 前引註八十五, 頁八八。

註一六六　參考I. Sinclair, "The European Convention on State Immunity,"前引註一
　　　　　百三十九, 頁二五四。

註一六七　"Draft Articles for a Convention on State Immunity," *ILM*, Vol. 22 (1983),
　　　　　p. 287; 參考Julia B. Brooke, "The International Law Association Draft
　　　　　Convention on Foreign Sovereign Immunity: A Comparative Approach,"
　　　　　Virginia Journal of International Law, Vol. 23 (1983), p. 635;有關最新發
　　　　　展, 見*ILA 65th Report*, 前引註六十三, 頁二九〇～三三七。

　　第一,「亞非法律諮商委員會」是一個政府間組織,一九五七年於印度首都新德里開會時,曾經討論過關於國家本身和國營公司從事商業交易時的「國家豁免」問題(註一六八)。

　　第二,「歐洲法律合作委員會」促成了「歐洲國家豁免公約」的制訂(註一六九)。

　　第三,「美洲國家司法委員會」正致力於「國家管轄豁免」的研究工作(註一七〇)。

　　第四,國際間主要的國際法學術團體都是鼓吹「限制豁免論」的。一八九一年國際研究院(Institut de Droit International)通過的決議案已見「限制豁免論」的色彩,一九二六年國際法學會(International Law Association)的「史特普魯法典草案」和一九三二年美國哈佛大學的「關於法院對外國國家的權限的公約草案」亦是(註一七一)。一九五四年國際法研究院(Institut de Droit International)再次決議,一國法院可以受理對從事非主權行為的外國所提起的訴訟,一九八二年則又有「國際法學會」(International Law Association)的「蒙特利爾國家豁免公約草案」重覆同一立場。

　　第五,「國際律師協會」一九五八年曾於德國科隆討論過有關「限制豁免論」的決議草案,一九六〇年則通過「國家豁免」可以確認情況的決議(註一七二)。

註一六八　Sucharitkul, *1979 Preliminary Report*, 前引註一百六十五, 頁二三〇。

註一六九　同上, 頁二三〇~二三一。

註一七〇　同上, 頁二三一。

註一七一　該草案包括六部分, 共有條文二十八條, 內容如下: ㈠名詞的使用; ㈡國家在其它國家法院充當原告; ㈢國家在其它國家充當被告; ㈣程序; ㈤法院判決的執行; 以及㈥一般規定。見Harvard Research in International Law, 前引註一, 頁五九七。

以上所提及各種組織的努力雖然不如聯合國「國際法委員會」來的正式且具有權威性，但是它們反映出「國家豁免」原則的重要性和複雜性。

第五節　小　結

隨著時代的進步與國際經濟貿易活動的蓬勃發展，「國家豁免」的重要性不但未減退，反而是愈來愈受到重視。而在發展的方向上，傳統「絕對豁免論」關於所有的國家行為都享有豁免的堅持已不再是多數國家的主張，取而代之的爭議是到底那些事項是國家不得援引管轄豁免的情況？而且應如何處理這些非國家豁免事宜？

而在有關的國際法律規則制訂發展上，目前可以看出是由四個層面在進行。第一個方式是區域性條約的簽署，「歐洲國家豁免公約」是目前唯一成功的例子；第二個努力的重點則是官方或是非官方所從事的「編纂」工作，在這一方面聯合國「國際法委員會」早已於一九九一年向聯合國大會提出了「國家及其財產的管轄豁免條款草案」，並等待召開外交會議以制訂一個普遍性的國際公約。國際法學會(ILA)一九八二年也完成了「蒙特利爾國家豁免公約草案」，一九九四年又再度完成對該草案的修正工作。第三個層面是各國的國內立法工作。除了美國和英國外，加拿大、南非、巴基斯坦、新加坡和澳大利亞也都相繼立法；最後一個重點則是各國國內法院經由大量的判決說明了「國家豁免」原則的具體適用。

不過「國家豁免」在上述四個層面的演變發展造成一個不均衡的情況，即主要的判例、學說或是立法實踐都是來自於所謂的「西方工業化國家」，而經濟較落後的所謂「第三世界國家」，或是以往社會主義國家的觀點較不為人所知。結果呈現在世人眼前的現象則往往是歐美國家大

註一七二　Sucharitkul, *1979 Preliminary Report*，前引註一百六十五，頁二三一。

力主張「限制豁免論」，而中共等社會主義國家則是一再強調「限制國家豁免」還未成為一個普遍接受的國際法規則。不過雖然有如此不一致的見解，不過由於「國家豁免」關心的重點是一個國家的法院如何對待外國的國家被告，所以除非出現一個為世人所共同接受的國際條約，否則在此之前，各國的國家實踐還是吾人最關心的對象，而爭議「限制豁免論」是否已廣為接受只具有學理研究的意義。

不過豐富的文獻資料顯示，在面對「到底那些國家行為是主權行為而應享有豁免」的問題時，學者專家的意見和國家實踐不但在意見上有分歧而且在判斷標準上也沒有一致滿意的答案，這或許是因為每一個國家對那一些行為是「主權行為」存在著不同的觀點。不過當前一般「國家豁免」的立法方式是先說明「國家豁免」是原則，然後再列舉出國家的非豁免事項，典型的非豁免事項是國家從事有關商業行為、僱傭契約、侵權行為、財產所有權、智慧財產權、公司股權事宜、仲裁和商船服務的訴訟。但在實務上，最重要的核心問題其實有三：第一是國家從事商業活動不得援引管轄豁免，這是爭議最大，案例也最多的領域；第二是國家的非商務侵權行為不再受「國家豁免」的保護，這是一個蓬勃發展的新領域且與人權問題有著密切的關係；第三則是放棄豁免問題。「放棄豁免」是法院取得管轄最有效的方式，但國際間對於國家那些行為構成「放棄豁免」則有不同的看法，其中，仲裁所引起的相關問題是一個焦點。

「商業行為」、「侵權行為」和「放棄豁免」等三個管轄豁免的重要議題，再加上「國家豁免」內最敏感的領域──執行豁免，構成了本書第三篇的研究重點。

第二篇

美國有關國家
豁免的立場

第四章 「國家豁免」在美國的發展與演變

第一節 概 論

一、從「絕對豁免論」到「限制豁免論」

「國家豁免」在美國的發展是由「絕對豁免論」的立場逐步地走向「限制豁免論」(註一)，而這個過程可分為三個過程。第一階段始於獨立建國而止於一九五二年，最重要的里程碑是一八一二年的「交易號」案(*The Schooner Exchange v. McFaddon*)(註二)，因為它正式確立了外國及其財產在美國享有管轄豁免權，而另一個重要案子「皮薩羅號」案(*Berizzi Brothers Co. v. S. S. Pesaro*)(註三)則堅定地宣告美國採行絕對理論的立場。第二階段則是從一九五二年至一九七六年，這一段期間的政策依據是國務院代理法律顧問所發表的「泰特信函」(Tate Letter)(註四)，該信函

註一　參考*Restatement (Third)*, pp. 392–394；陳純一，〈米倫工業公司控告北美事務協調委員會案之分析〉，《美國月刊》，第八卷第十二期（民國八十二年十二月），頁一三二～一三五。

註二　*The Schooner Exchange v. McFaddon*, 11 U.S. (7 Cranch) 116 (1812).

註三　*Berizzi Brothers Co. v. S. S. Pesaro*, 271 U.S. 562 (1926).

註四　Letter from Jack B. Tate, Acting Legal Advisor of the Department of State, to

宣告美國放棄「絕對豁免論」的立場，轉而支持「限制豁免論」。最後一個階段是從一九七六年至今，重要的分界點是國會制訂了「外國主權豁免法」(The Foreign Sovereign Immunities Act of 1976)(註五)，該法不但重申美國支持「限制豁免論」的決心，而且建立了一套完整的立法體系以處理「國家豁免」的問題，並把決定外國是否享有豁免的權力從美國國務院的手中轉移至法院。

　　每一階段政策的轉變都有它當時的特殊環境與背景。美國早先尊重「絕對豁免論」，是因為十九世紀時國家從事國際貿易的規模很小，因此主權國家享有絕對豁免的觀念對私人商業利益的妨害並不大，故容易為人所接受。但是進入二十世紀後，情況有了很大的改變，前蘇聯革命成功，共產國家陸續建立，以及社會主義觀念的盛行，導致許多國家的政府推動國有化，控制了該國的工業和國際貿易。又由於政府參與商業貿易的情況日漸增加，所以外國政府和美國人民之間的商業糾紛也隨之增加，可是一旦訴諸法律途徑時，外國往往可以因為主張「國家豁免」而在美國法院免於被控，私人除了循外交途徑外，很難找到其他的救濟解決之道(註六)。在這個情況下，美國國務院代理法律顧問於一九五二年致函司法部長，表示日後國務院在考慮外國的豁免問題時，將採取「限制豁免」的態度，這就是著名的「泰特信函」(Tate Letter)。

　　那麼美國國會為什麼需要於一九七六年制訂「外國主權豁免法」呢？因為在美國，「國家豁免」不僅僅是法律問題，它同時也被當作是一個政策問題，當美國法院面臨有關「國家豁免」的訴訟等，往往都會尋求美

Philip B. Perlman, Acting Attorney General (May 19, 1952), *Department State Bulletin*, Vol. 26 (1952), p. 984. （以下簡稱 Tate Letter）

註五　Foreign Sovereign Immunities Act, 28 U.S.C. §§ 1330, 1332(a)(2)～1332(a)(4), 1602–1611, 1391(f), 1441(a). （以下簡稱FSIA）

註六　*Gordon*, pp. 2–1～2–2.

國國務院的意見，而且此種意見對判決有很重要的影響。不過「泰特信函」發布後，法院依舊非常尊重國務院有關是否給予外國豁免的建議。但是國務院有時會基於外交政策的考量，在外國政府的壓力下，昧於外國行為明顯具有商業性質的事實而請求法院給予豁免，這種情形引起了學界、實務界，甚至國務院本身的不滿。結果是國務院自己放棄了決定豁免的工作，希望能將此一工作交給法院，國會因而於一九七六年制訂了「外國主權豁免法」(註七)。

　　「外國主權豁免法」的基本目的是要把「泰特信函」所揭示的「限制豁免論」法典化，它象徵著美國有關「國家豁免」的理論和實踐進入了第三階段。除此之外，「外國主權豁免法」還達成了三個其他重要的目的：

　　⑴減少美國國務院承受外國政府請求管轄豁免的政治壓力；
　　⑵把對外國訴訟文書送達的規則正式化；
　　⑶把有關管轄與執行豁免的規定標準化(註八)。

註七　Michael Cardozo, "Sovereign Immunity: The Plaintiff Deserves a Day in Court," *Harvard Law Review*, Vol. 67 (1954), p. 608.

註八　見Caltlin McCormick, "The Commercial Activity Exception to Foreign Sovereign Immunity and the Act of State Doctrine," *Law and Policy in International Business*, Vol. 16 (1984), pp. 486–487。並參考 Mark B. Feldman, "The United States Foreign Sovereign Immunities Act of 1976 in Perspective: A Founder's View," *ICLQ*, Vol. 35 (1986), pp. 304–305。國家豁免關心的重點是國家及其政治組織是否有豁免權，而外交官則應受到外交豁免的保護。有關外交豁免和國家豁免的區分，請參考本書第一章內容以及陳純一，〈美國有關外交代表和領事人員豁免的法律規範〉，《美歐月刊》，第九卷第十二期（民國八十三年十二月），頁一三七～一四○。

　　所以，由前述的簡單介紹可知，「國家豁免」在美國的發展過程有三個重要里程碑：「交易號」案象徵美國承認「國家豁免」原則的存在；「泰特信函」的發布標示美國在政策上將走向「限制豁免論」；而「外國主權豁免法」的生效不但表示美國將繼續奉行「限制豁免論」，而且將走的更遠。

二、國務院介入「國家豁免」案件的依據

　　對於法院地國(Forum State)而言，有關「國家豁免」的案件往往會產生一個兩難的情況，即法院一方面希望能提供原告合理的法律途徑解決問題；另一方面又必須顧慮到與被告國家的外交關係。換言之，「國家豁免」問題並不是僅涉及單純的法律問題，它包含了法律與政治的因素。因此，司法部門和行政部門的角色和意見在此一領域內都相當重要而不可忽視。而「國家豁免」在美國的發展適足以說明此一特點。除了要面對傳統上有關「絕對豁免論」和「限制豁免論」的爭議外，國務院的意見對法院的判決也有著很大的影響力。

　　在「國家豁免」的領域內，法院尊重國務院意見的主要理由是基於美國憲法三權分立的精神。依三權分立原則，總統是「聯邦政府在國際事務中的唯一機關」(註九)。換句話說，外交事務主要是由行政部門負責執行，所以當司法部門在面對相關問題時，應儘量接受行政部門有關的見解。而在美國，從很早開始，「國家豁免」的案子就一直被當作一個包含了法律與外交政策的問題來處理，而不是視為一個簡單的法律案件。而美國國務院則是行政部門處理外交事務的主要機構，地位相當於其他國家的外交部，所以在「外國主權豁免法」制訂以前，只要國務院承認和允許外國豁免的請求，法院一般都相當尊重國務院代表行政部門所做

註九　*United States v. Curtiss-Wright Export Co.*, 299 U.S. 304, 320 (1936).

的建議，這也是為什麼有學者指出在美國，「涉及國家豁免的案件總是起始於法院，而最後發言權卻握在國務院手中」(註一〇)。

除了「三權分立」原則堅強地支持國務院應在法院審理有關「國家豁免」案件時扮演重要的角色外，還有二個與「國家豁免」相關的觀點，一是「政治問題原則」(Political Question Doctrine)；另一是「國家行為論」(Act of State Doctrine)。這兩項法律原則時常被援引說明為何國務院應當介入或是法院不宜審判「外國」做為被告的案件。

首先，「政治問題原則」認為有些問題雖然表面上似乎是可以進行審判的，但由政治部門來決定會較司法部門適宜，因此法院在面對政治問題時，將會拒絕適用相關的法律規則(註一一)。不過在實務上，雖然大家都承認「政治問題原則」的存在，但是各法院對於何時應適用此一原則，及何種問題是「政治問題」卻並沒有一致的共識。

至於何謂「國家行為論」呢？簡言之，即「每一個國家都應尊重其他主權國家的獨立， 一國法院不應審判另一國政府在其領土內之行為。」(註一二)此原則之目的並非限制法院的管轄權，而是避免在敏感領域內採取司法行為的精心設計。換句話說，是要避免由於法院因為宣告外國國家在其自己領域內行為是否合法，而導致美國行政部門在推行外交時感到窘困(註一三)。此一原則常被引用的情形是涉及到外國政府的直接

註一〇　黃進，《國家及其財產豁免問題研究》，北京：中國政法大學出版社，一九八七年，頁一三九。

註一一　Louis Henkin, "Is There a Political Question Doctrine?," *Yale Law Journal*, Vol. 85 (1976), p. 599.

註一二　*Underhill v. Hernandez*, 168 U.S. 250, p. 252 (1897)；並參考本書第一章第五節有關「國家行為論」的相關說明。

註一三　Margaret A. Niles, "Judicial Balancing of Foreign Policy Considerations: Comity and Errors Under the Act of State Doctrine," *Stanford Law Review*,

徵收行為。最有名和最早被引用的案件是「薩巴蒂諾」案(*Banco National de Cuba v. Sabbatino*)(註一四)。在該案中，法院以「國家行為論」為理由，判決古巴政府勝訴。由於大家對於該案判決咸感不滿，國會隨後通過了一個修正案，以限制「薩巴蒂諾」案的適用範圍(註一五)。依該修正案，除非行政部門明示判決可能會有損美國外交政策的推動，否則法院就必須假設其可以就爭議進行審判。而「薩巴蒂諾」案的見解則是，除非國務院明示，否則法院必須假設依據「國家行為論」，而禁止對外國的徵收行為進行審判。

「政治問題原則」和「國家行為論」所涉及的基本理念是法院可能欠缺適當的法律標準以審判政治糾紛，因此藉由宣告一個公共行為不適宜進行審判可以避免行政部門感到困窘。不過二者依舊有不同之處，「國家行為論」強調避免審判外國在其國內的行為；而「政治問題原則」則擔心司法部門一旦調查美國行政部門的行為或是國會成員之間的紛爭時，有可能捲入其他政府部門之間的決策衝突，所以可以說是三權分立原則的另一種表現(註一六)。

Vol. 35 (1983), p. 328.

註一四　376 U.S. 398 (1964).

註一五　見Foreign Assistance Act of 1964, § 301(d)(Codified at 22 U.S.C. § 2370(e)(2))。

註一六　參考Debra Tarnapul, "The Role of the Judiciary in Settling Claims Against the PRC," *Harvard International Law Journal*, Vol. 25 (1984), p. 384。

第二節 絕對豁免時期: 一七七六年～一九五二年

美國自獨立建國到一九五二年「泰特信函」發布為止,可以被劃分為「國家豁免」演變的第一個階段。在此一時期,美國的實踐是支持所謂的「絕對豁免論」,主要影響當時美國立場的原因之一是因為「絕對豁免論」是當時各國實踐的主流,而且在十九世紀時,國家介入貿易的情況較少,所以「絕對豁免論」的主張是否合理在當時也較少受到質疑挑戰。

除了客觀環境影響外,還有一些其他因素影響當時美國的立場: 首先是君主豁免學說;其次是州與聯邦之間有關管轄豁免的爭議。君主與其外交代表享有一定豁免權的觀念,不僅僅影響美國,也同時影響英國等國對「國家豁免」的態度,所以是一個普遍的現象,但州是否能在聯邦享有管轄豁免的權力是美國比較獨特的爭議。因為美國憲法第三條第一款規定,聯邦司法權及於「州與他州公民間的訴訟案件」,而在憲法送各州批准時,許多人反對該條文,因為他們擔心各州將因此在聯邦法院中遭到許多控訴,勢必形成龐大財政負擔,但憲法擁護者則強調這種情況不會出現,因為州具有獨立主權,所以未經其同意,訴訟不可能成立。但在「克絲姆訴喬治亞州」(*Chrisholm v. Georgia*)(註一七)一案中,兩名南卡羅納州州民控告喬治亞州,而最高法院以為憲法賦予其對該案有管轄權。各州對該案結果大表不滿,憲法第十一條增補條款因而迅速被批准通過,依第十一條增補條款,「美國之聯邦司法權不得及於他州公民或外國公民或居民控訴美國任何一州之普通法或衡平法之訴訟」(註一八),所

註一七　*Chrisholm v. Georgia*, 2 U.S. 419 (1793).

以各州因而確定享有聯邦司法管轄豁免(註一九)。

如前所述，在一九五二年以前，「絕對豁免論」在美國一直居於優勢地位，即使到了二十世紀初，一些歐洲國家的實踐開始走向「限制豁免論」時，美國仍堅持奉行「絕對豁免論」。例如在一九二六年所簽訂的有關國有商船豁免問題的「布魯塞爾公約」，美國是西方大國中唯一沒有參加的國家，而該公約主要是確定締約國國有商船在他國法院享有同私人船舶相等的地位而不能主張豁免(註二〇)。

在「絕對豁免論」時期，最引人注目的是法院的重要判決，首先，「交易號」案是美國史上第一個詳細討論有關「國家豁免」的案子，它確認了外國及其財產可以在美國享有管轄豁免權，至於「皮薩羅號」案則是標示美國支持絕對豁免的立場。隨後在「祕魯」案(*Ex parte Republic of Peru*)(註二一)和「霍夫曼」案(*Republic of Mexico v. Hoffman*)(註二二)中，最高法院更決定法院必須接受國務院有關是否給予豁免的建議，把判定管轄豁免的權力置於國務院之手。

以下將分別介紹這四個重要的判決。第一個案子是一八一二年的「交易號」案。「交易號」原屬於美國公民所擁有，西元一八一〇年在由美國至西班牙的航行途中被法國海軍逮捕，並編為法國戰艦「白樂號」(Balaou)。這個情況之所以會發生是由於拿破崙下令封鎖英國，結果當時

註一八　譯文見傅崑成等編譯，《美國憲法逐條釋義》，臺北：一二三資訊出版，民國八十年，頁一二七。

註一九　不過訴訟為美國政府或另一州所提出時，則聯邦政府依舊有管轄權；見 Laurence Tribe, *American Constitution Law*, 2nd ed., N.Y.: Fundation Press, 1988, p. 175。

註二〇　黃進，前引註十，頁一三七。

註二一　*Ex parte Republic of Peru*, 318 U.S. 578 (1943).

註二二　*Republic of Mexico v. Hoffman*, 324 U.S. 30 (1945).

有不少美國船隻都遭遇到類似情況。一八一二年的八月,「白樂號」為了要避暴風雨而駛入美國費城,原告因此提起訴訟,主張對該船擁有所有權(註二三)。

　　本案的主要爭點是法國的公有船舶進入美國港口修復,是否可以因為私人的權利要求而被扣押。檢方的意見是任何由主權者所從事具有主權特徵的行為,都不宜以司法解決,而且本案中的船舶不是作為貿易目的所使用,也沒有明示放棄豁免權。

　　最高法院的意見由馬歇爾大法官起草,他首先認為,國家在其領域具有完全的管轄權,但本於主權平等的原則,自制而不對另一主權者實施管轄。基於此一信念,他表示「一國在其領域內的管轄權必須是排他的和絕對的,但它可以自我設限……因此,一國在其領域內充分完整權力的一切例外,都必須追溯到它自身的同意……」,他又說:「一個主權者在任何地方都不從屬於另一個主權者,它有最高的義務不把自己或其主權置於另一主權者的管轄,因而導致國家的尊嚴受損。它只有在明示的特許下,　或相信給予其獨立主權的豁免時,　……方能進入另一國土。」(註二四)

　　本案除了確立美國遵循「國家豁免」原則外,另有二點值得闡述。第一,馬歇爾並沒有表示給予外國管轄豁免是國際法原則,他反而認為一國的領域管轄權有例外,這些例外包括外國主權者在其它國領域內應免於被逮捕或留置;大使應享有一定程度的豁免;以及允許外國軍隊過境等於是默示放棄管轄權等(註二五)。

　　第二,他認為戰艦停在美國港口而享有豁免是由於「主權者默示放

註二三　事實參考 G. Badr, *State Immunity: An Analytical and Prognostic View*, The Hague: Martinus Nijhoff Publishers, 1984, p. 10。

註二四　*Ibid.*, pp. 11–12.

註二五　*Ibid.*, p. 13.

棄管轄」，而這種默示放棄是可以撤銷的。此外，在判決中，他也區分了一國的公行為和私行為有所不同的觀念，所以雖然一般人認為本案是「絕對豁免論」的先驅，但是也有學者認為它也可以說是「限制豁免論」的萌芽(註二六)。

歷史背景或許有助於讓我們瞭解本案的判決結果。一八一二年美國和英國正交惡，但是美法之間卻瀰漫著一片友好的氣氛，在如此的政治氣氛下，將法國軍艦交還給美國原主似乎是不太可能的事(註二七)。

美國第二個有關「絕對豁免論」的重要案子是一九二六年的「皮薩羅號」案。它和「交易號」案最大的不同在於本案涉及的是義大利擁有且從事商業行為的商船而非軍艦。在下級法院審判時，法官麥克(Julian Mack)認為本案所牽涉的行為在性質上是私行為，而且該船本身在義大利也不能主張豁免，所以他支持限制論的主張，拒絕給予其豁免(註二八)。

但是最高法院有不同的意見。它認為「交易號」案所確立的原則適用於所有政府為了公共目的而使用和擁有的船舶。並且「為了促進有關其人民的貿易和提供財政收入，一國政府在執行貿易時所獲得、安排和操作的船隻，和軍艦一樣都是公務船。我們知道沒有一個國際習慣規定，在和平時期，促進和維持人民的經濟權益會比維持及訓練一支海軍更欠缺公共目的。」(註二九)

今日檢討本案，有二點值得我們注意：第一，從判決主文看來，最高法院與其說是排斥了「限制豁免論」的適用，倒不如說它是以「目的

註二六 *Ibid.*，並參考*Gordon*, p. 3–3。

註二七 Badr，前引註二十三，頁一四。

註二八 *The Pesaro*, 277 Fed. 473 (S.D.Y.N. 1921)；並參考Robert B. von Mehren, "The Foreign Sovereign Immunities Act of 1976," *Columbia Journal of Transnational Law*, Vol. 17 (1978), pp. 39–40。

註二九 271 U.S. 562, 574.

論」，即以政府行為的目的是否為公共利益來判斷應否給予豁免，由於任何政府的最終目的是要滿足人民的需要，所以豁免的主張很容易被接受。

第二，最高法院在本案中開始放棄自行決定是否給予豁免，轉而依賴行政部門有關是否給予豁免的意見，並傾向於如果行政部門不支持則拒絕給予豁免(註三○)。

「皮薩羅號」案後的二個重要案子是「祕魯」案和「霍夫曼」案，它們再一次地強調了法院在面對有關「國家豁免」的案子時，必須尊重行政部門的意見(註三一)。

「祕魯」案涉及一艘運糖至紐約的船舶，該船為祕魯政府所擁有，原告則是一家古巴公司。在判決中，法院並沒有提到「限制豁免論」，但它基於外交途徑比法庭訴訟解決此事更能符合美國國家利益的原則，而主張「法院不能經由沒收和留置一個友好主權者的財產以實行管轄，因而造成政府行政部門在執行外交政策方面的困窘」(註三二)。

而在「霍夫曼」一案中，商船雖然為墨西哥政府所擁有，但它是否為墨西哥政府服務則頗有疑問。但是法院表示是否給予豁免，並不是以船舶是否屬於或是為政府服務作為要求的標準。「祕魯」案的政策考量依舊是最高指導原則；司法部門要尊重行政部門意見的原則不容受到挑戰；外國政府的尊嚴則不論其行為是否具有主權性質都要受到保護(註三三)。

由以上四個判決可知，到了一九四○年代中期，美國有關「國家豁免」的實踐有二個主要特徵：第一，它持「絕對豁免論」的立場；第二，

註三○　*Gordon*, p. 3–5.

註三一　例如「祕魯」案法院說行政部門的豁免建議必須被視為是行政部門的絕對決定而接受，318 U.S. 578, 588-89；而在「霍夫曼」一案中，法院也說：「它不會去拒絕政府認為適合允許的豁免」，324 U.S. 30, 35。

註三二　318 U.S. 578, 588.

註三三　324 U.S. 30, 34.

法院必須尊重行政部門有關外國主權者是否應享有管轄豁免的建議。

第三節 「泰特信函」時期：一九五二年～一九七六年

一、「泰特信函」的內容

從一九五二年到一九七六年「外國主權豁免法」制訂為止，「泰特信函」是美國行政部門有關「國家豁免」的政策依據，它於一九五二年由國務院代理法律顧問泰特所發布，表明了國務院將依限制理論的立場作為對法院提供有關「國家豁免」建議的主要依據，並希望能因此減少外國在請求豁免時對國務院所造成的外交壓力。

至於國務院改變政策的原因，依「泰特信函」可知有三點：第一，實行國營貿易的國家越來越刻板地堅持「絕對豁免論」；第二，美國政府自己接受本國法院管轄，並且放棄了國有商船在外國的豁免；第三，外國政府大量地從事商業活動，應該使與政府做生意的個人能夠訴請法院以保護其權利。

「泰特信函」的內容主要是政策說明(註三四)，它首先表示在「國家豁免」的領域內有絕對和限制二種理論的存在，接著又以「主權行為」(*jure imperii*)和「非主權行為」(*jure gestionis*)的觀念來說明什麼是限制論，並強調國家從事「非主權行為不享有豁免」(註三五)。

其次，它開始檢討當時世界各國的實踐。美國、英國、捷克、伊索匹亞和波蘭的法院應當是支持絕對理論；巴西、中國、智利、匈牙利、

註三四 本文所引「泰特信函」的內容見於*Henkin*, pp. 1137–1139。

註三五 *Ibid*., p. 1137.

日本、盧森堡、挪威，和葡萄牙則傾向於支持絕對論；荷蘭、瑞典、阿根廷不太清楚，但傾向於限制論。信函特別強調德國的例子，從一九二一年德國法院的拒絕限制論到當時的逐步採納，使得國務院相信德國的立場可能會改變(註三六)。

在說明了比利時、義大利、埃及、瑞士、法國、奧地利、希臘、羅馬尼亞、祕魯，和丹麥可能是支持限制論的立場後，信函提到有些國家雖然是支持「絕對豁免論」，但是學者和下級法院已開始支持限制論。它也同時指出一九二六年簽署的「布魯塞爾公約」，十三個締約國中有十個國家一向被認為是支持「絕對豁免論」的國家，但它們卻對其政府擁有的船舶放棄了豁免(註三七)。

緊接著，信函說明美國行政部門改變政策的原因是非市場經濟國家刻板地支持絕對論；美國政府自願接受本國法院管轄，而且當其商船在外國涉訟時，美國也不會要求管轄豁免；最後則是由於國家從事商業活動的情況日益廣泛，所以有必要保護與政府打交道的個人(註三八)。

「泰特信函」僅是美國國務院的政策，而不是一項立法，不過由於在「國家豁免」的領域內，法院一向尊重國務院的建議，所以它具有濃厚的司法意義。事實上，「泰特信函」時期最重要的特徵是行政機關在法院給予或拒絕外國豁免時扮演著非常重要的角色，這一點相當特殊，因為一般而言，世界上其它國家是否給予外國國家豁免主要是由法院而非外交部門決定。

二、國務院的實踐

國務院有關「國家豁免」的實踐可追溯至西元一八一二年的「交易

註三六　*Ibid.*, pp. 1137–1138.

註三七　*Ibid.*, p. 1138.

註三八　*Ibid.*, pp. 1138–1139.

號」案審理時，當時行政部門曾遞送一份有關豁免的建議給法院，其內容雖然未成熟到區分限制論和絕對論，但是卻已經具有「主權行為」的觀念，不過這份建議當時並未具有拘束力，馬歇爾大法官的判決書也並未考慮採納行政部門的觀點。

真正觸及到國務院角色的重要案子是「皮薩羅號」案。在該案中，法院開始放棄自身決定是否給予外國管轄豁免，轉而依賴行政部門有關是否給予豁免的意見，並傾向於如果行政部門不支持給予豁免，則將遵循行政部門的意見而對外國豁免的請求予以拒絕(註三九)。「皮薩羅號」案後的二個重要案子「祕魯」案(註四〇)，和「霍夫曼」案(註四一)，也再一次地強調了法院在面對有關「國家豁免」的案子時，必須尊重行政部門的看法(註四二)。所以，到了一九四〇年代中期，法院必須尊重行政部門有關外國主權者是否應享有管轄豁免的「立場」已經是一項法則。

而從一九五二年到「外國主權豁免法」生效日為止，美國行政部門有關「國家豁免」的政策依據是「泰特信函」，它除了表明了國務院將依限制理論的立場作為對法院提供有關「國家豁免」事宜建議外，並希望能因此減少外國在請求豁免時對國務院所造成的外交壓力。

可是「泰特信函」公布之後，法院尊重國務院見解的情況並沒有消失(註四三)，不同以往的是，國務院內部還衍生出一套準司法程序來決定

註三九　*Gordon*, p. 3-5，以及前引註二十八及相關正文。

註四〇　*Ex parte Republic of Peru*, 318 U.S. 578 (1943).

註四一　*Republic of Mexico v. Hoffman*, 324 U.S. 30 (1945).

註四二　例如「祕魯」案法院說行政部門的豁免建議「必須被法院視為政府政治部門的絕對決定而接受」，318 U.S. 578, 588-589；而在「霍夫曼」一案中，法院說：「……因此法院不會去拒絕我們政府認為適合允許的豁免，或是基於新的理由而允許政府已經認為不適宜承認的豁免。」見324 U.S. 30, 35，同時參考前引註三十一至三十三及相關正文。

它是否請求法院給予豁免。這包括答辯雙方必須提出書狀說明，並且出席聽證會(Hearing)，這個聽證會並不是非常正式，國務院也沒有權力要人宣誓作證(註四四)，但是律師們都瞭解由於國務院的決定對於法庭影響甚巨，所以不能掉以輕心而必須全力以赴，此外，經過這種準司法程序所達成的決定將較以往所作的建議更具有說服力和拘束力。

　　通常美國國務院會面對「國家豁免」案的情況有二種：第一是由外國大使館提出請求，希望國務院「建議」法院給予豁免；第二是法院審理案件時請求國務院表示意見。在前者的情況時，外國往往是要求國務院基於外交政策來考量，而非著重於區分其行為究竟是「主權行為」或是「非主權行為」。一般而言，美國和該國當時的外交環境關係會影響到國務院是否給予豁免的建議(註四五)。而在後者的情況，法院之所以會提出要求，可能是法院覺得有必要遵從國務院的立場，也可能是基於禮貌的考量，讓國務院有發表意見的機會(註四六)。總之，「國家豁免」是一個很敏感的領域，國務院和法院彼此都非常小心，避免踏入對方的領域。

　　此外，如果外國請求國務院建議美國法院給予豁免時，理論上，國務院應將其有利或是不利的決定都通知法院；但是實務上，它通常只通知法院支持豁免的決定(註四七)，　至於國務院覺得不適宜給予外國豁免時，它一般只通知外國大使館，而不會告訴法院。此舉則使法院在審判過程中，無從瞭解國務院是已經拒絕了豁免的請求呢？還是根本未曾涉

註四三　見Carolyn J. Brock, "The Foreign Sovereign Immunities Act, Defining a Role for the Executive," *Virginia Journal of International Law*, Vol. 30 (1990), p. 801。

註四四　*Gordon*, p. 4–6.

註四五　*Ibid.*, p. 4–7.

註四六　*Ibid.*, p. 4–2.

註四七　*Ibid.*

入？如果是前者，則國務院拒絕豁免的請求將非常具有說服力，甚至必須被尊重。而若國務院根本未曾涉入，則法院即可以自行決定是否應給予豁免。

法院尊重國務院的程度，可由以下二個例子來說明，第一個是「瑞奇」案(*Rich v. Naviera Vacuba, S.A.*)(註四八)，在該案中，一艘古巴船舶被叛變的船員劫持到美國，由於當時古巴在推行國有化運動期間徵收了不少人的財產，所以許多古巴的債權人聞訊而至，請求扣押該船(註四九)。

但是國務院卻建議予以古巴豁免，其理由之一便是國務卿所稱的「釋放該船可以避免進一步惡化外交關係」，而且國務院還以電報將其有關豁免的建議通知法院。其實，如此快速的效率與做法是有原因的，當時美國東方航空公司一家班機被劫持至古巴，古巴政府在答覆美國國務院的請求時，表示什麼時候歸還該飛機完全要視美國什麼時候釋放古巴船隻來決定，這也難怪國務院以電報的方式通知法院其有關豁免的決定。而法院於接到國務院的建議後，則是表示它並沒有詢問國務院如此建議的原因，但是卻會尊重國務院的意見，不論該意見是基於「泰特信函」的見解，還是不顧活動的性質而完全基於外交因素考量(註五〇)。

一九七四年的「史佩時爾」(*Spacil v. Crowe*)(註五一)一案也充分說明了行政部門的角色。 一九七三年智利發生政變， 保守派軍人皮諾契特(Augusto Pinochet)將軍推翻了阿蘭德(Salvador Allende)政府。由於新政府對古巴並不友好，所以當政變發生之際，兩艘古巴國營公司所擁有的運

註四八　*Rich v. Naviera Vacuba*, S.A., 295 F.2d 24 (4th Cir. 1961).

註四九　*Ibid.*, p. 25.

註五〇　請參考Michael H. Cardozo, "Judicial Deference to State Department Suggestions Recognition of Prerogative and Abdication to Usurper?," *Cornell Law Review*, Vol. 48 (1963), p. 466。

註五一　*Spacil v. Crowe*, 489 F.2d 614 (5th Cir. 1974).

糖船或是匆忙離開智利，或是改變航程，結果都沒有履行契約。智利原告在運河區提出訴訟，並扣押了該公司的另一艘船舶。

捷克政府代表古巴提出豁免要求，國務院基於「外交政策的執行和國際關係的行為」而同意(註五二)，地方法院接受了國務院的請求而駁回本案。在上訴時，巡迴法院則表示由於憲法中三權分立的觀念，所以它必須遵從國務院的意見，它更進一步地表示，只有在行政部門沒有意見時它才可以審查有關「國家豁免」的問題，以避免干涉國務院在外交事務的角色(註五三)。

從「史佩時爾」案後，對於國務院以外交考量作為是否給予豁免建議的做法不滿聲音愈來愈多，甚至國務院內部也有許多人持反對意見，這種情形最終導致了制定「外國主權豁免法」(註五四)。

三、法院的態度

在「泰特信函」時期，國務院固然扮演著非常重要的角色，但法院本身也非常積極的在發展相關的規則，以下將介紹幾個重要案例，以及法院的見解。

第一個案子與我國有關(註五五)。中華民國政府控告美國紐約一家銀行，要求支付二筆存款，但是銀行卻提出反訴，要求我國清償未支付的政府公債，最高法院在判決中認為，一個外國政府在外國提起訴訟時，對於反訴並不享有管轄豁免，至於反訴是否與原訴有關則在所不問。法院的見解是基於二點：第一，國務院在給法院的通知中表示，它對本案

註五二　*Ibid.*, p. 616.

註五三　*Ibid.*, p. 619.

註五四　參考Michael H. Cardozo, "A Note on Sovereign Immunity," *Virginia Journal of International Law*, Vol. 17 (1977), pp. 491–493。

註五五　*National City Bank of New York v. Republic of China*, 348 U.S. 356 (1955).

並沒有意見；第二，「限制豁免論」以為，在與主訴相關的反訴情況時，外國不享有豁免，所以最高法院將其擴大解釋，認為與主訴不相關的反訴也適用同樣的原理(註五六)。

第二個重要的案子便是「瑞奇」 案(*Rich v. Naviera Vacuba, S. A.*)(註五七)。在一九六〇年代初期，由於古巴推動大規模的徵收，所以在美國產生了不少有關「國家豁免」的案子，據估計，單單從一九六一年至六二年就有十件，而美國在「泰特信函」時期有關「國家豁免」的所有案件則大約是一百一十件(註五八)。如前所述，在「瑞奇」案中，國務院基於外交的考量而請求法院給予豁免，法院則表示它並沒有詢問國務院如此建議的原因，但是卻會尊重國務院的意見，不論該意見是基於「泰特信函」的見解，還是不顧活動的性質而完全基於外交因素考量(註五九)。

另外，「維多利亞運輸公司」 案(*Victory Transport Inc. v. Comisaria General de Abastecimientos y Transportes*)(註六〇)一案可能是「泰特信函」時期最具有影響力的案子，巡迴法院法官在本案中表示，由於西班牙政府僱船運小麥的行為不受限制論所保護，所以法院有權依訴訟雙方原本簽定的協議而要求其仲裁(註六一)。

本案最重要的意義是法院瞭解到以「目的論」來判定外國政府的行為是公行為還是私行為相當的困難，所以法院列舉了五種範疇，凡是行為屬於這五個項目的才是公行為而必須受到「國家豁免」原則的保護。

註五六　*Ibid.*, p. 361–362.

註五七　295 F.2d 24, at 363.

註五八　*Gordon*, p. 4–19.

註五九　295 F.2d 24, at 26.

註六〇　*Victory Transport Inc. v. Comisaria General de Abastecimientos y Transportes*, 336 F.2d 354 (2d Cir. 1964).

註六一　*Ibid.*, p. 363.

這五項是:

 ⑴外國的內部行政事宜，例如驅逐外國人。

 ⑵外國的立法行為，例如財產國有化。

 ⑶和主權者軍隊有關的行為。

 ⑷與外交活動有關的行為。

 ⑸公共貸款(註六二)。

  法院很明確的表示，如果國家的行為不屬於上述五項行為之一，則不受到「國家豁免」的保護(註六三)。

  至於一九七四年的「史佩時爾」(*Spacil v. Crowe*)(註六四)案，巡迴法院則再一次地表明了尊重國務院意見，避免干涉外交事務的立場。

第四節　「外國主權豁免法」時期: 一九七六年 ～現在

一、立法原因

  第二次世界大戰以後，在馬歇爾計畫之下，美國大舉投入歐洲的重建工作，因此許多工程的興建和商務契約的簽訂都與美國政府有關，相關的法律訴訟也不少。可是當美國政府或其機構在國外被控告時，其要求豁免的請求往往會被拒絕，因為「限制豁免論」當時已盛行於歐洲大

註六二　*Ibid.*, p. 360.

註六三　*Ibid.*

註六四　*Spacil v. Crowe*, 489 F.2d 614 (5th Cir. 1974).

陸，所以外國政府從事商業行為不享有豁免。但是另一方面，美國的原告在美國控告外國政府時，卻會常常面臨主權豁免的問題。即使是純粹的商業案件，法院的判決也不確定，而要視國務院的見解而定，這種情形和世界上其它主要的商業國家比較起來是很獨特的。實務界和學術界普遍對這種現象表示不滿，因為他們認為對美國的原告不公平。

從一九七〇年代初期開始就有幾個關於「國家豁免」的草案陸續提出。一九七三年的草案經過再修改後，於一九七五年十二月再提出，一九七六年通過，並於一九七七年一月十九日生效。這個法律幾乎獲得律師界、政府部門和學術界的全面支持，唯一的反對聲音也只是質疑把決定是否享有豁免的權力從國務院的手中轉移到法院是否適宜，而對法案的其它部分並沒有意見(註六五)。

「外國主權豁免法」能夠順利立法，最重要的助力來自國務院本身的支持，沒有國務院的大力遊說，國會可能不會同意把權力移轉至法院的手中。

至於其立法目的，根據眾院的報告，則一共有四點：第一，它要把國際法領域中所謂的「限制豁免論」法典化；第二，它確定美國在面臨相關案件時會遵守限制理論的原則；第三，它將對外國文書送達的程序和如何獲得屬人管轄權的方式成文化；以及第四，它要限制「執行豁免」被濫用的情況，讓獲得勝訴的原告有機會在美國求償(註六六)。

註六五　Jurisdiction of U.S. Courts in Suits Against Foreign States, *Hearings on H.R. 11315 Before the Subcomm. on Administrative Law and Governmental Relations of the House Comm. on the Judiciary*, 94th Cong., 2nd Sers. (1976), p. 61.

註六六　Legislative History of Foreign Sovereign Immunities Act of 1976, House Report No. 94-1487, *UN State Immunity Materials*, p. 99.（以下簡稱House Report No. 94-1487）。

二、「外國主權豁免法」的內容與特色

「外國主權豁免法」的立法體例是先承認外國享有管轄權，然後規定在例外的情形下，國家不享有豁免，這些不享有豁免的情形有下列六項：㈠該外國已明示或默示放棄其豁免權利；㈡該外國曾在美國進行商業活動，或者進行與商業活動有關的活動，或者在別處進行的商業活動對美國有直接的影響；㈢違反國際法取得的、其權利尚有爭議的財產在美國，或者擁有該財產的外國商業機構在美國；㈣外國在美國通過繼承或饋贈取得的、尚有爭議的財產權利，或者案件涉及在美國的不動產權利；㈤案件涉及外國的侵權行為在美國引起的人員傷亡或財產損失，除非該國的行為是為了履行自由裁量權，或者訴訟是為了誹謗、欺騙或干涉契約權利而要求賠償；㈥案件涉及對外國船舶的海事管轄權，而該管轄權是為了執行由於外國的商業活動產生的海事留置權(註六七)。

而在上述六種國家不享有豁免的情形中，最重要的是國家從事「商業活動」，到底什麼是「商業活動」？又如何確定國家從事「商業活動」？這兩個問題實際上牽涉到「限制豁免論」主張的核心，即主權行為與非主權行為的劃分，而依美國「外國主權豁免法」的規定，商業活動是指「一種正常的商業行為或一種特別的商業交易或行動」，而「一個活動的商業特質應由該行為或特定的交易或行為的性質來決定，而不是依據其目的」(註六八)。

此外在程序上，美國「外國主權豁免法」也有一些新規定，除非基於特別協定或是國際公約的要求，美國原則可以經由郵寄方式向外國外交部送達訴訟文書，或是國務院透過外交途徑向外國政府送達，而且傳票送達六十天後如果外國未作答辯，法院可以進行缺席判決(註六九)。

註六七　*UN State Immunity Materials*, pp. 109–113.

註六八　28 U.S.C. § 1603(d).

　　在強制執行方面,「外國主權豁免法」肯定外國財產免於扣押和執行為一般原則(註七○),但又規定一些情形為例外而不能主張豁免,它們包括國家明示或默示放棄豁免;財產與國家所從事的商業活動有關;財產是被告國違反國際法所取得;或是經由繼承或贈與所得,以及涉及美國境內與外交活動無關的不動產(註七一)。為了避免私人經由以扣押外國財產作為尋求美國法院建立管轄權的可能,該法也規定扣押的目的是要保證履行某項已作出或最終可能作出對外國的判決(註七二)。

　　此外,為了防止國際貨幣基金(International Monetary Fund)或是世界銀行(World Bank)的基金在分配給各國時遭到扣押,或是避免外國中央銀行或金融機構自己的財產或外國由於軍事活動的財產被強制執行,不論是否符合前述各項條件,這些機構都仍享有扣押和執行豁免(註七三)。

　　但是美國的「外國主權豁免法」符不符合國際法呢?眾院報告認為答案是肯定的,因為它把「目前國際法承認的『限制豁免論』法典化」(註七四)。不過也有學者認為「最多只能斷言,現在已經出現了有限豁免的特殊習慣國際法。但是特殊習慣國際法只能在接受該習慣國際法的國家之間適用,而不能適用於一切國家。因此,按照國際法,像美國一九七六年的『外國主權豁免法』的規定,把有限國家豁免原則擴大適用於仍然堅持古老習慣的那些國家是沒有正當理由的,並且將構成對那些國家的主權獨立和尊嚴的侵犯。」(註七五)不過,事實上,「……美國法

註六九　28 U.S.C. § 1608.

註七○　28 U.S.C. § 1609.

註七一　28 U.S.C. § 1610.

註七二　28 U.S.C. § 1610(d)(2).

註七三　C. Schreuer, "Some Recent Developments in the Law of State Immunity," *Comparative Law Yearbook*, Vol. 2 (1978), p. 219.

註七四　*UN State Immunity Materials*, p. 99.

院適用美國法律下達判決，至於是否違反國際法在所不問；雖然美國在
國際法上將負責任(註七六)。」

　　美國的「外國主權豁免法」有幾點特色。第一，在舉證責任方面，
被告國家需舉證證明其主張有資格，換句話說，被告必須先證明自己是
一個外國國家，或者是國家機構(註七七)。一旦被告建立了其外國主權者
的地位，　法院還必須考量被告行為是不是屬於不享有豁免的情
況(註七八)，例如外國政府從事商業交易即是一例。

　　第二，為了要讓外國主權者為其所從事的商業行為負責，國會很明
確的表示不以「目的」來判斷外國政府的活動，換句話說，區分外國政
府的行為是以活動的「性質」為標準(註七九)。

　　第三，「商業交易」的範圍和定義是一個不容易的問題，依「外國主
權豁免法」，「商業交易」是「一種正常的商業行為或一種特別的商業交
易或行動(註八〇)。」 如此抽象的規定主要是為了要讓政府就具體案件來
決定什麼是「商業交易」，而依眾院的報告，「利潤」是一個很重要的考
慮因素(註八一)。

　　最後，有關「國家豁免」管轄權的範圍規定頗為特殊。以外國從事

註七五　李浩培，〈論國家管轄豁免〉，《中國國際法年刊》，一九八六年，頁三〇二
　　　　～三〇三。

註七六　轉引自丘宏達，〈美國國家主權豁免法中對外國國家或其官員或代理人的
　　　　侵權行為之管轄問題〉，《中國國際法與國際事務年報》，第一卷（民國七
　　　　十四年至七十五年），臺北：臺灣商務印書館，民國七十六年，頁五。

註七七　28 U.S.C. § 1603(a)(b).

註七八　House Report No. 94–1487, *UN State Immunity Materials*, p. 107.

註七九　*Ibid.*

註八〇　28 U.S.C. § 1603(d).

註八一　House Report No. 94–1487, *UN State Immunity Materials*, p. 107.

商業行為為例，該法規定了三種情形：㈠外國在美國進行商業活動；或者是㈡在美國履行的一項活動與該國在美國以外從事的商業活動有關；或者是㈢美國領域外的一項與外國所從事商業行為有關的活動，而該活動對美國造成了直接效果(Direct Effect)(註八二)。這三點中，以「對美國造成了直接效果」所引起的爭議最大，因為它很可能大幅擴張美國的管轄權。

三、行政部門的立場

美國國務院會支持制定「外國主權豁免法」的重要原因之一是國務院認為當時有關「國家豁免」案件的運作模式有二項明顯的缺失：第一，國務院往往會在強大的外交政治壓力下請求法院給予外國豁免，即使如此作會違背「泰特信函」所標示的限制論精神，或是危害到私人原告者的利益(註八三)；第二，國務院在考量有關「國家豁免」的案子時，雖然有一定的程序，但是它不是司法機關，所以不能要求證人宣誓提供證詞，或是強迫證人作證，或是要求原被告雙方提供所有相關的證據和文件以為其決定的參考(註八四)，當然，案子到了法院時，法院可以再考慮，但是法院卻往往不會挑戰國務院的權威而接受國務院的建議，結果是造成了程序上的不公平。

目前「外國主權豁免法」並沒有明文規定「外交事務」是作為考量的因素之一，所以希望明白地以外交關係為理由而獲得豁免將非常困難。而且該法制定的另一個重要的目的是要把決定外國是否享有豁免的權力從國務院的手中完全移到法院，以杜絕外交力量的影響。但是美國這種希望純然以法律原則來考量「國家豁免」案件的目的達到了嗎？

註八二　28 U.S.C. § 1605(a)(2).

註八三　參考註四十八～五十及相關正文。

註八四　參考註四十四及相關正文。

的確，「外國主權豁免法」制定以後，國務院的角色有了重大的改變，它在「國家豁免」一事上不再扮演主要的角色。不過，由於憲法授予行政當局處理外交事務的權力，所以它目前所擔任的工作是傳達外國有關豁免的請求給法院，和表示行政部門基於外交因素的考量而提供的意見。雖然這些意見並非全然以是否適用限制論為標準，不過由於國務院對豁免的判斷有著豐富的經驗，所以它的意見非常富有參考價值。

因此，雖然「外國主權豁免法」通過了，但國務院在此一領域還是扮演著一定的角色。有時國務院非常積極主動地遊說法院給予被告國管轄豁免，有時國務院只是被法院請求告知其基於外交考量的意見。以下二個與我國有關的案例正足以說明此種情況。

第一個案子是「湖廣鐵路債券」案(*Jackson v. People's Republic of China*)(註八五)，這是自從「外國主權豁免法」制定以後，國務院第一次藉由本案向法院提出有關是否應給予被告國豁免的意見(註八六)。而在整個訴訟程序進行中，美國國務院和司法部都提出了說明，支持中共的立場(註八七)。尤其是國務院，它不斷地提供文件和說明，不但評估早先地院「缺席判決」對美國外交政策的影響，並且認為由於中共和美國之間長期的欠缺往來，中共不是很瞭解美國的司法系統運作，而國務卿舒茲(George Shultz)的證詞更是強調該缺席判決傷害了美國的外交利益(註八八)。這些證詞都獲得了法院的認同。

註八五　*Jackson v. People's Republic of China*, 794 F.2d 1490 (11th Cir. 1986).

註八六　見Pamela S. Malkin, "Foreign Sovereign Immunity Act-Jurisdiction-Reintroduction of Executive Branch in Immunity Area, Jackson v. People's Republic of China", *Suffolk Transnational Law Journal*, Vol. 11 (1987), p. 261。

註八七　例如"Statement of Interest of the United States," *ILM*, Vol. 22 (1983), p. 1077。

註八八　794 F.2d 1490, at 1499 (11th Cir. 1986).

第二個案子是「米倫」案(*Millen Industries, Inc. v. CCNAA*)(註八九)。由下列事實可知，國務院對於哥倫比亞特區巡迴上訴法院的判決有部分影響。

米倫工業公司(Millen Industries, Inc.)是美國生產鞋盒的主要製造商。為了吸引它來臺灣投資設廠，中華民國駐美的北美事務協調委員會(Coordination Council for North American Affairs)據稱對公司保證重要的機器和設備可以較易通關。不過原告指控從營運一開始，中華民國就阻礙該公司輸入原料和機器設備，並且隨後取消了進口原料免關稅的優待。米倫工業公司因此不堪虧損而在一九八五年關廠，但中華民國又不准該公司將機器和原料運離臺灣，米倫工業公司因此於美國華盛頓哥倫比亞特區對北美事務協調委員會提起訴訟(註九〇)。

在上訴時，行政部門以「法庭之友」(註九一)的身分參與本案的程序(註九二)。雖然法院表示它瞭解「外國主權豁免法」的主要目的是將決定外國是否享有豁免的權力從行政部門轉移到司法部門，但是它強調司法部門在有關「國家豁免」的案子上，應當瞭解行政部門的觀點並給予適當的考慮。在要求表示意見的情況下，國務院宣稱「並沒有任何的美國外交利益足以阻止本案的審判。」(註九三)此項聲明或許並不是唯一導致該案部分重審的主要因素，但據信至少造成了部分效果(註九四)。

註八九　*Millen Industries, Inc. v. CCNAA*, 855 F.2d 879 (D.C. Cir. 1988).

註九〇　*Ibid.*, pp. 880–881.

註九一　28 U.S.C. § 517.

註九二　*Millen Industries, Inc. v. CCNAA*，前引註八十九，頁八八一。

註九三　同上，頁八八二。

註九四　同上。

第五節　小　結

經由前述有關「國家豁免」在美國的發展與演變的分析，我們可以得到以下幾點結論：

(1)「國家豁免原則」在美國的發展演變可以大略分為三個階段。「交易號」案承認國家及其財產在美國享有管轄豁免，「泰特信函」表明了國務院欲遵行「限制豁免論」的立場，而「外國主權豁免法」的制訂則把決定是否給予豁免的權力從國務院手中移交到法院，並將相關的規則法典化。

(2)美國從遵行「絕對豁免論」的立場一步一步地走向「限制豁免論」，不但反映出世界的潮流趨勢，也是基於本身的利益考量。

(3)由於美國憲法賦與行政部門外交權，所以有別於世界上其他的主要國家，美國國務院能夠對有關「國家豁免」的案子提供「建議」，進而影響到法院的見解，這種運作方式直到「外國主權豁免法」立法後才有所改變。

(4)目前實務上，法院是有權決定是否給予外國豁免的唯一機關，而「外國主權豁免法」則是此一領域內最重要的規範。

第五章 在美國適用「國家豁免」時所面對的一般問題

第一節 適用的主體

一、外　國

　　國家是享有「國家豁免」的主體，但國家的實際行為往往是透過政府部門、元首君主或外交代表等所為，國家本身並不能從事任何的活動，所以在「國家豁免」領域內真正關心的問題是「國家」範圍的大小，換句話說，到底是那些實體和個人可以在法院代表「國家」援引「國家豁免」? 此一問題在往日「絕對豁免論」盛行時，確定被告是否為「國家豁免」主體是法院最重要的工作，因為肯定的答案往往意味著一定要給予被告豁免。但在今日以「限制豁免論」為主流見解的國家，被告縱然被認定具有「國家」的資格，但是否能獲得豁免還要視其行為性質而定，所以判斷主體的重要性不若以往。雖然如此，各國法院的實務顯示，在決定是否准予被告享有豁免時，首先還是要確定它的法律地位。在這一方面，聯合國「國際法委員會」對於何謂「國家」的見解是採廣義解釋，認為只要一個主體為國家的機關或組成單位，而且執行國家主權權力，則都從屬於「國家」的範圍(註一)。

註一　聯合國的「國家及其財產的管轄豁免條款草案」的國家定義請參考本書第二

　　美國一九七六年的「外國主權豁免法」則規定「外國」(Foreign State)包括外國國家的政治區分單位，或外國國家的機構或部門(a Political Subdivision of a Foreign State or an Agency or Instrumentality of a Foreign...)(註二)。該法並未定義什麼是「外國國家的政治區分單位」，而傳統上的見解以為「政治區分單位」主要是指聯邦國家的組成單位，換句話說，依美國法，聯邦國家的成員可以主張「國家豁免」(註三)。

　　而另一方面，「外國主權豁免法」在同條(b)項則說明了外國的機構或部門包含下列三種情形：

　　⑴獨立的法人、公司或其它；和

　　⑵外國國家或其政治區分單位的機關，或外國國家或其政治區分單位擁有主要股份或其它所有權權益的機關；和

　　⑶此機關現非第一三三二條(c)和(d)項所規定的美國某州的公民，亦非依任何第三國法律成立的實體。(註四)

章第三節的說明，相關的評註請參考陳純一，〈聯合國國際法委員會「國家及其財產的管轄豁免條約」草案評析〉，《問題與研究》，第三十三卷第七期（民國八十三年七月），頁七三～七四。

註二　28 U.S.C. § 1603(a).

註三　龔刃韌，《國家豁免問題的比較研究——當代國際公法、國際私法和國際經濟法的一個共同課題》，北京：北京大學出版社，一九九四年，頁一八八。

除美國外，聯合國「國家及其財產的管轄豁免條款草案」，國際法學會(ILA)一九八二年草案；加拿大的「國家豁免法」和澳大利亞的「外國國家豁免法」也都分別承認聯邦國家的組成單位也可以主張「國家豁免」，澳大利亞甚至規定「省、州、自治區域或其它政治區分單位」，換句話說，單一制國家的政治區分單位也涵蓋在內。

註四　28 U.S.C. § 1603(b).

　　美國眾議院的立法報告則進一步針對上述條文提供了三項判斷標準(註五)。依眾院司法委員會的意見，第一項的獨立法人包括「一個公司、協會、基金會，依其所成立的外國法，可以自己的名義起訴或被控告，締約或是擁有財產的實體。」第二項的標準則是一個實體為政府的機關或政治區分單位，或是其主要股份為政府或政府的政治區分單位所擁有。它特別針對「合資企業」(Joint Venture)作闡釋，認為只有合資企業的多數股權為外國或其政治區分單位所擁有時，它才是外國的代理或服務機構。至於第三項標準則在於排除美國公民和依第三國法律所成立的實體，依眾議院的見解，外國在另一第三國所成立的實體都被推定為從事商業或私人活動。

　　在提供了三項判斷標準後，眾院的報告進一步地說明，任何實體如果不從屬於第一六〇三條(a)項或(b)項的範圍內，則無權在美國法院主張主權豁免，但是該實體縱然被認定為是一個「外國」的機構或部門，也不表示它一定享有豁免，法院還需要進一步地考慮該實體所從事的行為性質(註六)。

　　在立法報告中，美國眾院司法委員會還提供了那些實體可歸類為外國機構或部門的例子，它們包括「國營貿易公司、礦業公司、運輸公司，例如航運和航空公司、鋼鐵公司、中央銀行、外貿協會、政府採購單位，或者是從事適合自己名義的部會或部門。」(註七)

　　上述「外國主權豁免法」的規定和眾議院立法報告都僅是提供原則，而真正決定那些實體或個人具備「國家」的資格而有權主張豁免的是法院。由於「外國主權豁免法」和眾院的立法報告對於國家的機構或部門

註五　House Report No. 94–1487, *UN State Immunity Materials*, p. 106.

註六　*Ibid.*, p. 107.

註七　*Ibid.*

提供了定義和範例，所以法院通常很容易斷定一個實體是不是「外國」。
尤其是當一國的政府直接作為被告時，法院一般都是毫無疑問地承認它
就是「外國主權豁免法」中所指的「外國」(註八)。

　　至於國家的元首(註九)、　外國大使館(註一〇)、　西班牙的商務辦事
處(註一一)、阿根廷的海軍委員會(註一二)、前蘇聯的塔斯社(註一三)都曾被
認定是屬於「外國主權豁免法」中所指的「外國」或「外國的政治區分
單位」。

　　不過在決定一個實體或是機構是不是「國家」的一部分時，法院是
依美國法律來判斷呢？還是依機關或實體所屬國家的法律來認定？主張
後者的學者一般都認為如何分配決定主權的行使是一國的內政，故由其
決定較好。例如前蘇聯即曾以法律明文規定蘇聯派駐各地的商務代表處
是國家機關，則其他國家在判斷商務代表處的地位時，應以前蘇聯的國
內法為準。但是目前美國法院的立場卻是依美國聯邦法和國際法來判斷，
而不是以外國法為標準(註一四)。此外，判斷是否具備「國家」資格的時
間要以「行為時」為準，所以個人或實體從事行為時如果不是「外國主

註八　　參考*Hester Int'l Corp. v. Federal Republic of Nigeria*, 879 F.2d 170 (5th Cir.
　　　　1989); *Gilson v. Republic of Ireland*, 682 F.2d 1022 (D.C. Cir. 1982); *Oliner v.
　　　　Cechoslovak Socialist Republic*, 715 F.Supp. 1228 (S.D.N.Y. 1989)。

註九　　有關前菲律賓總統馬可仕(Ferdinand E. Marcos)的豁免問題，　見*Cumulative
　　　　Digest 1981–1988*, pp. 1564–1580。

註一〇　*Joseph v. Office of the Consulate General of Nigeria*, 830 F.2d 1018 (9th Cir.
　　　　1987).

註一一　*Segni v. Commercial Office of Spain*, 650 F.Supp. 1040 (N.D. ILL. 1986).

註一二　*Unidyne Corp. v. Aerolineas Argentinas*, 590 F.Supp. 398 (E.D. Va. 1984).

註一三　*Yessenin-Volpin v. Novosti Press Agency*, 443 F.Supp. 849 (S.D.N.Y. 1978).

註一四　*Marlowe v. Argentine Naval Commission*, 604 F.Supp. 703 (D.D.C. 1985).

權豁免法」中的「外國」，但行為後因為地位改變而符合要求，則在有關該行為的訴訟時依舊不被認為是「外國」；反之，被視為「外國」的機關或個人在行為後雖失去了「國家」的資格，但在有關該行為的訴訟中，依舊會被視為是「外國主權豁免法」中的「外國」而可以主張「國家豁免」(註一五)。

二、國營企業

國家常常透過國營企業與外國從事交易，其原因有時完全是基於商業考量，有時則是將國營企業作為經濟發展政策中不可或缺的工具。國營企業的組織型態和結構非常多樣，它可能是由政府直接控制，形成行政機構的一部分；也可能是政府通過法令或規章而專門成立的機構；或者是它本身是一家普通正常的民營公司，但政府擁有多數的股份(註一六)。而在實務上，許多國家的國營企業雖然具有獨立的法人資格，但因為同時又具有某些政府功能，因而常常被授權從事一些主權行為，在這種情形，這些國營企業一旦在外國法院被起訴時，它們往往會要求適用「國家豁免」原則(註一七)，但國營企業是否可以主張享有「國家豁免」的權利呢？理論和實務關於此一問題一直有爭議。

關於國營企業是否能享有「國家豁免」的主張主要有二種。依傳統

註一五　*Gordon*, p. 6–27.

註一六　有關國營企業的概念，請參考龔刃韌，〈論國營企業在外國法院的地位〉，《中國國際法年刊》，一九九二年，頁四六～四七。

註一七　一個例外的例子是前蘇聯，雖然其對外貿易大多是經由外貿部所控制的商務代表處進行，但是前蘇聯卻往往經由與當地國簽訂雙邊條約以明示這些商務代表處放棄豁免。有關情況可參考J. Stang, "Foreign Sovereign Immunities Act: Ownership of Soviet Foreign Trade Organizations," *Hastings International and Comparative Law Review*, Vol. 3 (1979), p. 221。

的「絕對豁免論」，只要國營企業能具備有「國家」的地位，則當然具備
有主張和享有「國家豁免」的資格。但是「限制豁免論」則以為，給予
國營企業豁免的主要考量在於它是否從事公行為，換句話說，行為的性
質才是是否給予豁免的重點。通常，以國營企業的法律地位、公司組織、
訴訟能力和政府控制等作為判定是否給予豁免的考慮因素者，被稱為結
構主義(Structuralist)。而以國營企業所從事行為的「性質」作為考慮給予
豁免的標準者，則被稱為功能主義(Functionalist)(註一八)。

　　美國在「外國主權豁免法」的制定以前，法院雖然採取結構主義的
標準以判定國營企業的資格，但是一般而言卻不給予具有獨立法人資格
的外國國營公司管轄豁免(註一九)，即使在第二次大戰前堅持「絕對豁免
論」時期，法院的傾向也是拒絕讓國營企業享有管轄豁免權(註二〇)。而
在外交實踐方面，美國在第二次大戰後，與許多國家簽訂的友好通商航
海條約中，都明確規定國營企業並不享有管轄豁免(註二一)。

　　如前所述，一九七六年美國制定了「外國主權豁免法」後，該法中
有關「外國」的定義包括了一個國家的機構或部門。而依照此一定義以

註一八　參考龔刃韌，〈論國營企業在外國法院的地位〉，前引註十六，頁五三～五
　　　　四；*Schreuer*, p. 93; P. J. Kincaid, "Sovereign Immunity of Foreign State-
　　　　Owned Corporations," *Journal of World Trade Law*, Vol. 10 (1976), pp. 115–
　　　　121.

註一九　見J. G. Thompson, "Foreign Sovereign Immunity: The Status of Legal Enti-
　　　　ties in Socialist Countries as Defendants under the Foreign Sovereign Immuni-
　　　　ties Act of 1976," *Vanderbilt Journal of Transnational Law*, Vol. 12 (1979),
　　　　p. 166。

註二〇　參考龔刃韌，〈論國營企業在外國法院的地位〉，前引註十六，頁四八。

註二一　有關這些友好通商航海條約的相關內容，請參考*UN State Immunity Mate-
　　　　rials*, pp. 131–134。

及眾院司法委員會立法報告上所舉的範例說明(註二二)，幾乎所有型態的
國營企業都包含在內，因此在美國面對是否得主張「國家豁免」的問題
時，外國的國營企業和一個外國政府的地位相當，都具備「國家」的資
格。這種立法方式的優點是，當法院面對有關國營企業的訴訟案件時，
它可以避免因為討論國營企業的「地位」而產生混淆，並將關心的重點
置於國營企業所從事行為是否具有主權性質，以決定是否給予豁
免(註二三)。

　　由以往的判決顯示，美國法院面對國營公司，判斷它是否屬於「外
國主權豁免法」中「國家」時，一般而言並沒有太大的困難，主要的原
因是不論是法律本身，以及立法報告都顯示了在處理此一問題時採取從
寬認定的態度。所以前蘇聯的諾瓦斯蒂通訊社(Novosti)因為國家擁有百
分之六十三的股份而被認為是外國的「機構或部門」。同樣地，國營的石
油公司或是航運公司也不例外，甚至當政府經由一個公立銀行而間接擁
有一家輪船公司時，該輪船公司一樣被認為是外國的「機構或部門」，此
外，國營貿易公司、國營航空公司、和中央銀行在有關主權豁免的爭議
中具備「國家」資格的看法也幾乎未被挑戰過(註二四)，「中國鋼鐵公司」
也曾被認定是中華民國政府的「機構」(註二五)。由此看來美國法院的態
度充分顯示，在「國家豁免」的案件中，它所關心的問題是國營事業在
訴訟中所從事的行為是具有主權行為的性質，還是單純的一個商業行
為(註二六)，換句話說，法院考量的重點是「功能」而非「結構」。所以一

註二二　眾院的相關報告及實例可參考前引註五至註七及相關本文；　並可參考
　　　　Gordon, pp. 6–29, 6–39。

註二三　*Schreuer*, p. 100.

註二四　同上，頁一〇二～一〇三。

註二五　*Kao Hwa Shipping Co., S.A. v. China Streel Corp.*, 816 F.Supp. 910 (1993).

註二六　參考 D. A. Brittenham, "Foreign Sovereign Immunity and Commercial Activi-

個國營事業具備符合了「外國主權豁免法」中「外國」的定義並不表示它當然可以享有豁免，還必須考量其行為的性質而定。

在「國家豁免」領域中，常見有關「國營企業」的問題還有二項：第一，它是否要對國家所從事的行為負責；第二，國家是否要對國營企業的行為負責。關於這二個問題，美國的實踐顯示，它承認國營企業作為單獨的法人主體，所以應和國家區別對待，因此原則上國家和國營企業各自對自己的行為承擔法律責任(註二七)。所以由國家所引起的責任，不能以國營企業的財產來清償，而國家對於國營企業行為所引起的訴訟

---

ty: A Conflicts Approach," *Columbia Law Review*, Vol. 83 (1983), p. 1440。

註二七　*Glisons v. Republic of Ireland*, 532 F.Supp. 668, 670 (D.D.C. 1982). （法院以為愛爾蘭共和國本身不需要為其國營機構的行為承擔責任）　並參考 *Schreuer*, pp. 120–121。此外，一九七九年美國德州聯邦地院有關「煙火」案的處理情形，後來雖以和解收場，但因涉及中共的立場故值得介紹。在該案中，原告表示其右眼被一家由中國公司生產而有瑕疵的煙火所炸傷，故因而同時控告中共，負責進口的遠東進口公司，和煙火經銷商。在訴訟中，中共拒絕出席，但是它照會美國國務院，表示中華人民共和國「是一個主權國家，並主張主權豁免，因此不能作為被告。」隨後，原告又增列「中國土產畜產進出口公司」為被告，而該公司事實上是中共的國營公司。中共隨後則透過其對外貿易促進委員會向法院提出證詞表達立場。　依中共的見解，雖然經營煙火出口貿易的「中國土產畜產進出口公司」是一個國營公司，但它是一個獨立公司，中共並不需要為該公司所從事的商業行為負責。由此看來，本案顯示中共認為國家和國營公司的法律責任是可以區分的，國家可以主張豁免，但國營企業從事商業行為則不得援引之。見 Jill A. Sgro, "China's Stance on Sovereign Immunity: *A Critical Respective on Jackson v. People's Republic of China*," *Columbia Journal of Transnational Law*, Vol. 22 (1983), pp. 127–128。

也不負連帶責任。《美國對外關係法第三次整編》即持此一見解，它說「國內法院應尊重另一國機構或部門的單獨法律人格，……當某一國家基於本章不享有豁免，……則請求只應對該實體提出」(註二八)。

以「拉特利爾控告智利」(*Letelier v. Republic of Chile*)(註二九)一案為例，原告希望能夠強制執行一個針對智利政府下達的勝訴判決，此一判決的取得是基於法院認為智利政府應當為一項政治謀殺行為負損害賠償責任，而原告在本案中希望以智利航空公司的財產作為執行的標的，但法院卻拒絕了原告的請求，理由是國家和國營企業是二個不同的法律主體，所以國營企業不需為國家的行為負責。

另一方面，國營企業是獨立的法人，所以國家通常也不應為其行為負責，但是如果國營企業成立的目的是為了要協助國家規避責任，或者是國營企業和國家的關係非常密切，因而在特殊的商業交易中二者存在著一種代理關係，則國家依舊要負責任(註三〇)。

三、未被承認的國家或政府

主權未完全獨立的國家或是未被美國承認的國家或政府，在訴訟中做為被告時，是否得主張「國家豁免」是另一個引起爭議的問題。關於未完全獨立國的地位問題，可以「摩根擔保信託公司控訴帛琉」案(*Morgan Guaranty Trust Co. v. Palau*)為例(註三一)，該案法官以為帛琉被「戰略託管」是經由「聯合國託管協定」的規定，而該協定的終止在當時尚未

註二八　*Restatement (Third)*, p. 400.

註二九　*Letelier v. Republic of Chile*, 748 F.2d 790 (2d Cir. 1984).

註三〇　R. D. Lee, "Jurisdiction over Foreign States for Acts of Their Instrumentalities: A Model for Attributing Liability," *Yale Law Journal* , Vol. 94 (1984), p. 394.

註三一　*Morgan Guaranty Trust Co. v. Palau*, 639 F.Supp. 706 (S.D.N.Y. 1986).

得到安全理事會的認可，而且要取代託管的「自由聯繫協定」(Compact of Free Association)也尚未獲得批准，雖然如此，但是有鑒於帛琉行使主權的事實程度(註三二)，並考慮「外國主權豁免法」的目的，法院依舊認定帛琉是一個「外國」，因而得以主張豁免。

　　但是在面臨承認問題呢？傳統美國法院的見解是法院不接受未被承認的國家作為被告而可以主張「國家豁免」，而「外國主權豁免法」的制定則並沒有改變此一規範(註三三)。例如在「美國訴魯目巴」(*U.S. v. Lumumba*)(註三四)一案中，被告聲稱其為「新非洲共和國」臨時政府的副總統兼司法部長，而該國則是位於美國南部阿拉巴馬州、喬治亞州、路易斯安那州、密西西比州和南卡羅來那州境內的一個新獨立國家，因此被告主張其可以豁免美國法院的管轄權。但法院以為美國政府並未承認該國，故被告的主張被駁回。而在另一案中，法院以為由於前東德自一九七四年以來已為美國所承認，所以前東德政府機構在一件有關藝術品所有權爭議的案件中，可以享有管轄豁免(註三五)。不過，如果外國政府並未被美國承認，法院不會主動決定一個新政府是否應被承認，因為它認為這是屬於行政部門的事務(註三六)。

註三二　*Ibid.*, p. 712.

註三三　*Transportes Aereos de Angola (TAA) v. Ronair Inc.*, 544 F.Supp. 858 (D. Del. 1982)，並參考*Dellapenna*, pp. 17–18。

註三四　*U.S. v. Lumumba, ILR*, Vol. 88 (1992), p. 37.

註三五　*Kunstammlungen zu Weimar and Others v. Elicofon, ILR*, Vol. 94 (1994), p. 134.

註三六　*Republic of Vietnam v. Pfizer Inc.*, 556 F.2d 892, 894 (8th Cir. 1977)。有關未被承認政府的訴訟問題，可參考下列文章Edwin L. Fountain, "Out from the Precarious Orbit of Politics: Reconsidering Recognition and the Standing of Foreign Governments to Sue in U.S. Courts," *Virginia Journal of Internation-*

　　另一方面，法院面對「繼承」時和面對「承認」問題所採取的態度不同，實務顯示，法院願意承認一個繼承政府為「外國」，甚至該政府是經由軍事政變所建立，也不影響法院的立場(註三七)。所以在「蒂發公司控迦納共和國」(*Tifa Ltd. v. Republic of Ghana*)案中，雖然原告主張「由於現在的政府是以軍事政變奪取政權，所以它不是一個所謂的『外國』」(註三八)。但法院卻表示拒絕去調查當前政權的合法性，因為這種調查會影響到美國的對外關係(註三九)。而在著名的「湖廣鐵路債券案」中，聯邦地院認為中共政府「繼承」了滿清政府的負債並應負責清償(註四○)。雖然該案後來是以「外國主權豁免法」的效力不溯及既往為理由而被駁回，但繼承政府符合並適用「外國主權豁免法」中「外國」定義的看法並未受到挑戰。

　　最後，國際上一些比較特殊的實體在美國是否屬於「外國主權豁免法」中的「外國」呢？例如「巴勒斯坦解放組織」的地位就廣受討論(註四一)，

---

al Law, Vol. 29 (1989), pp. 473–515; Mary B. West & Sean D. Murphy, "The Impact on U.S. Litigation of Non-Recognition of Foreign Governments," *Stanford Journal of International Law*, Vol. 26 (1990), pp. 435–478; Julias H. Hines, "Why Do Unrecognized Governments Enjoy Sovereign Immunity? A Reassessment of the Wulfsohn Case," *Virginia Journal of International Law*, Vol. 31 (1991), pp. 717–759。

註三七　*Tifa Ltd. v. Republic of Ghana*, 692 F.Supp. 393 (D.N.J. 1988).

註三八　*Ibid.*, p. 399.

註三九　*Ibid.*

註四○　*Jackson v. People's Republic of China*, 550 F.Supp. 869 (N.D. Ala. 1982).

註四一　Burhard Hess, "The International Law Commission's Draft Convention Juris-dictional Immunities of States and Their Property," *European Journal of International Law*, Vol. 4, No. 2 (1993), pp. 279–280.

不過法院在一個有關「巴勒斯坦解放組織」的案子時(註四二)，是以時效問題駁回該案，而未正面回答此一問題。另一方面，梵蒂岡(Vatican)則被確定為「外國主權豁免法」中所指的「外國」(註四三)。值得注意的是，中華民國和美國之間並沒有外交關係，我國是否可以在美國法院主張援引「國家豁免」呢? 其法源依據又為何? 下一項將詳加說明。

四、中華民國的地位

美國於一九七九年一月一日起承認中共，並撤回對中華民國政府的承認，如依傳統國際法原則及美國的實踐，我國政府在美國國內法上將無任何的地位，而且也不能享有「國家豁免」的權利。但是事實不然，今日中華民國依舊可以在美國法院主張「國家豁免」，例如在劉宜良一案中，法院就指出「外國主權豁免法」是決定美國是否可以審判外國主權者的唯一法律，並說明如果原告的主張不符合該法的規定，則法院對該案就沒有管轄權，而中華民國政府依據該法當然具備主張豁免的資格，但至於是否給予豁免還要視其行為是否違反了「外國主權豁免法」的規範而定(註四四)。

為什麼美國法院聲稱中華民國可以與美國斷交後繼續在美國法院主張享有「國家豁免」呢? 這完全是基於「臺灣關係法」(Taiwan Relations Act)的要求。該法於一九七九年三月底通過，並在四月十日生效，主要的立法目的是鑑於美國和臺灣之間的密切關係，所以美國國會覺得有必要制訂一部國內法以排除國際法上承認制度在美國的適用，並能對臺灣提供一定的安全承諾(註四五)。 其中， 臺灣關係法第四條的重點如

註四二　*Hanoch Tel-Oren v. Libyan Arab Republic*, 726 F.2d 774 (D.C. Cir. 1984).

註四三　*English v. Thorne*, 676 F.Supp. 761 (S.D. Miss 1987).

註四四　892 F.2d 1419, at 1424 (9th Cir. 1989).

註四五　丘宏達，《現代國際法》，臺北: 三民書局，民國八十四年，頁三三〇。

下(註四六)：

(1)雖無外交關係和承認，應不致影響美國法律方面用於臺灣，且美國法律應以一九七九年元月一日（即承認中共政府之日）以相同的方式適用於臺灣。

(2)凡美國法律提及關於外國、外國政府或類似實體時，此等條文應包括臺灣，且此等法律應適用於臺灣。

(3)對臺灣雖無外交關係與承認，但在任何情形下，不應就此廢止、侵害、修改、否決或影響前此或今後臺灣依據美國法律所獲致的任何權利與義務。（其中包括，但並不限於有關契約、債務或任何種類的財產利益。）

(4)根據美國法律所進行的各種目的，包括在美國任何法院的訴訟行動，美國承認「中華人民共和國」，不應影響臺灣統治當局在一九七八年十二月三十一日以前所擁有或持有的任何財產所有權，或其他權利與利益，以及此後所獲得或賺得的任何有形、無形或其他有價值事物的所有權。

(5)凡美國法律的適用，以目前或過去對臺灣可適用、或今後可適用的法律為依據時，對臺灣人民所適用的法律，應被認為是該項目的可適用法。

(6)臺灣依據美國法律，在美國各法院進行控告與被控告的資格，在任何情形下，不得因無外交關係或承認而受到廢止、侵害、修改、拒絕或影響。

註四六　臺灣關係法第四條重點取材自丘宏達，《現代國際法》，同上，頁三三一，並參考丘宏達編譯，陳純一助編，《現代國際法參考文件》，臺北：三民書局，民國八十五年，頁九四九～九五一。又臺灣關係法英文內容可查閱 *ILM*, Vol. 18 (1979), pp. 873–877.

⑺根據有關維持外交關係或承認某個政府的美國法律，不論是明
　訂或暗示者，都不得適用於臺灣。

⑻為了各項目的，包括在美國任何法院中進行訴訟在內，美國和
　在一九七九年元月一日以前被承認為中華民國的臺灣統治當局
　之間所簽訂，並迄至一九七八年十二月三十一日一直有效的各
　項條約和其他國際協定，包括多邊公約在內，繼續有效，除非
　或直到依法終止為止。

所以，即使一個未被承認的外國政府無法在美國法院主張「國家豁
免」，但由於臺灣關係法第四條b項第一款規定：「凡美國法律提及外國、
外國政府或類似實體時，此等條文應包括臺灣，且此等法律應適用於臺
灣。」由於「外國主權豁免法」正是一個適用於外國的法律(註四七)，所以
我國依舊可以適用美國「外國主權豁免法」的內容而主張「國家豁免」。

第二節　管轄權的確定

一個國家不享有豁免並不代表著法院地國就必然擁有審判管轄權，
所以一般而言，在採納「限制豁免論」的國家，法院除了區分主權行為
和非主權行為外，它還要決定對該爭議是否有管轄權(註四八)。而管轄權
的確定則取決於管轄權原則和標準的適用。通常，在跨國的民事和商事
訴訟中，一國在行使管轄權時的先決條件是當事人、法院所在地和訴訟
之間存在著足夠的聯繫關係(註四九)。那麼在以國家為被告的案件中，是

註四七　22. U.S.C. § 3303(b)(1).

註四八　D. W. Greig, "Forum State Jurisdiction and Sovereign Immunity under the In-
　　　　ternational Law Commission Draft Articles," *ICLQ*, Vol. 38 (1989), p. 266.
　　　　並請參考本書第二章第二節相關內容及註解。

否也要找出相同的聯繫關係呢？雖然荷蘭和德國法院以為沒有證據顯示國際公法如此的要求，澳洲的法律也沒有相關的規定。但是檢討一些國際文件、國內立法和判例，可以證明此種要求是存在的。

例如，「歐洲國家豁免公約」第七條規定締約國如在法院所屬的國家設立用來從事工業、商業或財務活動的辦事處，代理或設施的活動，則不得援引管轄豁免，換句話說，該公約明文嚴格地要求「領土聯繫」是確定法院擁有管轄權的必要條件。此外，該公約還進一步的規定下列各種情形不構成管轄基礎：

(1)被告在法院所屬國的境內擁有財產，或原告對該財產的扣留，除非訴訟的目的是為了主張對該財產的所有權或占有權，或該財產構成訴訟標的之債的擔保物；

(2)原告的國籍；

(3)原告在法院所屬國內有住所，慣常或經常居所。除非是基於特定契約標的而允許據此行使管轄權；

(4)被告在法院所屬國境內從事經營活動，除非訴訟產生於該經營活動；

(5)原告單方面選擇法院。

如此一來，締約國行使管轄權的條件受到限制。不過由於該公約又規定如果訴訟涉及在法院所屬國境內履行的契約義務，則法院有管轄權。因為大部分的商業交易都是藉由契約的型式完成，故此一規定又間接地擴大了管轄權的範圍(註五〇)。

註四九　周曉林，〈審判管轄權與國家豁免〉，《中國國際法年刊》，一九九八年，頁一〇一。

註五〇　Schreuer, p. 37.

在各國的立場方面，有些國家要求對於外國的訴訟必須和該國的領土有某種程度的聯繫關係，例如瑞士(註五一)。有些國家並未明確規定，但是似乎可以類推適用，例如加拿大(註五二)、義大利(註五三)，而聯合國「國際法委員會」也採相近立場，依委員會所擬的草案評註，重要的領土關係是構成行使管轄權的堅強理由(註五四)。

至於美國的立場如何呢？在面對有關外國之訴時，美國法律授權聯邦地方法院擁有標的管轄權(Subject Matter Jurisdiction)和屬人管轄權(Personal Jurisdiction)。原則上，標的管轄權的存在取決於外國國家無法主張管轄豁免(註五五)，而屬人管轄權的確定則主要是取決於標的管轄權的存在(註五六)和是否符合「最低限度聯繫」的要求(註五七)。

美國「外國主權豁免法」立法的基本架構是以外國可在美國享有管轄豁免為原則，無法主張轄免為例外。而依該法，不享有豁免則會導致標的管轄權的確定存在(註五八)。至於案子所涉及的金額數目大小並不會

註五一　參考J. F. Lalive, "Swiss Law and Practice in Relation to Measures of Execution Against the Property of a Foreign States," *Netherlands Yearbook of International Law*, Vol. 10 (1979), p. 153.

註五二　周曉林，前引註四十九，頁一〇四。

註五三　Greig，前引註四十八，頁二七三～二七四。

註五四　《國際法委員會第四十三屆會議工作報告》，頁七六。

註五五　28 U.S.C. § 1330(a).

註五六　28 U.S.C. § 1330(b).

註五七　依國會有關「外國主權豁免法」的立法報告顯示，國會希望在面對外國之訴時，外國國家被告、美國法院和訴訟之間要存在著最低限度的管轄聯繫。見以下的分析以及House Report No. 94–1487, *UN State Immunity Materials*, p. 104.

註五八　*Gordon*, p. 7–3.

影響到標的管轄權的確定(註五九)，而且訴訟當事人也不能事先約定美國法院具有標的管轄權(註六〇)。不論外國被告是否出庭，美國法院都應依「外國主權豁免法」決定外國是否可以主張豁免和法院本身是否有管轄權，法院如果採納了原告的見解而外國被告又未出庭答辯，則法院可以作缺席判決(註六一)。

而在屬人管轄權方面，「外國主權豁免法」第一三三〇條(b)項規定，如果地方法院依第一三三〇條(a)項擁有標的管轄權，並且依第一六〇八條送達，則法院就擁有屬人管轄權。換句話說，屬人管轄權的建立主要取決於外國國家被告無法享有豁免和完成送達程序，但是法院在決定時還必須考慮憲法正當程序的要求，即「國際鞋業公司控華盛頓」(*International Shoe Co. v. Washington*)一案所建立的「最低限度聯繫」(Minimum Contacts)原則(註六二)。

因此，所有「外國主權豁免法」中的非豁免條款在要求美國和外國行為之間必須有聯繫時，該聯繫關係都必須滿足「最低限度聯繫」的要求才能使法院確定具有對人管轄權。例如在該法第一六〇五條(a)項(2)款

註五九 28 U.S.C. § 1330(a).

註六〇 *Reale International Inc. v. Federal Republic of Nigeria*, 647 F.2d 330 (2d Cir. 1981).

註六一 *Gordon*, p. 7–4.

註六二 Nicolas J. Evanoff, "Direct Effect Jurisdiction under the Foreign Sovereign Immunities Act of 1976: Ending the Chaos in the Circuit Courts," *Houston Law Review*, Vol. 28 (1991), p. 638. 國務院法律顧問Monreo Leigh在美國國會的聽證會上曾表示，如果法院要具備屬人管轄權，則豁免條款必須規定有必須的聯繫。司法部則強調「和法院地的接觸基本上可滿足憲法上正當程序的要求。」*Gordon*, p. 7–7, 並參考House Report No. 94–1487, *UN State Immunity Materials*, p. 104–105。

中規定，如果外國在美國以外所從事的商業行為對美國造成了一個「直接效果」，則外國不享有管轄豁免。當法院面對這種案子時，它必須決定什麼是「直接效果」，而且也必須考慮「最低限度聯繫」的關係是否建立(註六三)。

雖然「外國主權豁免法」有如上的規定，但法院在面對案件時又是如何適用「外國主權豁免法」以確定管轄權呢？有學者在研究美國的判例後，做出如下的結論：

> 美國司法實踐中判斷對外國國家行使管轄是否合適的主要標準在於外國被告，訴訟和美國法院之間是否存在著管轄聯繫或關係。「最低限度的聯繫」是衡量這種關係的通用尺度。「公平、方便和正義」概念對於影響法院判決的後果至關重要(註六四)。

由上述說明可知，最低限度聯繫關係是美國法院在確定其擁有「標的管轄權」和「屬人管轄權」時必須具備的要件。

第三節　送　達

美國「外國主權豁免法」包含了一套詳盡而複雜的送達規範(註六五)，它的特點之一便是針對「外國」本身和其「機構或部門(Agency or Instrumentality)」(例如國營公司)各自適用不同的送達程序。而對外國國家本身的送達方法如下，但必須注意的是，這四個步驟不可以由原告任意選擇，而是必須依序為之：

註六三　*Gordon*, p. 7–7.

註六四　周曉林，前引註四十九，頁一〇八。

註六五　28 U.S.C. § 1608(a)(b).

⑴首先是依照原告和被告之間事先的約定送達方式為之(註六六)；

⑵如果雙方沒有約定，而在原告國和被告國都有參加相同的國際
送達公約時，則該公約所規定的送達方式將被使用(註六七)。而
美國所參加有關送達的唯一國際公約是海牙「民商事件訴訟和
非訴訟文件的國外送達公約」(Convention on the Service Abroad
of Judicial and Extrajudicial Documents in Civil or Commercial
Matters，簡稱海牙國際送達公約) (註六八)，所以本條適用的前
提是被告國必須是「海牙國際送達公約」的締約國。

⑶如果原告和被告之間並沒有事先約定，而且也缺乏可適用的國
際公約，則由法院的書記官以要求簽名回執的郵寄方式向外國
政府的外交部長送達一份相關的訴訟文書、訴訟通知和這些文
書與通知的當地國語文翻譯本(註六九)。本項必須注意的是，外
國派駐美國的大使(註七〇)、　領事(註七一)或是駐聯合國代表
團(註七二)均不是適當正確的送達對象，只有外國的外交部長才

註六六　28 U.S.C. § 1608(a)(1).

註六七　28 U.S.C. § 1608(a)(2).

註六八　Convention on the Service Abroad of Judicial and Extrajudicial Documents in
Civil or Commercial Matters, *UST*, Vol. 20, p. 361；中文譯本請參見盧峻主
編，《國際公法公約集》，上海：上海社會科學院出版社，一九八六年，頁
五四七～五五七。

註六九　28 U.S.C. § 1608(a)(3).

註七〇　*Alberti v. Empresa Nicaraguense de la Carne*, 705 F.2d 250, 253 (7th Cir.
1983).

註七一　*Lucchino v. Foreign Countries of Brazil, South Korea, Spain, Mexico, and Argentina*, 631.F.Supp. 821 (E.D.Pa.1986).

符合要求。

(4)如果在三十日內無法完成前述第三項的送達程序，則可以由法院書記官以要求簽名回執的郵寄方式，將二份訴訟文件及被告國文字的翻譯本寄給美國國務院國務卿，並註明由「特別領事服務主任」(Director of Special Consular Services)代收。國務卿則被要求以外交管道將一份相關文件送達至被告國，並應通知法院書記官何時寄送(註七三)。

如果送達對象是外國的「機構或部門」，例如國營公司，則送達的方式應依下列順序為之：

(1)首先是依原告和被告之間事先約定的方式(註七四)；

(2)如果雙方沒有事先約定，則訴訟文書可送達至經理或一般代理人，或是其他被指定或依法有權在美國境內接受訴訟文書的代理人。另一個選擇則是雙方依據對其可適用的國際送達公約為之(註七五)。如前所述，美國目前唯一簽署參加有關送達的公約是「海牙國際運送公約」。

(3)如果雙方沒有事先約定，而且外國的「機構或部門」在美國又沒有代理人，則送達必須依第三種方式完成送達程序，也就是

註七二 見*Gray v. Permanent Mission of the People's of the Congo*, 443 F.Supp. 816 (S.D.N.Y. 1978), *aff'd*, 580 F.2d. 1044 (2d Cir. 1978) (法院以為雖然剛果共和國駐聯合國代表團本身就是直接被告，但送達的對象依舊應當是該國的外交部長)。

註七三 28 U.S.C. § 1608(a)(4).

註七四 28 U.S.C. § 1608(b)(1).

註七五 28 U.S.C. § 1608(b)(2).

依據外國當局或其政治區分單位的指示；或是以要求簽名回執的郵寄方式 ； 或是遵守法院符合被送達地國法律的命令為之(註七六)。

前述複雜的送達程序中，值得注意的是在一定的條件下，美國「外國主權豁免法」 要求原告對被告國送達「訴訟通知」 (Notice of Suit)(註七七)，並且還要提供所有訴訟文件的翻譯本(註七八)。「訴訟通知」的目的是希望對被告國提供有關訴訟的相關資訊，使其明瞭在美國法下應享有的權利，以及如何回應。至於要求翻譯則通常不會構成原告的困擾， 美國國務院還針對「訴訟通知」 的內容和方式而頒布了詳盡的規範(註七九)。

有關對「國家豁免」案件送達的各種要求，不論聯邦法院或是州法院均一樣適用，由於「外國主權豁免法」的相關規定過於複雜，所以初期美國法院的見解是只要求「實質」的遵守即可。重點是被告國是否收到通知並且採取適當的步驟回應(註八〇)，但目前法院則傾向於嚴格遵守規定(註八一)。此外，如果原告依照法律的要求完成送達程序，但被告國如基於「絕對豁免」的主張而拒絕接受，則並不影響送達效力(註八二)。

註七六　28 U.S.C. § 1608(b)(3)(A)–(C).

註七七　28 U.S.C. § 1608(a)(3)–(4).

註七八　28 U.S.C. § 1608(a)(3)(4), (b)(3).

註七九　30 C.F.R 93.2 (1994).

註八〇　參考*Harris Corp. v. National Iranian Oil Co.*, 691 F.2d 1344, 1352 (11th Cir. 1982)。

註八一　見*Transaereo v. La Fuerza Area Boliviana*, 30 F.3d 148, 154 (D.C. Cir. 1994)。

註八二　*Jackson v. People's Republic of China*, 550 F.Supp. 869, 873 (N.D. Ala.

最後，一旦送達完成，外國有六十天的時間針對控訴答辯(註八三)，外國政府如不答辯並不是表示必然會產生一個對其不利的缺席判決(註八四)，但從實務的觀點來看，如果被告缺席，則原告是比較容易達成其訴訟目的。

第四節　審判地和方式

關於「國家豁免」的案件，原告可以自由選擇在聯邦法院或是州法院提起訴訟。如果原告選擇在州法院提起訴訟，則被告國在接受傳票及訴訟通知後的六十日內，可以請求將整個案件移轉至聯邦法院(註八五)。

至於原告如打算在聯邦法院直接提起有關「國家豁免」的訴訟，「外國主權豁免法」提供了下列四種決定審判地的方法：

(1)導致訴訟的作為或不作為發生地，或是財產所在地(註八六)；

(2)如果是與執行海上留置權有關的訴訟，則可以選擇船舶或是貨物所在地(註八七)；

(3)如果一個國家的「機構或部門」被控告，則該「機構或部門」執行營業所在地的聯邦法院可作為審判法院(註八八)；

(4)當控告的對象如果是外國本身或其政治區分機構時，則美國首

1982).

註八三　28 U.S.C. § 1608(d).

註八四　28 U.S.C. § 1608(3).

註八五　28 U.S.C. § 1441(d).

註八六　28 U.S.C. § 1391(f)(1).

註八七　28 U.S.C. § 1391(f)(2).

註八八　28 U.S.C. § 1391(f)(3).

府華盛頓特區的聯邦地方法院有權審判(註八九)。

　　美國涉外民商訴訟中常提到的「不適宜法院」(Forum Non Conve-nience)(註九〇)觀念是否可適用於「國家豁免」的案件呢?「外國主權豁免法」並未提及,但是有的學者主張無法適用,因為他們以為豁免法的立法背景顯示,美國「外國主權豁免法」的立法目的是要提供美國人控告外國政府或其分支機構一條途徑(註九一),如果美國法院基於「不適宜法院」的理由而不受理案子,則違反了立法目的,另一種反對意見是認為如果案件在被告國之法院審判,原告將無法獲得公平與無偏頗的司法救濟(註九二)。雖然有上述的反對意見,但美國最高法院曾提及「不適宜法院」原則可適用於「國家豁免」案例(註九三),而聯邦地院則已在判決中表示支持(註九四)。

　　如果審判在聯邦法院為之,則不論是對「外國」或其「機構或部門」,都不需要陪審(註九五)。在「外國主權豁免法」的立法報告中特別指出,

註八九　28 U.S.C. § 1391(f)(4).

註九〇　「不適宜法院」係指法院雖有權行使管轄權,但在考慮證據取得、費用、審判等因素後, 如認為有更適宜的法院可供原告使用, 則可以不受理該案。有關見解可參考*Piper Aircraft Co. v. Reyno*, 102 S. Ct. 252 (1981)。

註九一　*UN State Immunity Materials*, p. 99.

註九二　Joseph W. Dellapenna, "Suing Foreign Governments and Their Corporation, Choice of Law, Part IX," *Commercial Law Journal*, Vol. 87 (August/September, 1982), p. 383.

註九三　*Verlinden B.V. v. Central Bank of Nigeria*, 461 U.S. 480, 490–491, N.15 (1983).

註九四　*Nolan v. Boeing Co.*, 919 F.2d 1058, 1069 (5th Cir. 1990); Kern v. Jeppesen Sanderson, Inc., 867 F.Supp. 525 (S.D. Tex. 1994).

這是因為任何對美國政府之訴訟均不適用陪審，所以對外國也應同等對待(註九六)。在聯邦法院進行訴訟不需要有陪審團可能是大多數的「國家豁免」案件都是由聯邦法院負責審判的主要原因。不過必須注意的是，依美國「外國主權豁免法」，只有在外國做為被告時，陪審團才被禁止採納，但是如果外國是原告而被告是普通私人時，則陪審團制度依舊要被適用。

第五節　區分「外交豁免」和「國家豁免」

一、美國有關「外交豁免」的法律規範

美國於一九七二年批准通過「維也納外交關係公約」，一九七八年並制訂「外交關係法」(註九七)。依該法，即使不是「維也納外交關係公約」的締約國，其使館、外交代表、外交代表的家庭和外交郵差也可以享有公約所給予的外交豁免與特權(註九八)；而總統在互惠的基礎上，還可以決定提供比「維也納外交關係公約」更優惠或是更不優惠的特權與豁免(註九九)。此外，該法還要求各外國使館及其人員家庭參加第三責任險(Liability Insurance)(註一〇〇)，以保障因為外交人員行為而受到侵害的一

註九五　28 U.S.C. § 1330(a), 1441(d).

註九六　*UN State Immunity Materials*, p. 123.

註九七　Diplomatic Relation Act, 92 Stat. 808, 809, 22 U.S.C.A. § 245a–e (Supp. 1986), *ILM*, Vol. 18 (1979), p. 149.

註九八　Diplomatic Relation Act, § 254b.

註九九　*Ibid.*, § 254c； 目前此一權力已授權給國務卿， 參考Executive Order No. 12608, F.R. 34617, 以及22 U.S.C. § 4301。

註一〇〇　見Diplomatic Relation Act, § 254e；此外，不論金額數目，美國法院可以

般人民。

另一方面，美國於一九六九年批准「維也納領事關係公約」，但是並沒有特別立法以規範領事關係，不過「維也納領事關係公約」的內容毫無疑問地被認為是美國法律的一部分。此外，美國還與世界上許多國家簽訂雙邊領事條約。原則上，對「維也納領事關係公約」的兩個當事國而言，如果彼此之間也簽訂了雙邊領事關係條約，那麼適用時，端視何者提供的條件最優惠而優先使用，而不論簽訂時間的先後次序(註一〇一)。

在美國與其他國家所簽訂的雙邊領事關係條約當中，大部分的性質都類似，例如和法國(註一〇二)、日本(註一〇三)與比利時(註一〇四)所簽訂的領事條約即是一例。但是美國和有些國家所簽訂的領事條約非常特殊，例如一九六八年和前蘇聯簽訂生效的「美蘇領事條約」即是，因為它給予派遣國領事人員的豁免權擴大到接受國完全的刑事管轄權(註一〇五)。除了條約以外，美國和奧地利(註一〇六)、智利(註一〇七)、阿根廷(註一〇八)

受理對外交人員保險公司的訴訟，見 28 U.S.C. § 1364；並參考Compulsory Liability Insurance for Diplomatic Missions and Personnel, 22 CFR 151 (1980), *ILM*, Vol. 18 (1979), p. 871。

註一〇一 *Restatement (Third)*, p. 478.

註一〇二 Consular Convention between the United States of America and France, 1968, *UST*, Vol. 18, p. 2939; *UNTS*, Vol. 700, p. 257.

註一〇三 Consular Convention between the United States of America and Japan, 1964, *UST*, Vol. 15, p. 768.

註一〇四 Consular Convention between the United States of America and Kingdom of Belgium, 1974, *UST*, Vol. 25, p. 41.

註一〇五 The United States-U.S.S.R. Consular Convention, 1968, *UST*, Vol. 19, p. 5018.

等國所簽訂的「友好通商航海條約」中所包含的最惠國條款，也被解釋為在互惠的基礎上，可以給予派遣國領事人員特權與豁免(註一〇九)。

聯邦法院對於有關外交人員和領事人員的民事訴訟有絕對的管轄權(註一一〇)，而從一九七八年起，「外交關係法」更明文表示州法院也可以受理有關領事人員違反州刑法的案件(註一一一)。不過該條並不適用於領事人員的家庭，所以他們如普通人一般，視案件的性質接受聯邦或是州法院的管轄(註一一二)。

至於在司法判決方面，美國有關外交代表和領事人員豁免的司法案件顯示法院受兩個維也納公約的影響遠超過一九七八年的「外交關係法」。例如在「美國控科斯塔蒂洛夫」(*United States v. Kostadinov*)一案中(註一一三)，雖然法院引用了「外交關係法」，但是全案判決的分析架構完全是依據「維也納外交關係公約」的內容。此外，在「外交關係法」剛通過的時期內，法院傾向給予外交代表的豁免與特權範圍較該法所准許的程度為寬，理由是不應忽視在「外交關係法」實施前，長達二十年時期內美國的實際實踐(註一一四)。因此以下將介紹美國法院有關外交代

註一〇六　Treaty of Friendship, Commerce and Consular Rights, United States-Austria, 1928, 47 Stat. 1876.

註一〇七　Treaty of Friendship, Commerce, Navigation, United States-Chile, 1832, 8 Stat. 434.

註一〇八　Treaty of Friendship, Commerce, Navigation, United States-Argentina, 1853, 10 Stat. 1005.

註一〇九　*Restatement (Third)*, p. 478.

註一一〇　28 U.S.C. § 1351.

註一一一　見*Henkin*, p. 1209。

註一一二　同上；並參考*Restatement (Third)*, p. 482。

註一一三　*United States v. Kostadinov*, 734 F.2d 905 (2d Cir. 1984).

表和領事人員豁免的重要判決和見解(註一一五)，以補充瞭解美國在此一
領域的實踐。

　　在外交代表豁免的領域中，法院有幾點見解值得重視，第一，獲得
豁免的前提是要美國國務院承認該名人員具備外交代表的資格和地位，
而不是僅僅宣稱自己是外交代表就可以享有「維也納外交關係公約」所
給予的豁免和特權(註一一六)。例如被告雖然受雇於外交代表並擔任該代
表的個人僕役，但卻沒有通知國務院，也沒有獲得國務院的承認，所以
依舊不享有豁免(註一一七)；在另一案中，法院表示貿易代表雖然在大使
館內辦公，但美國國務院並未接受其為外交代表，所以依舊不享有豁
免(註一一八)。而國務院提供給法院有關一個人是不是外交代表的證明，
對美國法院有拘束力(註一一九)。此外，一般而言，外交代表都會獲得其
派遣國所核發的外交護照，接受國也會給予其外交簽證。不過有時基於
禮儀的考量，外交護照和外交簽證也會核發給非外交代表。因此，擁有
外交護照和簽證並不當然表示持有人享有外交代表的地位，或是能在接
受國享有外交豁免與特權。例如一位烏拉圭職業外交官因為攜帶麻醉藥
品而被起訴，雖然他獲得了美國駐烏拉圭大使館所核發的外交簽證，也
擁有烏拉圭的外交護照(註一二〇)，但是國務院並不承認其在美國境內或
過境美國時有外交代表的資格，因此美國法院拒絕其豁免刑事管轄的請

註一一四　*Vulcan Iron Works, Inc. v. Polish American Machinery Corp.*, 479 F.Supp.
　　　　　1060 (S.D.N.Y. 1979).

註一一五　請同時參考*Restatement (Third)*, p. 463–483。

註一一六　*U.S. v. Lumumba*, 578 F.Supp. 100 (D.C.N.Y. 1983).

註一一七　*Halev v. State*, 88 F.2d 312 (1952).

註一一八　*United States v. Kostadinov*, 734 F.2d 905 (2d Cir. 1984).

註一一九　*In re Baiz*, 135 U.S. 403, 432, 10. S. Ct. 854, 862 (1890).

註一二〇　*United States v. Arizti*, 229 F.Supp. 53 (S.D.N.Y. 1964).

求。

第二，國務院有一份外交名單，即所謂的藍名單(Blue List)，該名單包含了外交職員和其配偶的姓名；國務院另外還有一份「白名單」(White List)，內容是所有駐美國大使館雇員和其他人員的姓名。一般而言，列名於二份名單之上的職員和雇員可被視為外交人員。不過這二份名單只能作為享有外交豁免的假設性證據(Presumptive Evidence)，而不是絕對的。例如曾有人名列「白名單」，但仍舊被拒絕給予豁免權(註一二一)。名單上的人員如果受雇於外國政府或是國際組織，其繳稅的原則視為「自雇」(Self-employed)，而且要參加社會福利辦法(Social Security)。此點不但為成文法所規範(註一二二)，其合憲性也獲得法院的支持(註一二三)。

第三，美國有義務保護其境內的外交代表安全，而且不論被害人和被告的國籍為何，美國法院對於發生在美國境內的該項侵害行為都一律有管轄權，同時該項罪行的成立不以有沒有實際傷害的發生為必要。例如法院認為向美國和前蘇聯派駐聯合國的代表投擲塗料即可構成犯罪成立要件(註一二四)。

第四，雖然外交代表可以豁免接受國的刑事管轄權，因此免於被逮捕、拘禁或是出庭，但一項愈來愈被接受的見解是外交人員接受交通罰單並不違反其享有的豁免權，而且該罰單可以直接寄到大使館要求支付(註一二五)。

第五，由於外交代表可以豁免接受國的司法程序，所以在與該外交代表國家有關的訴訟中，不可以對其送達文書(註一二六)。

註一二一 *Trost v. Tompkins*, 44 A.2d 226 (Mun. Ct. App. D.C. 1945).

註一二二 26 U.S.C. § 1402(c)(2)(c); 42 U.S.C. § 411(c)(2)(c).

註一二三 *Smart v. United States*, 332 F.2d 283 (2d Cir. 1964).

註一二四 *United States v. Gan*, 636 F.2d 28 (2d Cir. 1980).

註一二五 *Ex. State v. Killeen*, 39 Or. App. 369, 592 P.2d 268 (1979).

第六，依「維也納外交關係公約」第四十條，外交代表經第三國時，原則上第三國應給予其過境所必須之豁免。不過該項豁免是基於過境的目的而給予，所以如果該名外交代表於過境停留時，濫用過境豁免權而違反過境目的，則會導致外交代表喪失豁免權(註一二七)。例如墨西哥派駐玻利維亞大使過境美國時違反麻醉藥品管制而被逮捕審判(註一二八)。

第七，案例顯示一國的前任元首不能以私人行為而要求豁免審判程序。例如聯邦上訴法院認為菲律賓前總統馬可仕不能因為私人行為而享有豁免權(註一二九)，而巴拿馬總統諾瑞加雖然持有外交護照，但法院也認為其無管轄豁免權(註一三〇)，　不過法院也有可能接受行政部門的意見，基於外交政策的考慮而給予豁免。

第八，聯邦地方法院受理案件後，如果被告隨後獲得外交代表的資格，地院的管轄權並不因此而被剝奪，但審判可能會延期。例如在「阿克亞」(*Arcaya v. Paez*)一案中，地院有關誹謗案的管轄權不因為被告被指定為委內瑞拉駐聯合國代表而終止，只是在被告有外交豁免權的期間被擱置(註一三一)。

至於領事人員的豁免與特權方面，第一，領事人員和外交代表不同，他並不能豁免接受國所有的法律程序，所以他往往會被要求出庭作證或是應訊，而且必須有所回應。在出庭時，領事人員可以主張其依據國際條約或是協定所應享有的特權與豁免。例如在「美國訴威爾本」(*United States v. Wilburn*)案中，法院以為副領事必須接受傳票應訊，但是他如果

註一二六　*Hellenic Lines Ltd. v. Moore*, 345 F.2d 978 (D.C. Cir. 1965).

註一二七　*Restatement (Third)*, p. 470.

註一二八　*United States v. Pardo-Bolland*, 348 F.2d 316 (2d Cir. 1965).

註一二九　*Republic of Philippines v. Marcos*, 806 F.2d 344 (2d Cir. 1986).

註一三〇　*United States v. Noriega*, 746 F.Supp. 1506 (S.D. Fla. 1990).

註一三一　*Arcaya v. Paez*, 244 F.2d 958 (2d Cir. 1957).

享有豁免權，可以稍後拒絕提供證據(註一三二)。

第二，關於領事的職務，除了「維也納領事關係公約」第五條列舉的情形外，一些案例可供參考。例如在「亨利控西班牙政府」(*Henry v. Government of Spain*)一案中(註一三三)，被告身為領事，和人簽約並提供資金，目的是要公布「英國壓制北愛爾蘭民權」的事實，法院以為如此作法是屬於「領事公約」所希望涵蓋的領事職務範圍內；不過在紐約時報涉嫌為文誹謗他人並不是總領事的職務範圍(註一三四)；此外總領事涉嫌將政府寄給原告的金錢公款私用也不屬於其職務範圍內事宜(註一三五)。而在接受司法書狀一事上，領事人員也並不能代理政府收受(註一三六)， 所以如果領事人員並未獲得政府授權而接受司法文書送達，則該送達無效(註一三七)。

第三，聯邦法院享有對領事人員絕對的民事管轄權，因此州法院就民事管轄權而言，不能受理對領事人員基於職務所提起的訴訟而產生的反訴；而領事人員的家庭，以及領館其他人員都如普通人一般，依案子性質，接受州及聯邦法院的一般管轄(註一三八)。

二、「外交豁免」和「國家豁免」的適用關係

外交代表和領事人員的豁免不應和「國家豁免」的觀念混淆，後者主要指的是一個國家不受另一個國家的法院管轄(註一三九)，它並不涵蓋

註一三二　*United States v. Wilburn*, 497 F.2d 964 (5th Cir. 1974).

註一三三　*Henry v. Government of Spain*, 445 F.2d 501 (2d Cir. 1971).

註一三四　*Arcaya v. Paez*，同前引註一百三十一。

註一三五　*Carl Byoir and Associates v. Tsune-Chi Yu*, 112 F.2d 885 (2d Cir. 1940).

註一三六　*Purdy Co. v. Argentina*, 333 F.2d 95 (7th Cir. 1964).

註一三七　*Oster v. Dominion of Canada*, 238 F.2d 400 (2d Cir. 1956).

註一三八　*Anderson v. Villela*, 210 F.Supp. 791 (D. Mars. 1962).

「外交豁免」的範圍。「外交豁免」目前主要是依據二個維也納公約的規範，但是「國家豁免」建立的基礎是國際習慣法，世界各國在此一領域尚未達成一普遍接受的多邊國際條約(註一四〇)。此外，國家享有豁免的理由是由於主權的獨立、平等和互惠，以及避免一國干涉另一國的情事發生；而外交代表享有豁免的理由一般以為是基於執行職務的需要(註一四一)。

美國國會在通過一九七六年的「外國主權豁免法」時，並不希望該法會影響到外交代表和領事人員豁免的領域。雖然難免有時法院會面臨抉擇，必須決定要適用「外交豁免」還是「國家豁免」的觀念，但是一般的情況是法院會嘗試解釋二者之間並不衝突，但是如果真的有衝突，則法院將優先適用「外交豁免」的規則。

或許最能說明前述兩觀念會互相影響的案例是「賴比瑞亞東方木材公司控賴比瑞亞共和國」(*Liberian Eastern Timber Corp. v. Government of the Republic of Liberia*)(註一四二)，在該案中，法院判決一個國家用於或是意圖用於使館的銀行存款帳戶不可以因為民事訴訟而被扣押。法院表示雖然維也納公約沒有明示一個國家用來支付其使館運作的銀行存款能免於被扣押，但不給予其「外交豁免」則有違維也納公約；法院指出國會所制定的「外國主權豁免法」要受到美國所參加的國際協定的規範，

註一三九　陳純一，〈論國家豁免原則〉，《問題與研究》，第三十二卷第十二期（民國八十二年十二月），頁七七。

註一四〇　陳純一，〈聯合國國際法委員會「國家及其財產的管轄豁免條約」草案評析〉，《問題與研究》，第三十三卷第七期（民國八十三年七月），頁七〇～八一。

註一四一　參考本書第一章第五節相關內容與註解。

註一四二　*Liberian Eastern Timber Corp. v. Government of the Republic of Liberia*, 659 F.Supp. 606 (D.D.C. 1987).

由於美國是「維也納外交關係公約」的締約國，所以公約的效力大於「外國主權豁免法」。

更早的一個案例亦能顯示「外交豁免」和「國家豁免」互相影響的情形(註一四三)。瑞典外交官沃倫伯格(Raoul Wallenberg)的家屬對前蘇聯提起訴訟，以為前蘇聯於一九四五年前不合法地逮捕沃倫伯格，並將其拘禁，而且可能已導致其死亡。在對被告的缺席判決中，法院表示「外國主權豁免法」當然不會給明顯違反國際法的國家行為予以豁免，但前蘇聯違反該名瑞典外交官的外交豁免權是違反「維也納外交關係公約」，而在這種情況下，維也納公約將被優先適用。

「外國主權豁免法」的規定也有可能在一些情況下會和領事人員豁免的觀念同時出現而產生何者優先適用的問題。例如：聯邦第九巡迴法院曾判決一個領事官員在損害其所租房屋的訴訟中不享有領事人員的豁免，因為此種侵權行為並不是執行其領事職務(註一四四)。但是另一方面，法院認為依「外國主權豁免法」有關侵權行為的規定，被告（指領事館及派遣國）必須為該名領事人員的行為負責，因為該名領事人員從事此項侵權行為時是在其被領事館僱用的範圍間。法院因此進一步的解釋所謂「僱傭範圍」(Scope of Employment)和「執行領事功能」(Exercise of Consular Function)的區別，前者是由領事館所在地（本案為加州）的法院來決定。受僱人（本案為該名領事）的行為是否在「僱傭範圍」內，並不是取決於該行為是否有利於雇主，而是只要雇主能合理地預期該行為能產生即可。至於領事是否在「執行領事功能」，則要視該領事的行為是否有助於其領事職務工作的達成。而在本案中，損害財產並不是領事

註一四三　*Von Dardel v. Union of Soviet Socialist Republics*, 623 F.Supp. 246 (D.D. C. 1985).

註一四四　*Joseph v. Office of the Consulate General of Nigeria*, 830 F.2d 1018 (9th Cir. 1987).

可以任意為之的職務，所以其侵權行為不受領事豁免的保護。不過，由於該領事所從事的侵權行為是在「僱傭範圍」內，故其派遣國和使領事館應依「外國主權豁免法」的規定而負責。

由以上分析可知，美國有關外交代表和領事人員豁免的規範主要是依據「維也納外交關係公約」、「維也納領事關係公約」、「外交關係法」、雙邊條約和習慣國際法。此外，「外交豁免」和「國家豁免」是兩個不同的觀念和規則，如果法院在適用兩者有衝突時，目前的見解是優先適用外交豁免的規範。

第六節　小　結

由前述的分析，我們可以瞭解下列各點：

第一，有權在美國法院援引主張「國家豁免原則」的是「國家」，而「外國主權豁免法」則規定「國家」的範圍包括外國、外國的政治區分單位和外國的機構或部門。不過該法並未定義何謂「外國國家的政治區分單位」，但是卻對於「外國國家的機構和部門」提供了明確的判斷標準。一般說來，美國法院在認定一個實體是否具備國家資格和屬於「國家」範圍一事上，通常都不會遭遇太大的困難，這或許是因為「外國主權豁免法」對「國家」的定義實際上是採廣義的解釋，但另一方面也是由於當前美國法院給予「外國國家」管轄豁免並不是基於其組織結構，而是要考量其行為的性質，所以一個實體具備「國家」資格只是主張豁免的基本前提而不是關鍵的決定因素，故法院的態度也是傾向從寬考量。

第二，目前美國法院決定一個外國國營企業是否屬於「外國主權豁免法」中所指的「國家」時，重點是觀察其行為功能是否具備有主權性質，而不是分析其組織結構。此外，美國的實踐顯示，法院承認國營企業是單獨的法人主體，並且應和國家本身區別對待，因此國家和國營企

業各自對自己的行為承擔法律責任。

第三，未被美國承認的「國家」原本無法在美國法院中主張「國家豁免」，但中華民國和美國之間並無外交關係卻依舊可以在美國法院中援引「國家豁免」，這主要是因為基於「臺灣關係法」明確規定凡美國法律涉及到外國時也同樣應適用於臺灣，故「外國主權豁免法」的規定可以適用於臺灣。

第四，面對有關外國之訴時，聯邦法院擁有標的管轄權(Subject Matter Jurisdiction)和屬人管轄權(Personal Jurisdiction)，標的管轄權的存在取決於外國無法主張管轄豁免，而屬人管轄權的確定則主要取決於標的管轄權的存在和是否符合「最低限度聯繫」的要求。

第五，依據「外國主權豁免法」，對「外國」本身和對外國「機構或部門」(例如國營公司)的送達程序不同，並且各自有一定的步驟和次序。而且在美國和有關國家之間沒有條約或其它協定而又要符合一定的要件下，美國法院可以不必經過外交途徑，而將傳票、訴訟通知書及相關文件與譯本，以掛號郵件的方式直接寄給有關國家的外交部長。至於有關「國家豁免」案件訴訟雖然可以在聯邦或地方法院提起，但一般都是在聯邦法院為之，而在聯邦法院進行訴訟的優點之一是不需要陪審。此外，依美國最高法院的意見，「不適宜法院」原則也可以適用於「國家豁免」案件。

第六，「外交豁免」和「國家豁免」是二套不同的觀念與規則，美國有關前者的規範主要是依據「維也納外交關係公約」、「維也納領事關係公約」、「外交關係法」、雙邊條約和習慣國際法。如果「外交豁免」和「國家豁免」均可以被適用於同一案件而產生競合時，目前的見解是法院將優先適用「外交豁免」的規範。

第三篇

由美國的實踐
分析國家豁免
的具體應用

第六章　重要的美國實踐之一：國家從事商業活動

第一節　商業活動：「國家豁免」的核心問題

　　國家及其財產在另一國法院中享有豁免權是習慣國際法所承認的一項原則，但依「限制豁免論」，在一些例外的情形下國家不得援引管轄豁免。國家為何在一些特定的訴訟中不得主張豁免呢？限制論者以為國家享有豁免是由於其行為或活動牽涉到主權的實行，因此欠缺主權要素的行為可以構成不享有豁免的理由。而且，「限制豁免論」以為，由於國家同時是豁免的給予者，也是受益者，所以承認在某些情況下不得援引「國家豁免」與主權平等原則並不矛盾。

　　「限制豁免論」的基本精神已構成當前「國家豁免」發展的主要趨勢，以聯合國「國際法委員會」有關「國家及其財產的管轄豁免條款草案」為例，它就認為國家在八種情形下不得援引管轄豁免，這八種情形是：㈠國家與外國自然人或法人從事商業交易；㈡有關僱傭契約的訴訟；㈢涉及人身傷害和財產損害的訴訟；㈣爭議涉及國家財產的所有權、占有和使用；㈤與知識產權和工業產權有關的爭端；㈥與國家參加公司或其它類似組織有關的訴訟；㈦與國家擁有或經營船舶有關的訴訟；㈧仲裁協定效力有關的爭端。其中，國家從事商業活動所牽連的問題最重要也最複雜，但在討論商業活動之前，則有必要先介紹國家為什麼在「僱

傭契約」訴訟和在法院地國境內的物權訴訟中不得主張豁免，因為這二種情況雖然被視為不同範疇，但在實際案例中，常常會和「商業活動」案件混淆，故應先有所澄清。

依據聯合國「國際法委員會」的意見，「僱傭契約」條款會成為「國家豁免」的例外，主要是基於保護法院所在地國勞工的合法工作權益。因此，該委員會所草擬的草案規定，一個外國在和另一國人民間有關全部或部分在另一國進行或將進行的工作之僱傭契約訴訟中，不得援引豁免。不過如果個人所提供的服務與政府權力的行使密切有關；或是訴訟與個人的聘用、僱用期的延長或復職有關；或者是該名僱員在簽訂契約時不是法院地國的國民，也不是其居民；或是當訴訟提起時該僱員是僱用國的國民時，國家依舊可以援引管轄豁免。而當事國和個人之間當然也可以基於契約自由的原則另訂書面協議，選擇專屬管轄法院，但不得違反公共秩序及善良風俗的要求(註一)。

另一方面，外國國家對於在法院地國境內動產或是不動產利益的訴訟不得主張管轄豁免也是早已被公認的原則(註二)。而支持此原則的主要理由是該種利益的取得不是基於「主權行為」，因此國家當然不得援引豁免(註三)。不過此一規定並無礙於國家針對其財產遭強制執行程序時所主張的豁免權利，也不影響一國根據國際法而享有的有關外交使團或其它政府代表處財產的特權和豁免(註四)。各國的司法和政府實踐對於此一例

註一　《國際法委員會第四十三屆會議工作報告》，頁一〇五～一一三。

註二　Max Sørensen, *Manual of Public International Law*, New York: St. Martin's Press, 1968, p. 440.

註三　Joseph M. Sweeney, *The International Law of Sovereign Immunity*, Washington D.C.: Department of State, 1963, p. II.

註四　「國家及其財產的管轄豁免條款草案」，第三條，不受本條款影響的特權和豁免。

外規定也很少有反對意見(註五)。

　　而聯合國「國家及其財產的管轄豁免條款草案」第十三條充分說明了此一原則的內容(註六)。在不動產方面，除非相關國家另有協議，否則國家對位於法院地國內有關不動產的訴訟是幾乎絕對地不享有豁免。而在動產方面，如相關的權利或利益是由繼承、贈與、無主物、信託、破產清算等而取得，則也不能主張豁免。所以「國際法委員會」所草擬的草款中，關於財產的所有、占有和使用等規定深深受到「物所在地法」(lex situs)應優先適用和「物所在地法院」(forum rei sitae)應有專屬管轄權的觀念的影響(註七)。

　　雖然聯合國「國家及其財產的管轄豁免條款草案」還列舉了其它國

註五　見Sompong Sucharitkul, "Fifth Report on Jurisdictional Immunities of States and Their Property," *YBILC 1983*, Vol. II, Part One, A/CN.4/SER., A/1983/add.1 (Part 1), New York: The United Nations, 1983, p. 48–52。

註六　第十三條原文如下：

　　　　「除有關國家間有協議外，一國在涉及下列問題之確定的訴訟中，不得對另一國原應有管轄的法院援引管轄豁免：

　　　　⒜該國對位於法院地〔當地〕國的不動產的任何權利或利益，或該國對該不動產的占有或使用，或該國由於對該不動產的利益或占有或使用而產生的任何義務；

　　　　⒝該國對動產或不動產由於繼承、贈與或絕產 (bona vacavtia，無主物) 而產生的任何權利或利益；或

　　　　⒞該國對托〔託〕管財產、破產者產業或公司結業時的財產的管理的任何權利或利益。」

註七　Sompong Sucharitkul, "Immunity of States," Mohammed Bedjaui, ed., *International Law: Achievements and Prospects*, Paris: UNESCO & Dordrecht: Martinus Nijhoff Publisher, 1991, p. 337.

家不得主張豁免的情形，但如前所述，國家同另一國自然人或法人之間從事商業活動一直是「國家豁免」領域內最重要也是最複雜的問題，這可以由各國的實踐得到證明。例如在各國國內立法方面，美國、英國、新加坡、巴基斯坦、南非、加拿大和澳大利亞等國的「國家豁免」法令都將外國的商業行為列為主要限制豁免的對象(註八)。至於判決的發展更是蓬勃，比利時、義大利、奧地利、瑞士、德國、法國、荷蘭、英國、埃及、 巴基斯坦都有判決顯示法院否認國家從事商業交易享有管轄豁免(註九)。而在國際條約的實踐方面，無論是雙邊條約還是多邊條約，都常載有國家從事商業交易或是商業契約即不得主張管轄豁免的條款。著名的例子有美、蘇和其它國家所簽署的一系列「通商航海友好條約」，以及一九二六年的「關於統一國有船舶豁免的若干規則的公約」和一九七二年的「歐洲國家豁免公約」都是(註一〇)。而聯合國「國家及其財產的管轄豁免條款草案」也毫不例外的將「商業交易」列為主要規範的對象。以上的發展足以說明國家和外國法人與自然人從事商業交易而產生的訴訟中不得主張管轄豁免，不但一直是「限制豁免論」的主張，而且也成為一種普遍的趨勢。

雖然當國家從事以追求利潤為目的的商業交易時不得援引豁免，在

註八　例如，美國「外國主權豁免法」第一六〇五條(a)項(2)款；英國「國家豁免法」第三條(一)項(a)款；新加坡「國家豁免法」第五條(一)項(a)款；巴基斯坦「國家豁免法令」第五條(一)項(a)款；南非「外國主權豁免法」第四條(一)項(a)款；加拿大「國家豁免法」第五條；澳大利亞「外國國家豁免法」第十一條(一)項。請參考 UN State Immunity Materials 與本書第三章相關內容和註解。

註九　《國際法判例匯編》(International Law Report)第六十三、六十四、六十五，三卷蒐集了相當多的各國有關「國家豁免」判決，值得參考，另請參考本書第三章第一節各國的實踐。

註一〇　見 UN State Immunity Materials 和本書第三章第三節內容。

「國家豁免」領域內最具共識，而且世界各國的國內立法和國際條約也都有類似的規定。但是另一方面，國際實踐也顯示，如何建立一個妥善的法律標準以認定區分國家從事「商業活動」或是「非商業活動」是一個非常不容易的工作，因此以下將分別說明有關「商業活動」的定義和認定標準的相關問題。

第二節　商業活動的定義

什麼是「商業活動」(註一一)？它的範圍到底包含那些具體的契約或行為呢？依據目前各國的立法和條約實踐，國家從事「商業活動」(或「商業交易」) 的型態很多，它們包含：㈠商業契約；㈡專利、商標和智慧財產權；㈢參加公司或其它法人組織；㈣國家擁有和經營商船等情況(註一二)。以聯合國「國際法委員會」的「國家及其財產的管轄豁免條

註一一　在相關的國際條約和國內立法中，「商業活動」、「商業交易」、「商業契約」和「商業行為」常代表著類似的概念。「國際法委員會」採用「商業交易」而不用「商業契約」，是因為交易的意義比較廣泛，見《國際法委員會第四十三屆會議工作報告》，頁三二。本文依美國「外國主權豁免法」的用法，主要是採用「商業活動」(Commercial Activities)一詞，見28 U.S.C. § 1603(d)，但有時也併用「商業交易」和「商業行為」來表達同一概念。

註一二　見Sompong Sucharitkul, "Immunity of States," 前引註七，頁三三四～三三六。素差伊庫(Sompong Sucharitkul)先生實際上還將「納稅事項」歸於商業行為中，理由是「國際法委員會」草案一讀通過的條文中，第十六條規定外國「按照法院地國法律可能須繳納關稅、賦稅或其它類似捐費的納稅義務的訴訟，不得援引豁免。」不過由於二讀通過的草案已刪除該條，本文因此依循「國際法委員會」的最新見解。見《國際法委員會第四十二屆會議工作報告》，大會正式紀錄：第四十五屆會議補編第十號(A/45/10)，

款草案」為例，它規定國家與外國自然人或法人進行商業交易簽訂契約，則國家在由該商業交易（契約）引起的訴訟中不得援引管轄豁免。不過此一原則不適用於國與國之間進行的商業交易，也不排除雙方當事人另外有明確的協定(註一三)。除了商業契約外，在法院所屬的當地國確定其領土內有關專利、工業設計、商業名稱或企業名稱、商標、著作權或其它形式的智慧或工業財產權的訴訟中，一個外國也不得援引管轄豁免。如果該外國在當地國侵犯了受到保護的第三者的智慧財產權等權利時，它也不得援引管轄豁免(註一四)。此外，一國參加公司或其它集體機構，不論該組織是不是具有法人資格，凡是關於該國與該機構，或是該國與該機構其它參加者之間的訴訟，都不能在有管轄權的當地國主張豁免。不過適用此一原則有二個先決條件：第一，該機構不是一個純粹的政府間組織，參加者不限於國家或國際組織；第二，該機構是依當地國的法律註冊或組織或其主要所在地營業所位於法院地國內(註一五)。最後，國家擁有或經營從事商業交易的船舶，因用於商業性用途而涉及下列的訴訟中也不得援引管轄豁免：

　　⑴碰撞或其它航行事故；
　　⑵協助、救助和共同海損；
　　⑶修理、供應或有關船舶的其它契約；
　　⑷海洋環境污染引起的後果。(註一六)

　　　　紐約：聯合國，一九九〇年，頁八〇。

註一三　「國家及其財產的管轄豁免條款草案」，第十條，商業交易。

註一四　同上，第十四條，知識產權和工業產權。

註一五　同上，第十五條，參加公司或其它集體機構。

註一六　同上，第十六條，國家擁有或經營的船舶，第三款。

　　不過前述不得援引豁免情形不適用於軍艦、輔助軍艦和一國擁有或經營且專門用於非商業性活動的其它船舶(註一七)。至於有關船舶或貨物商業性質的確定，要依據該國外交代表或其它主管當局所簽署並送達至法院的文件來判斷(註一八)。

　　至於在定義方面，環顧現有的成文立法，從國際條約到各國國內立法，有關商業活動的定義都差不多。在條約方面，「歐洲國家豁免公約」是迄今唯一有效的多邊條約，其第七條有關「商業交易」的定義是：「關於締約國在法院地國以與私人同樣方式從事工業、商業以及金融的活動。」第四條則補充規定「締約國在法院地國履行契約義務也不得主張豁免(註一九)。」而國際法學會(ILA)的草案中，「商業活動」（第一條）指的是「一種正常的商業行為或是一種特別的商業交易或行為，除非是執行主權權限的活動，它將包括任何國家可以從事或締結的交易或活動，尤其是㈠提供貨品或服務的安排；㈡任何有關金融借貸的交易或是金融債務的保證(註二〇)。」至於聯合國「國際法委員會」的意見則顯示在「國家及其財產管轄豁免條款草案」第二條，該條規定「商業交易」是：

　　⑴為出售貨物或為提供服務而訂立的任何商業合同或交易；

　　⑵任何貸款或其它金融性質之交易的合同，包括與任何此類貸款或交易有關的任何擔保義務或賠償義務；

　　⑶商業、工業、貿易或專業性質的任何其它合同或交易，但不包

註一七　同上，第十六條，第二款。

註一八　同上，第十六條，第七款。

註一九　*UN State Immunity Materials*, pp. 157–158.

註二〇　International Law Association, "Raised Draft Articles for a Convention on State Immunity," *Report of the Sixty-Sixth Conference*, London: ILA, 1994, p. 488.（以下簡稱*ILA 66th Report*）

括僱用〔傭〕人員的合同。

至於各國立法方面，英國的國家豁免法第三條規定「商業交易」係指㈠提供勞務或服務之契約；㈡借貸和金融債務的保證和賠償以及其它有關的行為；㈢從事非主權範圍內的商業、工業、金融職業或類似性質的行為。」而南非、巴基斯坦和新加坡等國豁免法的規定與本條幾乎相同(註二一)；至於澳大利亞一九八五年外國國家豁免法第十一條則定義「商業活動」是指「有外國國家參加的商業的、貿易的、營業的、職業的和工業的活動，或有外國國家參加的類似性質的活動，在不對大多數上述活動作限定的情況下，只包括：㈠提供貨物和服務的合同；㈡貸款協議或其他提供資金或與提供資金有關的交易；以及㈢關於金融債務的擔保或賠償，但不包括僱傭合同或匯票」(註二二)。

上述定義方式有的是採概括形式，例如「歐洲國家豁免公約」；有的則是儘量詳細列舉各種可能的範圍，例如聯合國「國際法委員會」的草案和英國的「國家豁免法」。而美國的規定又如何呢？外國從事商業活動在美國不能主張「國家豁免」是美國「外國主權豁免法」最核心和最重要的條文，該法第一六○五條(a)款主項(2)款主要是規定美國可以在下列其中一種情況下對外國行使管轄權：「㈠外國在美國進行的商業活動；或者是㈡在美國履行的某項行為與該外國在美國以外從事的商業活動有關；或者是㈢在美國以外的行為與外國國家在美國以外從事的商業活動有關，且對美國造成了直接效果(註二三)」。

而什麼是「商業活動」(Commercial Activities)呢？美國「外國主權豁免法」定義「商業活動」為「一種正常的商業行為或一種特別的商業交

註二一　*UN State Immunity Materials*, p. 22, 29, 36.

註二二　《國際法資料》，第七輯，一九九三年，頁二四。

註二三　28 U.S.C. § 1605(a)(2).

易或行動」(註二四)，而認定「商業活動」的標準則是「一個活動的商業
特徵應由該行為或特定的交易或行為的性質來決定， 而不是依據其目
的」(註二五)。而依據眾議院司法委員會有關「外國主權豁免法」的立法
報告，「利潤」和「私人是否也能從事訂定相同契約的事實」都是在決定
行為性質時應被考慮的重要因素。

所以依美國「外國主權豁免法」的規定，當美國法院面對國家從事
商業交易所產生的訴訟時，第一步是要確定該國家所從事的行為是否符
合前述「商業活動」的定義。如果答案是肯定的，則法院還需要再確定
該商業行為是否符合第一六〇五條(a)項(2)款所規定的三種管轄條件，如
果答案依舊是肯定的，則該國將確定的無法主張管轄豁免。而在此一過
程中，法院不可避免的要面對以下二個問題：第一，被告國所從事活動
的性質為何？第二，美國和被告國的活動之間是否存在著必要的管轄聯
繫因素？以下將逐步地討論這二個重點。

第三節　商業活動的認定

一、概　論

「限制豁免論」的基本精神是國家從事商業活動（非主權行為）不
得享有豁免，因此確定一個契約或交易屬於商業活動成為一個關鍵性的
問題，因為如果外國的活動或行為被確定為商業活動，則無法享有管轄
豁免。反之，如果被確定為非商業活動，則享有豁免。可是在實務上，
單單依照「定義」來解決此一問題並不容易，因為從不同的角度看問題，
會得出不同的結論。一個最典型的例子是國家為了購買軍靴所簽訂的買

註二四　28 U.S.C. § 1603(d).

註二五　*Ibid.*

賣契約(註二六)，簽約的性質當然是一個商業行為，但是論其目的，則顯然是為了國家的公共福祉，那麼到底是不是一個商業活動呢？要解決此一疑難，則不可避免地要面對二個問題：第一是以什麼地方的法律來決定一個行為是屬於「商業行為（主權行為）」或是「非商業行為（非主權行為）」的範疇；第二則是要以行為的「性質」或還是以行為的「目的」來決定國家的行為從屬於那一個範疇。

關於第一個問題，世界各國的實踐大多是依法院地法(lex fori)來決定一個特定的行為是「主權」行為或是「非主權」行為。但以法院地法作為依據有可能導致規則適用混淆不清，這主要是各國國內法劃分「主權行為」和「非主權行為」的方式往往是依據各國自己決定的標準，國際法也並未要求國家一定要採取何種原則，所以有的學者建議，不論法院地法標準為何，都應不違反國際法的要求(註二七)。而事實上，德國、奧地利、義大利等國的實踐也支持此一論點(註二八)。

第二個問題則是如何區分「商業」和「非商業」交易。事實上，到目前為止，國際社會尚無法找出一個滿意的劃分標準以確定「商業活動」的定義，但有三種主張：第一派主張採「目的說」，依此說，外國政府的活動是不是商業行為，要依其目的，而非性質。另一派「性質說」則恰好相反，完全依性質來確定是否屬於商業活動。而最後一說是「混合標準說」，劃分國家的商業行為，不但要考慮國家行為的目的，也要考慮國家行為的性質。「性質說」是目前的主要潮流，為主要的國內立法和法院判例所採。「混合標準說」則為聯合國「國際法委員會」的「國家及其財

註二六　美國一九七六年「外國主權豁免法」通過前，法院偶而會依「目的」論檢討契約。例如*Kingdom of Rumania v. Guaranty Trust Co.*, 250 F.341 (2d Cir.)（法院認為外國為了軍事目的購買軍靴應享有豁免）。

註二七　Hulmut Steinberger, "State Immunity," *Encyclopedia PIL*, p. 438.

註二八　*Schreuer*, p. 3.

產的管轄豁免條款草案」第二條所採用。它規定在確定合同或交易是否屬於「商業交易」時，「首先考慮合同或交易的性質，但是，如果在作為其締約一方的國家實踐中，合同或交易的目的與確定其非商業性質有關，則也應予以考慮。」

　　純粹從目的的角度來分析國家是否從事商業行為的最大困難是無論國家從事商業交易是多麼的明顯，一定總有一些公共政治的目的(註二九)，如此一來，採目的說無疑地會大幅不當地擴張豁免的範疇(註三〇)。另一方面，性質說也有瑕疵。常設國際法院法官魏斯主張以性質決定交易是否屬於商業，並視該國家之交易行為是否可由私人進行來判斷。由於每一個交易都可能包含一些商業性質的手續，例如定貨、托運等，結果性質說可能走上另一個極端，成了絕對的「不豁免」，難怪會引起社會主義國家和開發中國家的反對(註三一)。而且，在考慮國家行為時，完全排除目的而不予以考慮也不切實際，因為國家的行為總含有目的，只是「目的」這個要素在做衡量時的分量輕重罷了。事實上，一些美國案例顯示適用上的確有困難，例如在「麥道公司訴伊朗共和國」案(*McDonnell Douglas Corp. v. Islamic Republic of Iran*)中，契約的內容是供應軍機零件，但伊朗要求豁免的主張被拒絕，理由是該契約是一個買賣商業契約。而在「摩爾公司訴孟加拉共和國」案(*Mol Inc. v. People's Republic of Bangladesh*)中，孟加拉政府撤銷捕捉和外銷猴子執照的行為雖然更富商業性質，但卻享有豁免(註三二)。

註二九　比較M. Sornarajah, "Problems in Applying the Restrictive Theory of Sovereign Immunity," *ICLQ*, Vol. 31 (1982), p. 669.

註三〇　*Schreuer*, p. 15.

註三一　倪征噢，〈關於國家豁免的理論和實踐〉，《中國國際法年刊》，一九八三年，頁五。

註三二　Mark B. Feldmann, "The United States Sovereign Immunity Act of 1976 in

那麼「混合標準說」是不是最理想的模式呢? 從聯合國「國際法委員會」的草案看來，如果希望該條約將來能為各國所遵守，則不得不採行一個折衷之道，以調和各國的利益，保護開發中國家從事國民經濟。這可能是一種趨勢(註三三)，但如此的規定會引起爭議是必然的。首先，「國際法委員會」在「國家及其財產的管轄豁免條款草案」中加入要考慮特定交易的目的，主要是為了滿足第三世界國家的要求。這些國家擔心它們的經濟發展和策略會因為性質論的採用而受到不利的影響。但是另一方面，這種立法方式是否符合目前的國際慣例和主要國家的國內立法也頗值得懷疑。雖然該草案第二條表示關於本條款的用語規定不妨礙其他國際文書或任何國家的國內法對這些用語的使用或給予的含義。但是同條評論也很明白地指出，相關用語的定義固然不影響國內法或其他國際文書中已經使用或將要使用相同用語的含義，不過締約國一旦加入本公約，則在「國家豁免」問題上，它必須依第二條的規定行事。換句話說，未來各國在考慮是否加入本公約時，一定會面臨其國內法是否會與公約有衝突的問題。如果不一致之處太多或是無法妥協，恐怕會影響世界上主要國家加入本公約的意願。那麼目前世界上主要國家的相關規範為何呢?

在英國，司法判例顯示在區分所謂的主權行為和非主權行為問題上，是一致依行為的性質，而不是依行為的目的(註三四)。而英國的「國家豁免法」在草案討論階段時曾規定不以交易的目的，而以交易的性質作為標準，但該法正式通過時刪去了這一規定。在美國，美國的「外國主權

Perspective: A Founder's View," *ICLQ*, Vol. 35 (1986), p. 308–309.

註三三　李欣、李瓊英，〈國家對外商務活動中的主權豁免問題〉，《法學》，第五期（一九九一年），頁一七二。

註三四　黃進，《國家及其財產豁免問題研究》，北京: 中國政法大學出版社，一九八七年，頁一三三。

豁免法」第一六〇三條規定商業活動應根據行為的性質來決定。而國際法學會(ILA)的條約議案同樣表示依「性質決定」(註三五)。法國方面，法院的立場還不太確定，不過最近的案例顯示以「性質」作為判斷的標準，但同時也並沒有放棄或忽視「目的」的重要性。在「西班牙政府控告喬治五世旅館」 (*Spanish State v. Societe Anonyme de I'Hotel George V*)(註三六)一案中，法國最高法院認定西班牙旅遊局的行為是為了公共服務而實施的行政性質行為，因此能夠主張豁免。除了法國以外，義大利法院近年來在決定是否給予外國豁免權時，也強調不能忽視目的的重要性(註三七)。

　　由以上的說明可知，在考慮如何決定是不是商業行為時，「目的」並不是完全地被西方國家排除而不予以考慮。因此，為了解決西方工業化國家和第三世界開發中國家之間不同的立場，聯合國「國家及其財產的管轄豁免條款草案」中的規定不失為一折衷解決之道。依該規定，當爭議發生時，首先要確定爭議的行為是否屬於第二條中所指的各項商業交易行為。這些行為包括：「㈠為出售貨物或為提供服務而訂立的任何商業合同或交易；㈡任何貸款或其他金融性質之交易的合同，包括與任何此類貸款或交易有關的任何擔保義務或保賠義務；㈢商業、工業、貿易或專業性質的任何其他合同或交易，但不包括雇用人員的合同。」如果不能很明確的斷定，那麼法院可依「性質」為標準來決定該行為是否為商業行為。但是如果被告國能證明依該國的實踐，該行為是基於公共目的而應被視為非商業性，則法院也應當予以考慮。不過，如此的規定也有二

註三五　*ILA 66th Report*，前引註二十，頁四八八。

註三六　*Spanish State v. Societe Anonyme de I'Hotel George V, ILR,* Vol. 65 (1984), pp. 61–63.

註三七　D. W. Greig, "Forum State Jurisdiction and Sovereign Immunity under the International Law Commission's Draft Articles," *ICLQ*, Vol. 38 (1989), p. 266.

點值得商榷：第一，在每一個案件中，考慮被告國是否有慣例可以決定交易具有商業性質的是法院而不是被告國本身，因此比較難避免法院會有主觀與武斷的認定(註三八)；第二，條文中所用的「實踐」(Practice)一詞的範圍並不明確，有的學者以為它應當很明確地限定於被告國的法院見解，而不應包含被告國政府的主觀解釋(註三九)。

二、美國的判斷標準

美國一九七六年「外國主權豁免法」雖然明確地說明是由外國行為或交易的性質來認定一個活動是否具有商業特徵，但在實務上法院有二個困難的問題要處理。第一個問題是它必須決定一個案子中，到底被告國的那些作為或不作為將被選取出來作為判斷的對象？而在完成了第一步驟後，法院才必須依行為的「性質」來斷定其是否為商業活動。

第一個工作相當困難，一個複雜的案件往往包含了許多行為和事實，法院必須決定到底那些事實是具有法律意義而應由其判斷性質。例如被告國簽訂契約後又以行政命令宣布該契約無效，則「契約行為」和「發布行政命令」何者應是被觀察的重點？關於此點，法律的本身和國會的意圖都不明確，但無疑地，法院決定選取那些活動或行為應被作為判斷對象必然會影響到判決的結果(註四〇)。

最高法院有關「沙烏地阿拉伯訴納爾生」 (*Saudi Arabia v. Nel-*

註三八　《國際法委員會第四十三屆會議工作報告》，頁三四。

註三九　Burhand Hess, "The International Law Commission's Draft Convention on the Jurisdictional Immunities of States and Their Property, "*European Journal of International Law*, Vol. 4, No. 2 (1993), p. 274.

註四〇　Joan E. Donaghoe, "Taking the 'Sovereign' out of the Foreign Sovereign Immunity Act, a Functional Approach to the Commercial Activity Exception," *Yale Journal of International Law*, Vol. 17 (1992), p. 509.

son)(註四一)一案足以說明上述問題的重要性。在該案中，原告被聘僱在沙烏地阿拉伯工作，工作期間被錯誤地逮捕且遭到警察刑求後驅逐出境。原告主張他是在美國應徵工作，在美國簽下僱傭契約至沙烏地阿拉伯政府經營的醫院工作，所以沙烏地阿拉伯在美國聘僱人員的行為應被斷定為從事商業活動而不享有豁免。但美國最高法院全體卻一致以為，只有構成訴訟基礎的行為才可以被選取作為判斷沙烏地阿拉伯及其公立醫院是否可以享有豁免，而這些行為是「逮捕」、「刑求」和「驅逐出境」，它們全部被法院認為不是「商業活動」，因而判定沙烏地阿拉伯可以在美國法院享有管轄豁免。而在「實際觀念公司訴玻利維亞」(*Practical Concepts Inc. v. Republic of Bolivia*)(註四二)一案中，原告和玻利維亞政府簽約，協助玻利維亞設計和開發鄉村地區，經費來源是美國國際開發總署(*United States Agency for International Development*)，當玻利維亞政府知道美國不補助經費後，即中止該計畫，原告因而提出訴訟。法院以為本案中要關心的重點是玻利維亞支付顧問費給被告以換取開發鄉村的知識，而非玻利維亞政府所提供的工作人員服務和貨物通關便利措施，所以玻國有關豁免的主張被駁回。

　　至於如何認定行為的性質是否為商業活動呢？首先「外國主權豁免法」採取「性質說」的主要目的，是希望法院能就每一個案件中的相關活動進行檢討，而不要拘泥於國家從事活動的政治目的。而目前美國法院在適用「外國主權豁免法」中有關商業活動例外原則的案件時，常常依賴第二上訴巡迴法院在「德州貿易公司控奈及利亞聯邦共和國」(*Texas Trading & Milling Corp. v. Federal Republic of Nigeria*)(註四三)一案中的

註四一　*Saudi Arabia v. Nelson*, 507 U.S. 349 (1993).

註四二　*Practical Concepts Inc. v. Republic of Bolivia, ILR*, Vol. 92 (1993), p. 420.

註四三　*Texas Trading & Miling Corp. v. Federal Republic of Nigeria*, 647 F.2d 300 (2d Cir. 1981).

分析模式來決定行為的性質是不是商業。該案法官依賴眾議院在立法時的工作報告，認為商業行為乃是和「私人可能從事的具有相同特徵。」因此，要決定國家從事行為的性質，首先要找出案子中的相關活動，然後法院再以這些活動是不是私人也能從事來認定其性質。例如，在「德州貿易公司」案中，法官認為相關的行為不論是購買水泥、個別的簽署契約，或是開立信用狀，都是私人也可以從事的行為，因此拒絕了奈及利亞享有管轄豁免。

但是有時候美國法院在確定活動是否屬於「商業活動」時，仍然會考慮到活動的目的，例如在一九八五年的「桑其日訴尼加拉瓜中央銀行」(*De Sanchez v. Banco Central de Nicaragua*)(註四四)一案中，原告是尼加拉瓜公民，他購買了尼國一家民營銀行的十五萬美元定期存款單。一九七九年原告要贖回時，由於當時政治不穩定，所以該民營銀行將此事轉交給尼國中央銀行處理，中央銀行則簽發了一張支票，委託美國的另一家銀行代付，但在原告兌現該支票之前，尼國發生革命，新的桑定政權止付了所有支票，以保存國家的外匯。因此本案的爭議是尼國中央銀行的行為是主權行為呢？還是商業行為？法院以為國會並未完全排斥考量外國行為的「目的」，而尼國中央政府管制外匯措施則是一個主權行為。

而在「格里高倫訴愛惹威斯夏」(*Gregorian v. Izvestia*)(註四五)一案中，法院更明白地表示反對完全地以性質或目的作為考量國家是否從事商業交易的標準。不過最近在「阿根廷訴威爾特歐威公司」(*Republic of Argentia v. Weltover Inc.*)(註四六)一案中，最高法院認為阿根廷和其中央銀行不

註四四　*De Sanchez v. Banco Central de Nicaragua*, 770 F.2d 1385 (5th Cir. 1985).

註四五　*Gregorian v. Izvestia*, 658 F.Supp. 1224 (C.D. Cal. 1987), *aff'd*, 871 F.2d 1515 (9th Cir. 1989).

註四六　*Republic of Argentina v. Weltover Inc.*, 941 F.2d 145 (2d Cir. 1991), cer. granted, 112 S.Ct. 858, *aff'd*, 112 S.Ct. 2160 (1992).

能因為單方面地重新安排債券償還計畫而在相關訴訟中享有豁免權，即使阿根廷中央銀行的該項做法有助於減輕其外債危機。在判決中，法院定義「商業活動」是「一個活動如果是私人也能從事的商業和貿易，則該活動是商業而非主權的。」並且反駁了阿根廷的主張，而認為它不需要調查阿根廷的活動目的，因為法律很明確地說明了是以「性質」作為判斷是否從事商業交易的標準(註四七)。

　　所以，美國法院目前是很明確地以性質作為決定國家從事商業活動的認定標準，但是任何希望運用單一規則來解決問題的方式往往都會忽視每一個案子的特質。例如，美國法院目前流行以「私人是否也能從事」為標準來決定國家從事行為的性質，但是有學者以為此一法則有瑕疵，因為它會導致只要是通常僅有政府能從事的事，則外國即有可能絕對地享有豁免，而不論它是不是由契約制定的(註四八)。因為在有關契約的訴訟中，有些國家的立法例明定國家所簽訂的契約只要全部或部分在該國履行，該國法院就擁有管轄權，例如英國即是一例(註四九)。由於此一批評主要是針對法院在「米倫」案中的見解，而該案是有關中華民國的重要判決，故有必要加以介紹(註五〇)。

註四七　參考Joan E. Donaghoe，前引註四十，頁五〇九。

註四八　參考Jonathan Kaiden, *"Millen Industries, Inc. v. Coordination Council for North American Affairs*, Unnecessarily Defying American Companies the Right to Sue Foreign Governments under the Foreign Sovereign Immunities Act", *Brooklyn Journal of International Law*, Vol. 17 (1991), pp. 216–217。

註四九　State Immunity Act, 1978 c.h. 33 § 3(1)(a) and (b)，見*UN State Immunity Materials*, p. 42。

註五〇　有關本案的敘述分析主要部分節錄自陳純一，〈米倫工業公司控告北美事務協調委員會案之分析〉，《美國月刊》，第八卷第十二期（民國八十二年十二月），頁一三〇～一三九。又美國國務院在本案中所扮演的角色，可

米倫工業公司(Millen Industries, Inc.)是美國生產鞋盒的主要製造商。為了吸引它來臺灣投資設廠，當時中華民國駐美國的北美事務協調委員會 (Coordination Council for North American Affairs, 簡稱CCNAA)，現已改名為「臺北經濟文化代表處」(Taipei Economic and Cultural Representative Office) 對該公司作了如下的保證：

(1)它可以在臺灣任何地方設立一家製造鞋盒的工廠，而且也可以將貨運至臺灣本地的鞋子製造商；
(2)如果進口原料能製成為包裝臺灣製造外銷用的鞋盒，則進口原料免稅；
(3)如果米倫工業公司能建立一個為臺灣外銷鞋子生產高級包裝的完全外銷導向的工廠，則其原料進口將容易獲得通關。

至於北美事務協調委員會所作的這些保證，完全是依據當時中華民國法律所提供的優惠條件而定，米倫工業公司並沒有比其他具有同樣相似合格的投資者獲得較特殊或是不同的優惠條件。

米倫工業公司因為信賴這些保證以及北美事務協調委員會所具有的代表性，所以在臺灣成立公司，也獲得和通過所有必需要的批准程序和執照，並在一九八三年開始在臺灣生產鞋盒。可是該公司聲稱從營運一開始，臺灣就阻礙該公司輸入原料和機器設備，並且隨後取消了進口原料免關稅的優待。米倫工業公司因此不堪虧損而在一九八五年關廠，但中華民國又不准該公司將機器和原料運離臺灣，米倫工業公司因此於美國華盛頓哥倫比亞特區對北美事務協調委員會提起債務不履行(Breach of Contract)、約定禁反言 (Promissory Estoppel)、不實陳述(Misrepresentation)及轉換(Conversion)之訴(註五一)。

參考本書第四章第四節註八十九至註九十四，及相關正文。

　　第一審法院（哥倫比亞特區地方法院 The United States District Court for the District of Columbia）以「國家行為論」(Act of State Doctrine)為理由駁回本案。依「國家行為論」，「每一個主權國家都應尊重其他主權國家的獨立，一國法院不應審判另一國政府在其領土內之行為(註五二)。」而地方法院認為進出口管制和免關稅的行為完全具有主權性質。米倫工業公司不服，故提起上訴。上訴法院（哥倫比亞特區巡迴上訴法院United States Court of Appeals, District of Columbia Circuit）以為，雖然該交易混合著主權和商業的性質，但是契約中主要的保證如免稅待遇和提供中華民國法律上的優惠都被視為主權行為，因此上訴法院將本案發回至地方法院，認為美國法院對於本案並沒有管轄權(註五三)。

　　上訴法院關於本案的分析如下：第一，由於國會在臺灣關係法中明白表示美國所有適用或與外國有關的法律都適用於臺灣，所以「國家行為論」也同樣完全適用於臺灣，不因為其是否獲得美國的承認而有影響(註五四)。

　　第二，北美事務協調委員會應被視為是臺灣（中華民國）的國家機構。因為當美國停止承認臺灣時，國會授權總統承認臺灣的北美事務協調委員會為美國在臺協會的相對機構，並給予其人員必要的特權和豁免權。因此，對「北美事務協調委員會」提起訴訟並不是控告外國公民，而應完全依據「外國主權豁免法」的規定，而認為是對「國家」提起訴訟(註五五)。

註五一　*Millen Industries, Inc. v. CCNAA*, 855 F.2d 879 (D.C. Cir. 1988), pp. 880-881.

註五二　*Underhill v. Hernandez*, 168 U.S. 250, 252 (1897).

註五三　855 F.2d 879 (D.C. Cir. 1988), pp. 885-886.

註五四　同上，頁八八〇。

註五五　同上，頁八八三。

　　第三，國家從事主權行為應享有管轄豁免權，但如從事商業行為則不得援引豁免，而當交易包含商業和主權的因素時，聯邦法院基於「外國主權豁免法」的管轄權，將視訴訟基於那一項因素提出而決定。即使交易部分具有商業性質，但如果起訴之訴因是基於主權行為，則國家依舊得享有豁免(註五六)。

　　第四，北美事務協調委員會被控告是由於它對米倫工業公司所作的承諾和協議牽涉到中華民國法律對於外國公司的優惠和免稅規定，此一部分屬於國家的主權層面，因此並不適用「國家豁免」原則中商業行為的規定(註五七)。

　　第五，由於被告曾對原告保證「重要的機器和設備是……可以獲得容易地進入。」這有可能並不是一國海關的主權行為，而是具有商業行為的性質。因此，法院接受「法庭之友」（美國司法部律師）的建議，將本案發回下級法院更審，以瞭解更多有關管轄方面的事實，俾便進一步地考慮是否有其他的控訴可適用於「外國主權豁免法」中有關商業行為的例外規定(註五八)。

　　本案法院認為它之所以拒絕原告的請求，是因為米倫工業公司和北美事務協調委員會之間的契約具有雙重性質。法院認為，一方面促進投資雖然是私人時常從事的商業活動，但是對於進出口貿易的管制，優惠關稅的給予和一國法律所提供的特別待遇都是完全具有主權性質的活動，因此法院並無管轄權。換句話說，法院很清楚地為日後類似的案件提供了一個解決的方法，即當外國從事的交易同時含有商業與主權性質時，如果訴因主要是基於主權活動，則法院沒有管轄權。

註五六　同上，頁八八四～八八五。

註五七　同上，頁八八五。

註五八　同上，頁八八五～八八六。

三、具體案例分析

　　一般而言，美國法院如認定國家所從事行為的主要部分是一般私人也能從事，則通常該行為就是一個非主權行為。因此除了金錢借貸外，外國政府為了利潤從事商業活動，即使所得作為政府收入或公共基金也並不認為是從事主權行為，而任何有關提供貨物或勞務的契約，即使這些貨物和勞務是作為公共目的的使用，例如為軍隊購買武器，也不認為是國家從事主權行為。而目前在美國，國家是否從事商業活動的爭議主要是集中在使館、軍事、金融、學術文化交流、天然資源開採規劃、旅遊交通，以及國有化等領域，以下將依美國法院的判決，分析歸納法院如何認定國家從事商業交易。

　　第一是貨物的買賣。通常國家簽訂貨品買賣契約都被認為是從事「商業活動」，即使國家購買的目的是為了軍事用途也不例外(註五九)。不過常見的爭議是被告國往往會強調交易或契約內容中的某些部分是只有政府才能從事的。例如與我國有關的「米倫」案中，法院就認為我國北美事務協調委員會與米倫工業公司之間的協議和承諾，如牽涉到公司的優惠和免稅待遇的部分，是屬於主權行為(註六〇)。不過一般而言，法院在面對類似的主張時，如果斷定該「政府成分」(Government Elements)是附屬次要的，則依舊會認定國家是從事「商業活動」(註六一)。因此，在面對奈及利亞政府拒不支付購買水泥興建軍營的價金訴訟時，法院依舊認為不論其目的為何，奈及利亞政府依舊是從事商業活動(註六二)。但是在有

註五九　參考*McDonnell Douglas Corp. v. Islamic Rep. of Iran*, 758 F.2d 341, pp. 349 (8th Cir. 1985)。

註六〇　見陳純一，〈米倫工業公司控告北美事務協調委員會案之分析〉，前引註五十，頁一三七。

註六一　*Tifa Ltd. v. Republic of Ghana*, 692 F.Supp. 393 (D.N.J. 1988).

關貨物買賣所導致的訴訟中，法院也表示不能因為原告一方的金錢損失就立刻斷定被告國家不享有豁免(註六三)。

註六二　奈及利亞政府於一九七五年間向許多國家的公司發出信用狀，旨在支付奈及利亞政府購買水泥的價金，而這批水泥的目的是要建造軍營。但後來奈及利亞政府發生軍事政變，新政府以港口堵塞為理由通告停止輸入水泥，奈及利亞中央銀行則根據政府的指示拒絕兌現信用狀，結果在一系列訴訟中，包括英國、西德、美國的法院，不論是從簽發信用狀或是買賣契約的角度著眼，都認為奈及利亞從事商業交易。見*Schreuer*, pp. 18–19。並參考*National American Corp. v. Federal Republic of Nigeria*, 597 F.2d 314 (2d Cir. 1979); *Texas Trading & Milling Corp. v. Federal Republic of Nigeria*, 647 F.2d 300 (2d Cir. 1981)。

註六三　*Chu v. Taiwan Tobacco & Wine Monopoly Bur.*, 30 F.3d 139 (Mem.)(9th Cir. 1994).本案一般稱做「臺灣米酒」案，由於與我國有關，故事實及判決摘要如下：

一九八五年，美國的一位朱姓華裔公民向美國聯邦地方法院提起一項民事訴訟，聲稱其向我國菸酒公賣局購買的二百箱米酒中，由於原料遭受黃麴毒素污染，發現有少量的沈澱物及混濁現象，因而控告我國行政院、臺灣省政府、以及菸酒公賣局，認為它們應負依過失、當然過失、善意與公平交易義務之違反，損失補償法則，以及加州營業法規中有關不實標示之規定，負損害賠償責任。

地院判決我國政府並無任何過失，但是卻認定行政院、臺灣省政府、以及菸酒公賣局為一般之訴訟當事人，並不受美國「外國主權豁免法」的保護。不過聯邦第九巡迴上訴法院卻認為菸酒公賣局適用美國「外國主權豁免法」，是一個「外國」，但其行為並不構成商業活動，其判決摘要如下：

第一，依美國「外國主權豁免法」的規定，外國政府從事商業活動不得主張管轄豁免，但是在本案中，並沒有證據顯示被告政府的活動是商業

第二，依聯合國大會有關建立「國際經濟新秩序」的決議，每一個國家對其天然資源和經濟活動享有永久完整的主權(註六四)。那麼國家從事任何與天然資源開採有關的行為是不是享有絕對的豁免呢？歐洲和美國的態度在此事上有分歧，德國法院在一系列控告伊朗國家石油公司的

性質。而且原告對被告的指控，如疏於回收米酒、沒有正確地監督生產和未對原告保證米酒的安全性等，雖然對原告的生意產生影響，但是都不足以支持其可以主張適用商業交易例外條款。法院特別強調，金錢損失本身並不能主張外國政府不享有管轄豁免。

第二，法院認為如果加州最高法院審理本案，它也不會因為僅僅有經濟上的損失，　就提供過失賠償給兩個商人之間以私人身分進行的商業交易。而且，法院認為，原告所提出經濟損失完全是推測的，並沒有任何充分的證據顯示由於菸酒公賣局的行為而導致其銷售損失或是米酒受到污染。

第三，法院支持地院不允許原告再度主張「被告違反契約」的決定，因為原告三年前已自行放棄了該項請求。而且本案程序過久，令人不禁懷疑原告的企圖是惡意的，並對被告也不公平，因為如允許原告的請求，則必須要再度傳喚已作過證的臺灣證人再度作證，如此將浪費時間與金錢。

第四，原告希望主張新證據證明其米酒是被污染的。但法院認為即使證據很有力，　但是卻不能說明為何米酒放在倉庫裡已三年而卻未早一點做測驗呢？法院以為原告已經顯示出污染和其要求損害賠償是無關的。

從法院的判決可知，即使法院認為其對本案得行使管轄權，菸酒公賣局依舊會獲得勝訴判決。參考《中國時報》，八十三年八月十四日，第四版；以及馬英九主編，陳榮傳助編，《國際法案例研究》，司法官班第三十六期講義，民國八十六年四月，頁一四〇～一四一。

註六四　有關「國際經濟新秩序」的重要聯合國大會決議，請參考*Henkin*, pp. 1052-1054。

案子中，一再認定伊朗開採石油是商業交易，荷蘭法院也認為開採石油契約是商業行為(註六五)，法國法院曾採相同的見解，但最近在一家法國公司與伊朗國營石油公司建造油管的紛爭中，法院卻認為伊朗是從事主權行為(註六六)。而美國法院在此一領域內的見解不同，它不但對外國有關礦產開採的相關活動認為是非商業行為(註六七)，相同的見解甚至涵蓋對猴子等天然資源的管制保護(註六八)。例如在「國際機械協會訴石油輸出國家組織」(*International Association of Mechanists v. OPEC*)(註六九)一案中，法院以為「石油輸出國家組織」成員國控制石油市場和價格的手段是屬於政府行為(註七○)，因為石油收入是這些國家主要的收入來源，與人民福利至關重要。而在「瓊斯訴貝蒂瑞地球物理資源公司」(*Jones v. Petty Ray Geophysical Geosource, Inc.*)(註七一)一案中，法院表示「主權者關於天然資源的行為被假設是政府行為」。至於在另一個著名的石油災難案子中，墨西哥國家石油公司被控告由於鑽探油井不慎而導致了德州海岸遭受污染。法院承認買賣天然資源可能構成商業活動，但是「有關天然資源的決定和行為在本質上毫無疑問地是政府行為」(註七二)，所以國

註六五　*Schreuer*, p. 29–30.

註六六　*International Law Association, Report of the Sixty-Fifth Conference*, London: ILA, 1993, p. 299；參考*Corp. Del Covre v. Braden Copper Corp. , ILR*, Vol. 65 (1984), p. 57。

註六七　*Schreuer*, p. 30–31.

註六八　*Mol Inc. v. People's Republic of Bangladesh*, 736 F.2d 1326 (9th Cir. 1984).

註六九　*International Association of Mechanists v. OPEC*, 477 F.Supp. 553 (C.D. Cal. 1979).

註七○　*Ibid.*, p. 568.

註七一　*Jones v. Petty Ray Geophysical Geosource, Inc.*, 722 F.Supp. 343, 346 (S.D. Tex. 1989).

家瞭解自己擁有多少自然資源的行為具有主權性質，故鑽探油井查明蘊藏量不是商業活動。最後在「摩爾訴孟加拉共和國」(*Mol Inc. v. People's Republic of Bangladesh*)(註七三)一案中，孟加拉共和國曾頒發執照給摩爾公司捕捉和出口恆河猴，但它後來取消執照，結果導致訴訟，第九巡迴上訴法院以為給予和撤銷執照的行為只有政府才有如此權力，普通私人是無法從事的，法院更認為孟加拉買賣恆河猴的行為是屬於對野生動物的管理，是屬於政府的行為。

　　第三是銀行的活動，商業銀行的行為與業務一般都被認為是具有商業性質(註七四)，即使是國營銀行也不例外(註七五)。至於中央銀行單純地從事外匯管制行動則不被認為是商業行為(註七六)，但是如果外國銀行兼具中央銀行和商業銀行兩種身分，由於一方面它可從事公共行為，另一方面它有時又會進行商業交易，則法院的認定會比較困難，不過到目前為止，公債(Bond)(註七七)和定期存款單(Certificate of Deposit)(註七八)的

註七二　*In re Sedco, Inc.*, 543 F.Supp. 561, 566 (S.D. Tex. 1982).

註七三　736 F.2d 1326 (9th Cir. 1984).一九七七年孟加拉和摩爾公司所簽訂的許可協定要求摩爾公司出口的恆河猴是為了世界人民福祉而用於醫學和科學研究，並要求該公司在孟加拉建立猴子的飼養場，孟加拉政府還保留了停止協議的權利。到了一九七九年，孟加拉終止了許可協議，理由是摩爾公司未在孟加拉建立飼養場，而且猴子被作為試驗中子武器的效果，不符合當初訂約的內容。

註七四　見*Collejo v. Bancomer S.A.*, 764 F.2d 1101 (5th Cir. 1985).

註七五　參考*State Bank of India v. N.L.R.B.*, 808 F.2d 526 (7th Cir. 1986).

註七六　*De Sanchez v. Banco Central de Nicaragua*, 770 F.2d 1385 (5th Cir. 1985).

註七七　例如*Republic of Argentina v. Weltover Inc.*, 112 S.Ct. 2160 (1992); *Carl Marks & Co. v. Union of Soviet Socialist Republics*, 841 F.2d 26 (2d Cir. 1988); *Shapiro v. Republic of Bolivia*, 930 F.2d 1013 (2d Cir. 1991).

發行和買賣都被認為是「商業活動」。

　　美國法院今日對於公債的態度和一九七六年「外國主權豁免法」制訂前的實踐不同。在一九七六年前，法院一般都將政府公債的發行視為主權行為而享有管轄豁免(註七九)。學術界也持相同的立場，例如一九三二年哈佛大學起草有關「國家豁免」的研究草案第十一條就將國家發行公債的行為列為得豁免事項(註八〇)。但「外國主權豁免法」制訂後，眾議院的立法報告表示外國政府的借款行為也應包括於「商業活動」的定義中，故因而不享有豁免。由於發行公債也是一種「借款」行為，故美國法院從此改變了見解，將公債發行認定為「商業活動」。而代表美國學術界主要意見的《美國對外關係法第三次整編》也在第四十五條評註中將「借款和貸款」列為商業行為(註八一)。

　　在美國法院處理有關公債的判決中，「湖廣鐵路債券」案是關係到中共立場的重大案件，涉及的問題包括了「外國主權豁免法」的溯及效力以及「限制豁免論」適用的爭議等，故值得在此介紹。

　　該案的事實及法院意見如下：一九一一年滿清政府借款六百萬英鎊以支付興建湖廣鐵路的費用。參與借款的銀行團來自德、英、美、法四國，該貸款協議並授權發行公債在美國銷售。辛亥革命後，中華民國政府一直支付湖廣鐵路債券的利息到一九三八年為止，本金則在一九五一年到期後未償還，一九七九年十一月十三日，原告傑克森等債券持有人在阿拉巴馬州聯邦地方法院提起集體訴訟(Class Action)，要求「中華人民共和國政府」償還這筆債務。法院受理此案，由於中共堅持絕對豁免

註七八　*West v. Multibanco Comermex S.A.*, 807 F.2d 820 (9th Cir. 1987).

註七九　例如 *Victory Transport Inc. v. Comisaria General de Abastecimientos y Transportes*, 336 F.2d 354 (2d Cir. 1964).

註八〇　*AJIL (Supp.)*, Vol. 26 (1932), pp. 456–457.

註八一　*Restatement (Third)*, p. 402.

的立場而拒不出庭，聯邦地方法院於一九八二年九月表示其對本案具有訴訟標的管轄權，並作出了缺席判決──「中華人民共和國政府」應償還未支付的本金利息共計美金四千一百餘萬元(註八二)。

自一九八三年起，原告開始尋求強制執行該判決。中共終於在當年首度出庭，要求法院依聯邦民事訴訟規則第六十條廢棄原判決，並裁定駁回其訴。美國國務院和司法部也提出了二項利害關係說明，支持中共的立場(註八三)。地院同意重新開庭，中共則未出庭，而法院則以「外國主權豁免法」不具有溯及效力故不適用本案為由廢棄原判決，原告不服而上訴。在上訴法院審理期間，中共提出書面答覆，但仍建議其律師不要在口頭辯論時出庭，美國政府則聲明其因為具有利害關係而參與了辯論(註八四)。

上訴法院在判決中首先指出它並沒有在廢棄原來的「缺席判決」上濫用權力。因為第一，中共提出的欠缺標的管轄權抗辯很有價值，除了堅持絕對豁免的主張外，中共也表示爭執中的債務是帝國主義在二十世紀初控制中國的不當手段，所以依據「壞債(Odious Debts)不受理原則」，

註八二　*Jackson v. People's Republic of China*, 794 F.2d 1490, at 1491–1492 (11th Cir. 1986)；參考*Jackson v. People's Republic of China*, 550 F.Supp. 869 (N. P. Ala. 1982)；並參考Thomas J. Pax, "Old Bond and New Law: Misunderstanding Sovereign Immunity in the Chinese Railroad Case," *Connecticut Journal of International Law*, Vol. 5 (1990), pp. 629–634; Richard Tien-shi Hsu, "The Invalidity of the Relault Judgement in *Jackson v. People's Republic of China*," *Virginia Journal of International Law*, Vol. 23 (1983), pp. 569–580。

註八三　例如，"Statement of Interest of the United States," *ILM*, Vol. 22 (1983), p. 1077。

註八四　794 F.2d at 1492.

中共無須負責。第二，法院仔細、正確地考慮了國務院有關該「缺席判決」對美國外交政策影響的評估。第三，中共並沒有採不公平的行動以堅持它享有絕對的主權豁免。法院非常依賴行政部門的見解，認為由於中共和美國之間長期的欠缺往來，中共不是很瞭解美國的司法系統運作，而國務卿舒茲的證詞更是強調中共拒不出庭，是因為它深信其依據國際法沒有出庭的義務，而重新審判則符合「中」美雙方的利益，並表示原缺席判決會傷害美國的外交利益(註八五)。

至於另一個爭議點，「外國主權豁免法」適不適用於一九五二年「泰特信函」以前的交易？首先，依文字看來，美國「外國主權豁免法」規定，「外國政府之豁免權，日後應由美國法院依本章節規定之原則決定之」。該法並且規定在制定九十日後才生效，以便美國政府可充分準備，並通知外國政府。因此，可以證明該法是往後生效的。此外，法院以為法律的制定大都是假設法律適用於未來，而不溯及既往。如果「外國主權豁免法」適用一九五二年以前的事項，將有損外國主權者的權利和一九五二年以前的美國法律原則，而且法院也找不出「外國主權豁免法」適用一九五二年以前活動的案件。由於「外國主權豁免法」不能追溯適用，因此法院欠缺訴訟標的管轄權(註八六)。

除了中共堅持「絕對豁免論」的立場外(註八七)，本案還有幾點特色：第一，本案判決雖然說「外國主權豁免法」不能溯及適用於一九五二年以前的外國行為，但並沒有回答一九五二年到一九七七年該法生效之日

註八五　*Ibid.*, pp. 1495–1496.

註八六　*Ibid.*, p. 1499.

註八七　中共學者見解可參考陳體強，〈國家主權豁免與國際法——評湖廣鐵路債券案〉，《中國國際法年刊》，一九八三年，頁三～五三；江山，〈從國際法論美國法院對「湖廣鐵路債券案」的管轄權〉，《國際法論叢》，一九九〇年，頁一〇～二六。

起這期間的行為要如何處理，不過由於法官意見認為該法應只對未來生效，而且避免對外國已經施行的行為構成干擾，所以應當假定僅適用於一九七七年後的行為(註八八)。第二，本案顯示美國國務院在有關主權豁免案件中扮演極重要的角色，它可以「法庭之友」身分出庭作證，並對法院見解的形成有極大的影響力(註八九)。這種作法，有學者不以為然，因為有可能會導致外國認為有關主權豁免事件依舊由國務院決定(註九〇)。第三，本案涉及國家繼承的部分，法院並沒有評論，這一點似乎是有所疏失(註九一)。

　　除了上述的事項外，法院的見解還顯示外國政府與公司簽約安排公共關係服務被認為是商業活動，外國提供醫療服務也不被認為是政府行為(註九二)，至於航空公司的促銷活動和經營當然也被認為是從事商業活動(註九三)。但是訓練軍事人員的協定如果是非營利的則被認為是政府行為而享有豁免(註九四)。基於二國文化交流協定而簽訂的表演契約也被認為是商業活動(註九五)。外國招募人員參加軍隊也是非商業活動(註九六)。

註八八　Monroe Leigh, "Foreigh Sovereign Immunities Act—No Retroactive Application to Confer Jurisdiction," *AJIL*, Vol. 81 (1987), p. 216.

註八九　*Ibid.*

註九〇　Pax，前引註八十二，頁六四二。

註九一　Debra Tarnapol, "The Role of the Judiciary in Settling Claims Against the PRC (China)," *Harvard International Law Journal*, Vol. 25 (1984), p. 363.

註九二　*Rush-Presbyterlan-St. Luke's Medical Center v. Hellenic Republic*, 877 F.2d 574 (7th Cir. 1989). (希臘政府支持腎臟移植計畫被認定為商業活動)

註九三　*La Donne v. Gulf Air. Inc.*, 700 F.Supp. 1400 (E.D. Va. 1988). (提供優惠機票是一種商業活動)

註九四　*Castro v. Saudi Arabia*, 510 F.Supp. 309 (W.D. Tex. 1980). (軍事人員訓練協定如不涉及營利則不是商業活動)

一般而言，公司提供外國政府諮詢服務是商業活動，所以雖然法院發現在玻利維亞與美國一家公司簽訂的契約中，包含了許多非普通契約的條款，例如減稅、外交豁免和移民特權，但依舊認定這個契約是商業活動(註九七)。最後，在最近一個有關長途電話公司的案件中，法院以為阿拉伯聯合大公國在美國的軍事訓練人員盜打長途電話，其政府宣稱要支付該筆費用並不構成「商業活動」，而軍事訓練協定本身也不構成「商業活動」(註九八)。

第四節　管轄聯繫

在採納「限制豁免論」的國家中，國內法院對於外國國家行使管轄權應具備何種「聯繫」關係立場不同。有些國家強調領土聯繫是一個必要條件，例如瑞士就一直採取此種立場，而「歐洲國家豁免公約」也明確的如此規定。但是也有一些國家的法院或是立法在這一方面有不同的見解，例如荷蘭和德國的法院就不認為領土聯繫是行使管轄權的條件，英國的「國家豁免法」則未規定，而加拿大和澳大利亞的法律則明確地否認了領土聯繫是對外國商業行為行使管轄權的條件。至於聯合國有關「國家及其財產的管轄豁免條款草案」是以「國際私法的適用規則」建立這種聯繫關係，領土當然是國際私法中構成行使管轄的堅強理由，但聯合國「國際法委員會」的規定使得其管轄聯繫所包含的範圍與因素更

註九五　*United Euram Corp. v. USSR*, 461 F.Supp. 609 (S.D.N.Y. 1978). （前蘇聯演藝人員的表演契約被認定為商業活動）

註九六　*Friedar v. Government of Israel*, 614 F.Supp. 395 (S.D.N.Y. 1985). （法院認定以色列政府的行為沒有利潤的因素）

註九七　*Practical Concepts Inc. v. Republic of Bolivia, ILR*, Vol. 92 (1993), p. 420.

註九八　*MCI Telecommunication Corp. v. Alhadhood*, 82 F.3d 658 (5th Cir. 1996).

多，而不限於領土一樣(註九九)。

　　美國「外國主權豁免法」針對外國從事商業活動而提供了三種建立管轄聯繫的方式：第一，外國在美國進行的商業活動；第二，在美國履行的某項行為與外國在美國以外從事的商業活動有關；第三則是外國在美國以外的商業活動對美國造成了直接效果(註一○○)。除了第一點外，該法並未進一步的分析定義其他的要件，而國會的主要目的則是希望由法院來解決，以下將藉由法院的見解以分析這三點：

一、在美國進行商業活動

　　首先，依第一點，外國在美國從事商業行為，不論是全部或部分地，均無法主張管轄豁免。而依同條的規定，外國在美國進行的活動是指與美國有實質聯繫(Substantial Contact) 的活動，而什麼是「實質聯繫」則到目前為止還沒有一定的定論。依美國眾議院司法委員會的立法報告解釋，下列的活動都是在美國從事的商業行為，即：全部或一部在美國履行的商業交易；和美國企業之間進行貨物買賣的進出口交易；在美國產生的商務侵權行為；經由在美國談判或訂立貸款協定而在美國產生的債務；或是接受由一個私人或公立的借貸機構的金融援助，例如美國進出口銀行所提供的貸款、擔保或保險(註一○一)。該報告繼續表示，一個商業活動是全部或是一部分在美國履行由法院決定，而此一定義的目的是要反應一定程度的聯繫，而不是僅僅因為原告是美國公民或居民就認定外國在美國進行商業交易(註一○二)。

　　由實際的案例可知，下列的情形都被認為是構成與美國有實質聯繫

註九九　　請參考本書第二章第二節。

註一○○　　28 U.S.C. § 1605(a)(2).

註一○一　　House Report No. 94–1487, *UN State Immunity Materials*, p. 108.

註一○二　　*Ibid.*

的商業交易，它們是：㈠在美國有辦公室並設立永久代表；㈡在美國從事正常的航空營運；㈢在美國公開要約投標；㈣在美國實質磋商契約的內容；以及㈤安排運送在美國購買的貨物(註一〇三)。至於玻利維亞政府為了購買軍機而簽發本票，並經由其代理人在美國出售，當然被認為是在美國從事商業行為(註一〇四)。

另一方面，一家在美國沒有辦公室，沒有銷售代表，也未和任何美國人或公司締結契約的羅馬尼亞國營公司，不能僅因為和一美國公司之間曾有過電傳的聯絡就構成實質聯繫(註一〇五)。而被告和原告公司在美國召開二場業務會議也不認為是構成有實質聯繫的充分理由(註一〇六)。此外美國人在海外旅遊遭到傷害，但法院也不會因此認為該國在美國推動觀光計畫是構成商業行為，理由是傷害的發生和推廣旅遊之間並無因果關係(註一〇七)。

法院除了要解決前述外國從事的商業活動和美國之間是否有實質聯繫的問題，同時還要檢討訴訟和商業活動之間的關連性。法院目前認為有關連的情況包括美國人搭乘中共國內班機失事，由於機票是在美國出售，所以法院以為該國營航空公司所導致的損害賠償訴訟與該公司在美國進行的商業行為有關(註一〇八)。至於國營航運公司面對的問題比較特

註一〇三　*Schreuer*, p. 38.

註一〇四　*Shapiro v. Republic of Bolivia*, 930 F.2d 1013 (2d Cir. 1991).

註一〇五　*East Europe DISC v. Terra*, 467 F.Supp. 383 (S.D.N.Y. 1979), *aff'd*, 610 F.2d. 806 (2d Cir. 1979).

註一〇六　*Maritime International Nominees Establishment v. Republic of Guinea*, 693 F.2d 1094 (D.C. Cir. 1982).

註一〇七　*Tucker v. Whitaher Travel, Ltd.*, 620 F.Supp. 578, 585 (E.D.Pa. 1985), *aff' d*, 800 F.2d 1140 (3d Cir. 1986).

註一〇八　*Barkanic v. General Administration of Civil Aviation of the People's Re-*

殊，因為輪船航運行程往往是全球性的，美國港口有時只是眾多停泊港口之一。例如在「威勒多爾」(*Velidor v. L/P/G Benghazi*)一案中，原告是南斯拉夫船員，他們依「美國船員工資法」要求被告給付積欠的工資，但本案與美國的關連僅在於船員利用船隻駛入美國港口停泊時登岸，雖然如此，法院仍認為有關聯(註一〇九)。另一方面，一艘阿爾及利亞船因失火被拖回阿爾及利亞港口停泊，但因暴風雨侵襲而被宣告為失事破損，法院認為原告的損失和被告阿爾及利亞全球航務與偶而進入美國港口並不產生關連性，所以法院沒有管轄權(註一一〇)。

二、美國以外的商業活動與美國國內行為有關

第二個重點是如果外國在別處的商業活動與外國在美國的一個行為有聯繫，則該外國就不得享有豁免。眾院的報告中所舉的例子有：外國機構在美國的代表所導致基於不當得利而請求賠償的訴訟；在美國違反證券交易法和規則的行為；不當地解雇在美國的該國雇員，而該雇員是由於該外國在第三國進行的商業活動而被雇用等(註一一一)。在實際的應用上，本項的重要性並不高，案子也不多(註一一二)。而造成這種現象的原因有二：第一，一六〇五條⒜項⑵款所指的第一種和第二種管轄聯繫方式事實上是有重複之處，以眾院報告所舉的例子為例，其中有些情況

---

public of China, 822 F.2d 11 (2d Cir. 1987).

註一〇九　*Velidor v. L/P/G Benghazi*, 653 F.2d 812 (3d Cir. 1981).

註一一〇　*Vencedora Oceanica Navigacion, S.A. v. Compagine Nationale Algerienne de Navigation*, 730 F.2d 195, 202 (5th Cir. 1989).

註一一一　House Report No. 94–1487, *UN State Immunity Materials*, p. 110.

註一一二　參考Georges R. Delaume, "The Foreign Sovereign Immunities Act and Public Debt Litigation: Some Fifteen Years Later," *AJIL*, Vol. 88 (1994), pp. 260, 261.

可以適用第一種建立管轄聯繫的方式，即在美國從事商業活動，而不需要利用本項。再舉一例說明(註一一三)，宏都拉斯和一個美國人簽約，內容是後者協助前者在宏都拉斯境內興建鋼鐵廠，而在建造之前，宏都拉斯官員曾到美國討論整個計畫，法院以為這種考察和在美國進行談判的活動已符合了第一點的要求，但是如果不採用第一點，它們也一樣符合第二點，因為這些在美國境內從事的活動與在宏都拉斯進行的商業活動有關(註一一四)。

本款重要性不高的原因之二是目前實務界顯示，案子的內容如果是與發生在美國以外的商業活動有關，則第三種建立管轄聯繫關係的方式即「直接效果」是最常使用的(註一一五)。換句話說，第一六〇五條(a)項⑵款的第三種管轄要件又可以取代第二種管轄要件的部分功能。

既然本項規範的功能實際上大多是可以被取代的，那麼為什麼美國國會又希望它存在呢？主要的原因是國會立法時擔心，法院在適用第一種管轄要件時，如果對「實質聯繫」標準採取太嚴格的要求時，則本項可以作為補救措施(註一一六)。不過由前述的分析可知，本項規範目前看來似屬多餘(註一一七)。

三、直接效果

依美國「外國主權豁免法」第一六〇五條，美國可以對外國行使管

註一一三　*Obenchain Corp. v. Corporation Nacionale de Inversiones*, 656 F.Supp. 435 (W.D. Pa. 1987).

註一一四　656 F.Supp. 435, at 440.

註一一五　*Gordon*, p. 10–41.

註一一六　*Dellapenna*, p. 89.

註一一七　參考*General Elec. Capital Corp. v. Crossman*, 991 F.2d 1376, 1384 (8th Cir. 1993).

轄的第三種要件是「在美國以外的行為與外國在美國以外從事的商業活動有關，且對美國造成了直接效果」，這一點引起的爭議很大，因為它可能會大幅擴張美國的管轄權。而國會對於什麼是「直接效果」，僅表示可以參考《美國對外關係法第二次整編》(*Restatement (Second) of Foreign Relations Law of the United States*)第十八條(註一一八)，而第十八條的規定如下：

> 領域外行為而於領域內發生結果，並有下列二情形之一者，該國得就該行為之法律效果制定法令規範之。
> (一)國際上已合理發展法律體系之國家，其法律普遍視該行為及其結果為犯罪或侵權行為之構成要素者；
> (二)(1)行為及其結果為法令所規範適用之活動之構成要素者；
> (2)領域內之行為結果係實質重大者；
> (3)係領域外行為所生之直接且可預見之結果者；且
> (4)所制定之法令符合法律相當發達之國家一般承認之正義原則(註一一九)。

自「外國主權豁免法」制定以來，美國各級法院對於何謂「直接效果」產生了二種不同的態度和見解(註一二〇)。第一種看法以「財務損失」

註一一八　House Report No. 94–1487, *UN State Immunity Materials*, p. 110.

註一一九　*Restatement (Second) of the Foreign Relations Law of the United States*, § 18 (1965). 中文翻譯見司法院，國立政治大學法律研究所合譯，《美國法律整編第五冊：契約法，對外關係法》，臺北：司法週刊雜誌社，民國八十二年，頁六四七。

註一二〇　有關這二種見解之分析及法院的實踐，請參考Nicolas J. Evanoff, "Direct Effect Jurisdiction under the Foreign Sovereign Immunities Act of 1976:

為標準，在此原則下，美國公司和外國進行商業交易所造成的損失，已被認為是對美國造成了「直接效果」。美國聯邦第二巡迴法院採取此一見解，在「德州貿易製造公司控奈及利亞聯邦共和國」 (*Texas Trading & Milling Corp. v. Federal Republic of Nigeria*)一案中，第二巡迴法院就認為奈及利亞政府不履行水泥買賣契約和拒付信用狀款項，使得美國公司蒙受損失，因而對美國造成了直接效果(註一二一)。

另一派的見解以為國會既然表示要參考一九六五年《美國對外關係法第二次整編》的第十八條，則判斷的標準應當是「實質且可預見的效果」，換句話說，欲構成「外國主權豁免法」中所指的「直接效果」，一個行為必須不但在美國造成了實質且可預見效果，而且還必須是一個法律上的重大事件，此見解傳統上獲得大多數美國巡迴法院的支持(註一二二)。

不過這二種不同見解的爭論目前已告一段落，最高法院在「阿根廷訴威爾特歐威公司」(*Republic of Argentina v. Weltover Inc.*)(註一二三)一案中，澄清了「外國主權豁免法」中有關「直接效果」的意義，它支持第二巡迴上訴法院的判決，拒絕了「實質且可預見效果」的看法，並認為如果一個效果是由於「被告活動立刻產生的一個結果」，則可認定效果是「直接」的。基於此一看法，法院因此認為阿根廷既然已經同意在紐約支付債券而未支付，當然是對美國有「直接效果」，所以法院當然有管轄權。

Ending the Chaos in the Circuit Courts," *Houston Law Review*, Vol. 28 (1991), pp. 639–646.

註一二一　*Texas Trading and Milling Corp. v. Federal Republic of Nigeria*, 674 F.2d 300, 311 (2d Cir. 1981).

註一二二　Evanoff，前引註一百二十，頁六三二。

註一二三　*Republic of Argentina v. Weltover Inc.*, 112 S.Ct. 2160 (1992).

　　相關案例方面，在一九八七年「熱尼克」(*Zermicek v. Brown and Root Inc. and Others*)(註一二四)一案中，一位美國公民受雇在墨西哥工作並在當地受傷，但法院並不認為其符合「外國主權豁免法」第一六〇五條(a)項(2)款有關「直接效果」之要求。同樣地，「馬丁訴南非共和國」(*Martin v. The Republic of South Africa*)(註一二五)也採相似的立場。在該案中，一位美國人在南非工作並受傷，但法院認為領土聯繫的關係並未因此建立。而在「美國西方航空公司」(*American West Airlines Inc. and Another v. GPP Group Ltd. and Other*)(註一二六)一案中，聯邦第二巡迴法院以為雖然一個外國主權者（本案當事人為愛爾蘭）在美國從事商業行為，但如果原告的受損害與該商業行為無關，則外國依舊可以享有管轄豁免。一九八八年「熱登訴沙烏地阿拉伯王國」(*Zedan v. Kingdom of Saudi Arabia*)(註一二七)案則以為雖然原告是在美國接到雇用電話，但在美國接到雇用電話並不構成對美國產生了「直接效果」。一九九一年聯邦第十一巡迴法院審判另一件與沙烏地阿拉伯有關的案件時(註一二八)，表示由於原告是在美國被受雇，所以構成外國從事商業行為的要件，而且該案與前述 Zedan 一案不同，因為雇用原告的是一家道地的美國子公司。不過該案上訴至最高法院時(註一二九)，最高法院以為原告聲稱其遭受沙國警方的刑

註一二四　*Zermicek v. Brown and Root Inc. and Others, ILR.* Vol. 92 (1993), p. 442.

註一二五　*Martin v. The Republic of South Africa, ILR*, Vol. 92 (1993), p. 448；並參考 Peter Brodsky, "*Martin v. Republic of South Africa*: Alienating Injured Americans," *Brooklyn Journal of International Law*, Vol. 15 (1989), pp. 153–181。

註一二六　*American West Airlines Inc. and Another v. GPP Group Ltd. and Other, ILR*, Vol. 92 (1993), p. 454.

註一二七　*Zedan v. Kingdom of Saudi Arabia, ILR*, Vol. 92 (1993), p. 462.

註一二八　*ILR*, Vol. 88 (1992), p. 159.

求是屬於沙國的主權行為，所以美國無管轄權，因而推翻了巡迴法院的見解(註一三○)。另一方面，在「西德門」(*Siderman de Blake v. Republic of Argentina*)(註一三一)一案中，法院以為被告未依契約規定在美國履行工作是對美國造成了「直接效果」；而法院也以為不論汽車在何處製造，也不論死者家屬在何地，一場在美國發生的死亡車禍當然對美國造成了直接效果，所以美國法院有管轄權(註一三二)。至於「中國銀行」(Bank of China)未將款項匯入美國一方的銀行帳戶，不論原因為何，也被認為是對美國造成了「直接效果」，法院因此也被視為擁有管轄權(註一三三)。

「中鋼」案(註一三四)是一件與我國有關而涉及「直接效果」的案件。

註一二九　*AJIL*, Vol. 87 (1993), p. 442.

註一三○　*Saudi Arabia v. Nelson*, 507 U.S. 349 (1993).

註一三一　*Siderman de Blake v. Republic of Argentina*, 965 F.2d 699, 710–911 (9th Cir. 1992).

註一三二　*Vermeulen v. Renault, USA*, 985 F.2d 1534, 1545 (11th Cir. 1993).

註一三三　*Voest-Alpine Trading USA Corp. v. Bank of China*, 142 F.3d 887, 888 (5th Cir. 1998).

註一三四　*Kao Hwa Shipping Co., S.A. v. China Steel Corp.*, 816 F.Supp. 910 (1993). 本部分請同時參考馬英九主編，《國際法實例研究》，前引註六十三，頁一四一～一四二；以及Herbert M. Lord, "Default Judgement Against Taiwanese Government Instrumentality Vacated," *International Report* (Curtis, Mallet-Prevost, Colt & Mosle), May 1993, pp. 2–4。一九八○年所發生的「海后一號」案與本案類似。在「海后一號」案 (*Paterson, Zochonis (UK) Ltd. v. Compania United Arron, S.A.*)中，紐約南區地方法院認為中國遠洋運輸公司所從事的活動與美國沒有直接關係，所以它沒有管轄權。該案是由於香港海后公司所屬的海后一號在運貨往尼日途中，不幸於南非外海附近沈沒，結果預定收貨的四十餘家廠商在美國提起訴訟，

中國鋼鐵公司將冶金用的焦炭渣賣給一家臺灣公司，並在高雄將焦炭渣裝上原告的船隻「高華三號」以運給菲律賓的最終買主。原告主張由於中鋼並未告知其焦炭渣含有很高的溼度，而且在裝運時亦有疏失，所以導致航運途中發生海難，造成載貨和部分船員損失，因此原告要求被告中鋼公司賠償其美金四百萬。一九九二年五月十三日，地院作出對被告不利之缺席判決，中鋼提起上訴，要求法院撤銷原判決。

上訴法院判決首先認定中國鋼鐵公司是中華民國的「機構」(Instrumentality)，所以除非有「外國主權豁免法」規定的例外情形，否則中華民國的國家「機構」可享有豁免。至於法院認定的理由如下：第一，該公司的設立是依中華民國法律，總公司也設在中華民國；第二，自一九七七年迄今，中華民國一直擁有該公司過半數的股票；第三，主要的董監事都是由中華民國經濟部指派；第四，預算要經中華民國立法院通過，而決算則要送審計部。

其次，中鋼公司承認它所從事的是一項商業行為，但依美國「外國主權豁免法」，外國所從事的商業行為要和美國之間有連繫關係，美國才能主張管轄。原告認為中鋼的商業行為雖然發生在美國境外，但卻對美國有「直接效果」，因此中鋼不得享有豁免。但法院以為所謂「直接效果」必須符合二個要素：第一，外國主權者的行為在美國有一個「直接效果」，和第二，「直接效果」在美國發生。雖然原告以為由於船舶沈沒，導致了在美國的保險公司必須賠償貨物損失，但法院以為這並不構成「直接效果」。

原告又主張被告已默示放棄豁免，因為它以為被告是載貨證券契約的當事人，而該契約指定準據法為日本法，而有關載貨爭議的紛爭則由臺灣法院解決。但法院表示它不能確定也不能同意載貨證券即能構成一個放棄豁免的契約。

但法院駁回此案，見493 F.Supp. 621 (S.D.N.Y. 1980)。

第五節 小 結

基於前述各節有關美國在「商業活動」方面的分析，我們可以得到以下幾點瞭解：

第一，在認定「商業活動」的判斷標準上，美國的「外國主權豁免法」很明確地表示是依行為的「性質」，而非「目的」來決定是不是「商業活動」。美國法院也大致均遵循此一見解，並且以「私人是否也能從事」作為區分國家從事行為性質的具體標準。

第二，依美國「外國主權豁免法」的規定和法院見解，從事商業活動的外國國家還必須和美國有管轄聯繫的關係，否則美國依舊沒有管轄權。而重要的管轄聯繫關係的成立包括該外國在美國進行商業活動；或是該外國在美國以外的行為與在美國從事的活動有關；或是外國在美國以外所從事的商業活動對美國造成了「直接效果」。依美國最高法院的見解，所謂的「直接效果」，不一定要是「實質而且可以預見」的，只要是由於被告活動所立刻產生的一個結果，都可以被認定是直接效果。

第三，在面對具體案件爭議時，下列幾個問題有助於瞭解被告是否涉及美國「外國主權豁免法」中的商業活動條款而無法援引管轄豁免：

(1)誰參與了整個活動？是國家本身呢？還是一個國營機構？主體身分的確定是決定案件屬於國家豁免案件的第一步。

(2)活動的性質為何？這是一種只有主權國家才能從事的行為嗎？還是這純粹是國家基於商業利益的考量而參與的活動？前者可能會被視為是國家從事主權行為，後者則否。

(3)整個行為或是活動是不是一般人也能從事的呢？要回答此一問題，不妨檢討交易型態，看是不是涉及到貨物買賣、簽發信用狀或是商業銀行的借貸行為等，如果答案是肯定的，法院一般都會認定

這是一種商業活動。

(4)訴訟和法院是否有聯繫關係？這種聯繫關係的建立不一定要以領
　土為唯一的考量因素，即使是「直接效果」也構成了聯繫的基礎。

　　上述的幾點結論可以瞭解外國一旦在美國因「商業活動」的爭議而
做為被告時，如果希望能證明自己是從事主權行為而可以享有豁免，將
是一件越來越不容易的工作，因為「性質論」和「直接效果」二大因素
的採納和適用已大幅地擴張了美國法院的管轄權。

第七章 重要的美國實踐之二：國家從事侵權行為

第一節 侵權行為：「國家豁免」的新發展趨勢

　　傳統的國際法見解以為，外國的侵權行為所產生的私人損害賠償問題是屬於「國家責任」的範圍，應尋求其本國政府行使外交保護權以獲得救濟(註一)。但當前幾乎所有有關「國家豁免」的各國國內法和國際文件都要求國家在與其有關的作為或不作為所引起的人身死亡或傷害，或有形財產的損害所產生的金錢補償訴訟中不得援引管轄豁免。而且相關的立法通常都附加條件，即必須該作為或不作為全部或部分發生在法院地（當地）國領土內，和侵權行為人在作為或不作為時是處於法院地國領土內。這種國內法院對外國侵權行為行使管轄權，實際上是「限制豁免論」發展的結果，即認為有關國家所從事任何形式的非主權行為，外國法院都可行使管轄權。而現有資料顯示，一九五六年奧地利最高法院有關「郝魯百克」案(*Holubeck Case*)的判決是最早直接對外國侵權行為行使管轄權的先例(註二)。該案的事實是一位奧地利人的汽車被美國大使館運送郵件的車子撞壞，因而提起損害賠償之訴。奧地利最高法院以為索

註一　參考勞特派特修訂，王鐵崖、陳體強譯，《奧本海國際法》，上卷，第一分冊，

　　　北京：商務印書館，一九八九年，頁二五一。

註二　Holubeck Case, *ILR*, Vol. 40 (1970), p. 43.

賠請求是針對汽車駕駛人的行為而非運送郵件的過程,故其擁有管轄權。其實,法院如此作的原始目的是協助交通事故受害人,避免保險公司藉國家豁免權為掩護,逃避其對受害者的賠償責任。但事實上,各國法院的實務及理論顯示,此一原則後來也被適用於包含毆打、惡意損害財產、縱火、甚至政治謀殺的案例上(註三)。

所以,雖然限制外國侵權行為豁免的原始理由和主要目的是為了保護法院地國內私人的利益,使得受侵害的個人可以獨立地提起訴訟尋求救濟。但是它的發展卻造成了兩個理論與實務上的問題:第一是國際法上的「國家責任」制度遭受到挑戰;第二則是「限制豁免論」本身的理論架構被打破。首先,依國際法,外國國家的官員或僱用人對另一國的人民或法人如造成侵權行為,當然要負損害賠償責任,但這是屬於「國家責任」的範疇內,一般是透過受害人所屬國行使外交保護權,以協商或交付仲裁,或透過國際法院來解決。但是目前英美等國的立法趨勢是在豁免立法中將外國侵權行為列為「國家豁免」的例外事項,規定國家在人身傷害和財產損害中不得援引管轄豁免,此種發展對於國際法上的國家責任制度而言,是一種新的局面(註四)。其次,「限制豁免論」基本的主張是將國家的行為分為「主權行為」和「非主權行為」,國家如從事主權行為則享有豁免,如從事非主權行為則不得援引豁免。最明顯的例子是國家如從事商業行為,因為缺乏主權要素,故不得主張管轄豁免。但以美國為例,有關侵權行為作為非豁免事項的適用範圍,已從單純的交通事故等私法事項推延到國家的統治權行為,這種趨勢並不符合「限

註三　例如「拉特利爾控智利」案(*Letelier v. Republic of Chile*)即是著名例子。見
　　　488 F.Supp. 665 (D.D.C. 1980)。

註四　丘宏達,〈美國國家主權豁免法中對外國國家或其官員或代理人的侵權行為
　　　之管轄問題〉,《中國國際法與國際事務年報》,第一卷(民國七十四至七十
　　　五年),臺北:臺灣商務印書館,民國七十六年,頁一六。

制豁免論」　區分主權行為和非主權行為而決定是否給予豁免的立場(註五)。

　　在這種情況下，除了保護本國國民外，法院地國對外國侵權行為行使管轄權的法律基礎到底為何呢?「國際法委員會」報告員在其報告中指出主要的理由是基於「不法行為發生地」(*locus delicti commissi*)(註六)，而且由於造成損害的作為或不作為是在法院地國領土內發生，所以可適用的法律應是侵權行為地法(註七)。有的學者進一步的闡明，認為此一原則是承認法院地有優先的領土主權和「方便法院」的結果。因為一方面法院有保護其領域內個人生命和財產不受侵害的義務，另一方面，在調查證據和確定責任歸屬方面，侵權行為地的法院可以提供最佳的司法救濟(註八)。

　　當前各國「國家豁免」法律和有關條約中對「侵權行為」的規範都很類似，並具有下列二點特徵：第一，不區分侵權行為是源自於「公行為」或是「私行為」；第二，不區分侵權行為是由於「過失」或是「故意」所造成的(註九)。例如英國一九七八年「國家豁免法」第五條規定：

　　　外國國家對由在英國的作為或不作為而引起的有關下列訴訟不得

註五　參考龔刃韌，〈外國侵權行為與國內法院管轄權〉，《法學研究》，第五期，一
　　　九九二年，頁六五。

註六　Sompong Sucharitkul, "Fifth Report on Jurisdictional Immunities of States and
　　　Their Property," *YBILC* 1983, Vol. II, Part One, (Document A/CN.4/363) p. 39.

註七　《國際法委員會第四十三屆會議工作報告》，頁一一四。

註八　見龔刃韌，〈外國侵權行為與國內法院管轄權〉，前引註五，頁七〇。

註九　Gerg Ress, "First Report on Development in the Field of State Immunity Since
　　　1982," in International Law Association, *Report of Sixty-Fourth Conference*,
　　　London: ILA, 1991, p. 421. (以下簡稱Gerg Ress, *ILA 64th Report*)

　　　　享有豁免：

　　　　⑷死亡，或人身傷亡；或

　　　　⑸有形財產之損害或滅失。

　　澳大利亞一九八五年「外國國家豁免法」第十三條(註一○)的規定和英國規定幾乎一樣，而其他制訂外國豁免立法的國家，除了巴基斯坦外，新加坡、南非，以及加拿大也都規定了外國從事侵權行為不享有管轄豁免。值得注意的是，由於前述英國「國家豁免法」第三條已廣泛而深入的規範了「商業行為」，因此第五條規範的對象是非商業侵權行為。

　　在條約方面，聯合國「國際法委員會」通過的條款草案中，規定一國不得在對與其有關的作為或不作為所引起的人身死亡或傷害，或有形財產的損害所產生的金錢補償訴訟中援引管轄豁免。但必須該作為或不作為全部或部分發生在法院地國領土內，而且行為人在作為或不作為時處於法院地國領土(註一一)。而「歐洲國家豁免公約」第十一條則一樣規定締約國不得對因其行為所導致的人身傷害或有形財產損害的訴訟中援引管轄豁免。至於國際法學會(ILA)的草案第三條(F)項是規定人身傷害和財產的損失如由於締約國的作為或不作為而引起，則該締約國不得援引管轄豁免，但必須是造成死亡或損害的作為或是不作為是全部或部分發生於法院地國境內，或者是作為或不作為對於法院地國產生了「直接效果」(Direct Effect)(註一二)。

註一○　第十三條規定如下：「外國國家在涉及下述事項的訴訟中不享有豁免：一項在澳大利亞已為或因疏忽而為的作為或不作為造成⑴人員的死或人身傷害；或⑵有形的財產的損失或損害。」《國際法資料》，第七輯，一九九三年，頁二五～二六。

註一一　「國家及其財產的管轄豁免條款草案」，第十二條，人身財產和財產損害。

註一二　International Law Association, Revised Draft Articles for a Convention on

那麼美國的規定為何呢? 美國一九七六年「外國主權豁免法」(FSIA)
第一六〇五條(a)項(5)款規定外國或者該外國的任何官員或其僱用人，在
職務或雇用範圍內，因為發生在美國的侵權行為，而造成人身傷害、死
亡或財產損害喪失時，該外國得負金錢損害賠償的責任(註一三)。本條的
內容和國際立法的趨勢大致相似，但是該法同時提供了二個例外的情況:
第一個例外是如果任何權利的主張是基於外國有關自由裁量權(Discre-
tionary Function)的運用，即使是外國濫用該自由裁量權職能; 第二是原
告主張權利是基於惡意起訴、濫用程序、文字誹謗、誹謗、不正確陳述、
欺騙或者是干擾契約權(註一四)。

依眾議院司法委員會的報告，本條的立法意旨主要是針對車禍交通
事故，但採一般性用語立法，所以也適用於所有有關金錢賠償的侵權行
為之訴。故司法委員會進一步的強調，「第一六〇五條(a)項(5)款的目的是
允許交通事故和其它非商業侵權行為的受害人對外國提起訴
訟(註一五)。」

State Immunity, Article III (F), *Report of Sixty-Sixth Conference*, London:
ILA, 1994, p. 491. (以下簡稱ILA Revised Draft Articles on State Immunity)

註一三　28 U.S.C. § 1605 (a)(5).

註一四　依眾議院司法委員會的立法報告，第二個例外條款的構想來自「聯邦侵權
　　　　請求法」(Federal Tort Claims Act)，依該法相類似的條款，美國政府可以
　　　　享有豁免權。見 House Report No. 94–1487, *UN State Immunity Materials*, p.
　　　　112。在法院實務上，第二個例外原則曾被援引過，在「塔斯社」案中，
　　　　法院駁回的理由是請求的目的是基於誹謗，而在另一個對蘇俄音樂學會
　　　　一案中，法院以為不適用「外國主權豁免法」中的侵權條款，因為它涉及
　　　　干擾契約權。見 *Schreuer*, p. 46。

註一五　House Report No. 94–1487, *UN State Immunity Materials*, p. 112.

第二節 侵權行為的認定

一、原 則

美國「外國主權豁免法」和立法報告都很明白的顯示在侵權行為的領域內，並不需要區分外國政府或其官員所為的行為是主權行為（公行為）或是非主權行為（私行為）。而且除非符合例外的條件，否則只要侵權行為在美國造成人身傷害或財產損失，美國法院都有管轄權(註一六)。不過前提必須是外國政府官員或其雇用人在執行職務或是雇用範圍內的作為或不作為導致侵權方可歸責於外國。但什麼是「在其職務或雇用範圍內」(within the scope of his office or employment)的意義呢？判斷的標準又何在？在「卡司特羅訴沙烏地阿拉伯」(*Castro v. Saudi Arabia*)(註一七)一案中，法院考慮的重點是沙烏地阿拉伯是否必須為一個未執行職務，但因過失而導致車禍的該國學生軍人負責。法院最後認為由於該沙國學生軍人的作為完全是私人事務(註一八)，所以沙國不需負責。主要的理由是該日並無訓練課程，所以該軍人並不在僱用期間，而且該名軍人是在美國軍事基地受訓並接受美國的軍事管理，所以應當是美國有權管理該名軍人的下班生活，而非沙烏地阿拉伯政府。而在「史肯訴巴西」(*Skeen v. Federative Republic of Brazil*)(註一九)一案中，巴西駐美大使的孫子在一個夜總會外槍擊原告，由於依「維也納外交關係公約」，大使及其家人均享有外交豁免權，所以原告改循「外國主權豁免法」的規定，要求巴西

註一六　*Schreuer*, pp. 51–52.

註一七　*Castro v. Saudi Arabia*, 510 F.Supp. 309 (W.D. Tex. 1980).

註一八　*Ibid.*, p. 313.

註一九　*Skeen v. Federative Republic of Brazil*, 566 F.Supp. 1414 (D.D.C. 1983).

為該侵權行為負責，但法院認為有二種情形可以認定官員或雇用人的行為不應是「在其職務或雇用範圍內」。第一是官員或雇用人不在工作期間所為的行為；第二是官員或雇用人所從事的行為非雇主所能預見會與雇用有關。由於法院認為本案並不是因為雇用人執行職務所引起的，所以巴西並不用負責(註二〇)。

其次，第一六〇五條(a)項(5)款主要是適用於「非商務侵權行為」，但許多侵權行為的案件事實上與商業行為有關，例如產品的製造責任即是(註二一)。因此，如何解決「商業活動」和「非商務侵權行為」二者在適用上時的可能衝突問題呢？首先，眾院的立法報告指出「非商務侵權行為條款適用於『商業活動』所未涵蓋的部分(註二二)」。而且一般而言，「商業活動」條款的意義要比「非商務侵權行為」條款的意義來得廣泛(註二三)。其次，由於「外國主權豁免法」的「非商務侵權行為條款」不適用於契約權利事項，而大部分的商業活動大都與契約有關，所以面對契約的糾紛，或許可以優先適用「商業活動」條款(註二四)。雖然有前述二項判斷標準，但在實務上，適用二個條款的優先順序並不是永遠都是那麼截然清楚(註二五)。

如前所述，「非商務侵權行為」條款的制定主要是針對車禍案件，希望車禍被害人能獲得有效的賠償救濟，但在實際運用上，主要重要的案件都與車禍無關。不過必須一提的是，也並不是所有的「非商務侵權行

註二〇　參考丘宏達，「美國國家主權豁免法中對外國國家或其官員或代理人的侵權行為之管轄問題」，前引註四，頁八。

註二一　*Restatement (Third)*, p. 410.

註二二　House Report No. 94–1487, *UN State Immunity Materials*, p. 112.

註二三　*Restatement (Third)*, p. 410.

註二四　*Schreuer*, p. 50.

註二五　*Ibid.*

為」的案件都是與政治謀殺有關，例如在「奧爾森訴新加坡」(*Olson v. Republic of Singapore*)(註二六)一案中，原告聲稱參加新加坡駐美大使館的酒會時，在使館內跌倒受傷，因此他聲稱這完全是由於大使館的過失所導致。法院拒絕給予大使館管轄豁免，認為本案符合「外國主權豁免法」中「非商務侵權行為」的規範，新加坡應為其大使館的過失行為負責。

最後，國會於一九九六年通過的「反恐怖活動與有效死刑罰法案」(the Antiterrorism and Effective Death Penalty Act，以下簡稱「一九九六年反國家恐怖活動法」)(註二七)，於「外國主權豁免法」第一六〇五條(a)項下增列了第七款，規定了美國法院對於外國支持恐怖活動的案件享有管轄權(註二八)，第一六〇六條則指出被害人並有權利請求「懲罰性的損害賠償」(Punitive Damages)(註二九)。故「一九九六年反國家恐怖活動法」的制訂對於美國「國家豁免」領域內有關侵權行為規則的演進有很重大的意義。

二、領土聯繫

各國的實踐顯示外國侵權行為與法院地國之間的領土聯繫是行使管轄權的必要條件，不過各國的立法和判例決定領土聯繫的標準不完全相同，主要的爭議在於到底應採取「損害發生地原則」，還是「侵權行為發生地原則」。

在國內立法方面，英國「國家豁免法」第五條，新加坡「國家豁免法」第七條，南非「外國主權豁免法」第六條，和澳大利亞「外國國家

註二六　　*Olson v. Republic of Singapore*, 636 F.Supp. 885 (D.C. Dist. Col. 1986).

註二七　　Pub. L. No. 104–133, 110 State 1214 (1996).

註二八　　28 U.S.C. § 1605 (a)(7).

註二九　　28 U.S.C. § 1606.

豁免法」第十五條都是採「侵權行為發生地原則」，即只有侵權行為發生地國才能行使管轄；而另一方面，加拿大「國家豁免法」第六條則是採「損害發生地原則」，即無論侵權行為發生在何處，只要損害發生在法院地國，法院地國就可以行使管轄權(註三〇)。而在判例方面，歐洲大陸法系國家通常也是以「侵權行為發生地」做為法院行使管轄的前提要件，例如德國和法國法院均採此一立場(註三一)。

　　在條約方面，「國際法委員會」的草案第十二條是要求「該作為或不作為全部或部分發生在法院地國領土內，而且作為或不作為的行為人在作為或不作為發生時處於法院地國領土內」，此一規定較單純的「侵權行為發生地」更嚴格，因為它要求行為人在作為或不作為時必須在法院地國內，而「歐洲國家豁免公約」第十一條亦是要求「引起傷害或是損害發生的事實在法院地國，並且行為者在傷害或損害事實發生時處於法院地國」。

　　國際法學會(ILA)於一九九四年所提出有關「國家豁免」的草案修正案值得注意，它要求「作為或不作為……全部或部分發生於法院地國，或者是作為或不作為對法院地國造成了直接效果」，在侵權條款中引入了「直接效果」(Direct Effect)的概念是一項創舉(註三二)。

　　在檢討各國立法、判例、條約後，美國的規範又如何呢？美國「外國主權豁免法」的「非商務侵權行為」條款要求法院行使管轄權的要件之一是損害必須在美國境內發生，而國會的立法報告則強調「侵權行為必須發生在美國境內(註三三)」。另一方面，代表美國多數學者意見的《美國對外關係法第三次整編》又表示，「只要損害在美國發生，不論侵害行

註三〇　龔刃韌，〈外國侵權行為與國內法院管轄〉，前引註五，頁六八。

註三一　同上，頁六九。

註三二　ILA Revised Draft Articles on State Immunity，前引註十二，頁四九一。

註三三　House Report No. 94-1487, *UN State Immunity Materials*, p. 112.

為在何處發生，美國對該侵權請求都有管轄權(註三四)」。

雖然「外國主權豁免法」未明確說明，但美國各法院大多認為除了「損害發生地」在美國外，侵權行為的主要部分也必須發生在美國領土內，法院才有管轄權(註三五)，基於此一原則，美國法院對下列案子表達了其見解：

第一，伊朗首都德黑蘭的美國大使館人質事件結束後，不少受害者在美國控告伊朗政府，要求伊朗政府賠償，並主張美國大使館是美國領土的一部分，而侵權行為發生在美國駐伊朗大使館內等於是在美國領土內發生，所以美國法院有管轄權。但法院拒絕此一見解，並不認為侵權行為發生於美國領土境內(註三六)。

第二，在英阿福克蘭戰爭(Falklands War)期間，兩家黎巴嫩公司所擁有的油輪在英國和阿根廷所指定的「戰區」以外遭到阿根廷的攻擊，該船雖然駛進里約熱內盧港，但由於船上還有未爆彈難以排除，故只好在巴西海岸外二五〇英里鑿沈該船。黎巴嫩公司因而在美國法院提起訴訟，要求阿根廷為其軍隊在公海上違反國際法的行為負損害賠償責任。但最高法院表示油輪的損害發生地毫無疑問地是在美國領海以外，而且「外國主權豁免法」第一六〇五條(a)項(5)款也沒有規定外國的侵權行為如對美國產生「直接效果」(Direct Effect)，則美國可以行使管轄權(註三七)，所以在本案中，美國對外國在公海的行為無管轄權。

第三，在「達德爾訴蘇聯」（ *Von Dardel v. Union of Soviet Socialist*

註三四　*Restatement* (*Third*), p. 409.

註三五　參考龔刃韌，〈外國侵權行為與國內法院管轄〉，前引註五，頁六九。

註三六　見*Persinger v. Islamic Republic of Iran*, 729 F.2d 835, 839–842 (D.C. Cir. 1984)。

註三七　*Argentina Republic v. Amerada Hess Shipping Corp.*, 488 U.S. 428, at 439–441 (1989).

Republics)(註三八)一案中，一名瑞典外交官在美國的金錢支助下，協助猶太人免於被納粹逮捕送往集中營，但他於一九四五年於匈牙利首都被前蘇聯錯誤地逮捕，並被監禁且可能已因而死亡。在相關訴訟中，美國國務院表達了對本案的看法，其中最重要的論點即是它認為如果要符合第一六〇五條(a)項(5)款，外國侵權的行為一定要發生在美國境內(註三九)。不過地方法院卻以前蘇聯的作為是違反了國際法和國際條約的義務為理由，而認為其有管轄權。

　　此外，在美國領域以外的石油鑽探事故而引起對美國領海的污染，前蘇聯禁止移民的行為和美國人在外國遭受人身傷害的事件都被認定因為「侵權行為」沒有發生在美國，所以美國法院無管轄權(註四〇)。另一方面，美國境內的外國使領館所發生的侵權行為依舊被認為是在美國境內發生(註四一)。而在「歇爾登控墨西哥」(*Olsen by Sheldon v. Government of Mexico*)一案中，墨西哥飛機失事於美國境內距美墨邊界僅四分之三英哩處，而飛機之所以進入美國，完全是因為天氣惡劣，故希望能取得較好的角度降落，不過法院一樣認定侵權行為地發生在美國，而否決了墨西哥豁免管轄權的主張(註四二)。

　　值得注意的是，依「一九九六年反國家恐怖活動法」，外國國家在美國領域外所從事的恐怖活動，如對美國人民造成人身傷害，美國法院依舊有管轄權，換句話說，新修正案並不要求恐怖活動和美國之間要有領土聯繫關係。

註三八　*Von Dardel v. Union of Soviet Socialist Republics*, 623 F.Supp. 246 (D.D.C. 1986).

註三九　*Cumulative Digest 1981–88*, p. 1615.

註四〇　龔刃韌，〈外國侵權行為與國內法院管轄〉，前引註五，頁六九。

註四一　*Olson v. Republic of Singapore*, 636 F.Supp. 885 (D.C. Dist. Col. 1986).

註四二　*Olsen by Sheldon v. Government of Mexico*, 729 F.2d 641 (9th Cir. 1984).

三、例外: 行使自由裁量權

「外國主權豁免法」第一六〇五條(a)項(5)款規定，外國的侵權行為如基於其「自由裁量權職能」(Discretionary Function)而產生，則可以主張豁免。本項的立法背景是由於美國本身被控告時，依聯邦侵權請求法(Federal Tort Claims Act)，如其行為屬於「自由裁量權行為」(Discretionary Acts)則可援引豁免，故「外國主權豁免法」制定本款的目的是將外國和美國置於同等的地位(註四三)。而通常所謂的「自由裁量權行為」是指「對政策判斷和決定有餘地的行為」(註四四)，或者是擬定一個計畫或行動，或者是操作、安排以及執行這些計畫的相關行為。而以下二個實例均能說明何謂「自由裁量權職能」。

一九七六年，前智利外交部長和駐美大使拉特利爾(Letelier)及其秘書在華盛頓遭暗殺，死者的家屬在美國提起訴訟，並主張由於製造和設計炸彈的人是在智利政府的指示和幫助下進行，所以智利依「外國主權豁免法」第一六〇五條(a)項(5)款應進行賠償。一九八〇年，由於智利政府拒絕出庭，所以法院作出了缺席判決，在判決中，法院指出: 第一，法院認為「外國主權豁免法」有關非商務侵權行為的條款並沒有表示侵權行為只適用於「私」行為，而且也不是僅限於交通事件；第二，法院表示由於暗殺是一個嚴重的犯罪行為，明顯地違反了國際和國內法所承認的人道觀念，所以不屬於政府的「自由裁量權職能」(註四五)。

而在另一案中，一架墨西哥政府操作並擁有的飛機在接近墨西哥的城市蒂哇那(Tijuana)時，於美國境內墜毀，當時機上載有墨西哥依美墨換囚協定而準備在蒂哇那遞交給美國的囚犯，犯人的美國子女因而在美國

註四三　House Report No. 94–1487, *UN State Immunity Materials*, p. 112.

註四四　*Restatement (Third)*, p. 410.

註四五　*Letelier v. Republic of Chile*, 488 F.Supp. 665 (D.D.C. 1980).

對墨西哥提起訴訟。在二審中，墨西哥政府表示，第一六〇五條有關「非商務侵權行為」條款不適用於本案，尤其是導致飛機失事的行為完全是具有自由裁量權的性質，所以它符合「自由裁量權職能」的例外原則。

但法院不同意墨西哥的論點，它表示不但「外國主權豁免法」的「自由裁量權職能」文字是模仿「聯邦侵權請求法」，而且「外國主權豁免法」的立法史也說明應依「聯邦侵權請求法」來解釋該款，所以法院將依「聯邦侵權請求法」的解釋來決定「自由裁量權職能」的範圍，在本案中，原告主張墨西哥政府在維修、導引和駕駛飛機方面有過失，而這和墨西哥政府簽訂換囚協定和決定交換那些犯人並沒有關連。法院同意原告的說法，認為運送犯人的行為和決定運送犯人的政策是二回事，所以墨西哥政府有關「自由裁量權職能」的主張不被採納(註四六)。

最後，在一件控告菲律賓政府的案件中，原告指控菲律賓馬可仕政府謀殺二名工會領袖，菲律賓政府表示，即使指控的行為是真的，由於該行為屬於政府的「自由裁量權職能」，所以它可以享有管轄豁免。但法院並不同意此種見解，它再一次的肯定前述「拉特利爾」案的見解，並強調「不論一個外國的政策為何，它都沒有採取任何行動以暗殺個人的『自由裁量權』」；而且暗殺的行為顯然「超過授權以外的行為」，所以也不應主張可以依「自由裁量權職能」而享有豁免(註四七)。

其後的「劉宜良」案中，法院也表示「自由裁量權職能」的主張並不適用(註四八)，所以很明顯的，外國如因暗殺事件而在美國被控時，法院一般並不接受這是外國官員或其僱用人行使裁量權的看法；而另一方面，法院也普遍肯定美國「聯邦侵權請求法」的內容和實踐應當作為判

註四六　*Olsen by Sheldon v. Government of Mexico*, 729 F.2d 641 (9th Cir. 1984).

註四七　*Estate of Silme Domingo v. Republic of the Philippines*，本案摘要見*Cumulative Digest 1981–88*, pp. 1604–1605。

註四八　*Cumulative Digest 1981–88*, p. 1606.

定是否適用「自由裁量權職能」時的參考。

第三節　違反人權案件

一、概　論

　　美國「外國主權豁免法」的主要立法目的是要解決外國國家牽涉商業糾紛時的管轄豁免問題，但很快地，該法也被適用在一些外國國家違反人權的案件。本來依傳統國際法原則，外國人的人權如遭受侵害，在遵循「用盡當地救濟原則」(Exhaustion of Local Remedies)後，被害人可請求其所屬國依傳統國際法所允許的方式尋求救濟。但有許多被害人並不遵循此種模式，而是轉而在本國法院對侵害其人權的外國提出控訴，並尋求民事賠償。在這種情況下，被告國是否能在美國法院享有豁免成了一個必須先解決的問題，此一趨勢也是反映出一個觀點：即越來越多的人主張，國家如從事了違反人權的行為，則其不能在另一國法院主張管轄豁免(註四九)。

　　而由過去的經驗顯示，美國各級法院在面對有關國家侵害人權的案件時，主要是以下列原因之一駁回被告國豁免的主張：(註五〇)

註四九　參考J. Paust, "Federal Jurisdiction over Extraterritorial Acts of Terrorism and Nonimmunity for Foreign Violators of International Law under the FSIA and the Act of State Doctrine," *Virginia Journal of International Law*, Vol. 23 (1983), p. 191。

註五〇　Andrea Bianch, "Overcoming the Hurdle of State Immunity in the Domestic Enforcement of International Human Rights," in B. Conforti and F. Francioni, eds., *Enforcing International Human Rights in Domestic Courts*, the Netherlands: Kluwer, 1997, pp. 421–429.

⑴解釋國內法符合國際法規範

在「阿默瑞德・海斯」(*Amerada Hess Shipping Co. v. Argentina Republic*)(註五一)案中，法院表示「現代觀點以為主權者不能因為違反國際法而享有豁免」；而在一九八五年的「達德爾」(*Von Dardel v. Union of Soviet Socialist Republics*)(註五二)案中，法院也同樣以為被告國不能因為違反國際法的行為而享有豁免。這些法院進一步推論出其在適用解釋「外國主權豁免法」時，應符合國際法的要求，而外國主權者侵害人權的行為由於不符合國際規範，所以「外國主權豁免法」也不可能給予豁免。

⑵默示放棄豁免

此派主張當外國簽署有關人權的條約時，即表示其以默示放棄在有關人權訴訟中的豁免主張，此種見解在一九八五年的「達德爾」案中為法院所接受。但在一九九〇年，前蘇聯為了尋求廢棄八五年的缺席判決而展開的第二次「達德爾」訴訟中(註五三)，法院卻又不認為前蘇聯簽署了一九七三年「關於防止和懲罰侵害應受國際保護人員包括外交代表的罪行的公約」就表示其默示放棄豁免。

⑶「條約」條款

「外國主權豁免法」第一三三〇條(a)項和第一六〇四條規定有關豁免的適用，應接受美國所簽署國際協定的規範。所以，有的法院主張如果被告國所為和美國所簽署的條約內容相違背，則應拒絕豁免(註五四)。

註五一　*Amerada Hess Shipping Co. v. Argentina Republic*, 830 F.2d 421 (2d Cir. 1987).

註五二　*Von Dardel v. Union of Soviet Socialist Republics*, 623 F.Supp. 246 (D.D.C. 1985).

註五三　*Von Dardel v. Union of Soviet Socialist Republics*, 736 F.Supp. 1 (D.D.C. 1990).

註五四　*Kalamazoo Spice Extraction Co. v. Provincional Military Government of So-*

而在眾多有關人權的公約中，「聯合國憲章」和「世界人權宣言」是最常被引用而視為是有拘束力的人權條約。

(4)「侵權行為」條款

依美國「外國主權豁免法」，外國的行為如侵害人身安全或造成財產損害，在符合一定條件下，將無法因為該行為而在美國享有「國家豁免」。此點特別重要，故將在下文中詳加分析。

(5) 人權是「絕對規律」(*jus cogens*)

在「史德門」(*Susana Siderman de Blalke v. The Republic of Argentina*)(註五五)一案中，法院雖然最終做出對阿根廷有利的判決，但在判決中曾認真考慮過原告的主張，即如果國家的行為違反了「絕對規律」，則「國家豁免」應不再適用，而原告主張保護人權應可被視為是一項國際法上的「絕對規律」。

在上述五種見解中，「侵權行為」條款的應用非常值得重視。在實際應用上，它所面臨的困難不在於區分主權行為和非主權行為，因為即使是外國政府官員因為執行公務而造成的侵權行為訴訟中，外國一樣無法享有豁免。換句話說，在「國家豁免」有關侵權行為的領域中，法律並不需要費神區分行為的特質，這也是外國如果在美國從事政治暗殺案件無法主張豁免的原因。

以「侵權行為」條款來處理有關違反人權案件的最大困難在於領土聯繫。如前所述，美國大多數法院都以為外國如因侵權行為而不能享有豁免的前提是「侵權行為損害地」和「侵權行為發生地」必須在美國，這使得該條款的行使受到很大的限制。

在「拉特利爾」(*Letelier v. Republic of Chile*)(註五六)一案中，智利前

---

cialist Ethiopia, 729 F.2d 422 (6th Cir. 1984).

註五五　*Susana Siderman de Blalke v. The Republic of Argentina*, 965 F.2d 699 (9th Cir. 1992).

外交部長拉特利爾是在美國首府被暗殺，所以滿足「外國主權豁免法」
中有關「侵權行為」條款的要求，同樣的情形也適用於「劉宜良」(*Liu v.*
Republic of China)(註五七)案，由於受害人是在美國被暗殺，所以能滿足

註五六　*Letelier v. Republic of Chile*, 488 F.Supp. 665 (D.D.C. 1980). 本案的賠償問
　　　　題已於一九九〇年經由美國和智利之間簽署協定解決，智利在協定中表
　　　　示不承認對於爭端有責任，但願意基於恩惠的立場支付賠償，有關資料見
　　　　ILM, Vol. 30 (1991), p. 421。

註五七　*Liu v. Republic of China*, 892 F.2d 1419 (9th Cir. 1989). 「劉宜良」案是我國
　　　　前任國防部情報局局長汪希苓被認為命令竹聯幫分子暗殺華裔作家劉宜
　　　　良而引起的，這是一件有關美國「外國主權豁免法」中的非商務侵權案件。
　　　　法院認定一九八四年間，汪希苓曾指示竹聯幫分子陳啟禮等人「教訓」在
　　　　美國之華裔作家劉宜良，理由是劉宜良在外國隨意批評中華民國。陳啟禮
　　　　隨後在美國與吳敦及董桂森二人暗殺劉宜良，事前和事後陳啟禮均曾告
　　　　知汪希苓和情報局負責聯絡的官員。在一審時，地院認為中華民國的判決
　　　　是「國家行為」，再加上進行本案必要的調查證據工作會觸及外國最敏感
　　　　的國家安全和情報工作，所以法院以為美國並無管轄權。但聯邦第九上訴
　　　　巡迴法院的見解不同，它以為本案是有關管轄權，上訴法院有權進行審
　　　　查，而所牽涉的主要問題，是中華民國是否適用「外國主權豁免法」中非
　　　　商務侵權行為條款。而法院的見解如下：首先，它以為國家或其代理人如
　　　　果有從事侵權行為，則不得主張豁免，而中華民國是否要負責，重要的爭
　　　　論點是汪希苓命令殺害劉宜良是否屬於其「職權範圍」(Scope of Employ-
　　　　ment)內的工作。至於何謂「職權範圍」，上訴法院以為加州與本案有較密
　　　　切之牽連關係，所以汪希苓行為是否屬於「職權範圍」內，要依加州法律
　　　　來決定。而依加州法律，上訴法院認為中華民國在實體法上應負僱用人責
　　　　任。此外，中華民國刑法禁止謀殺，而外國政府雇員違反其本國法則不適
　　　　用主權豁免法中有關「自由裁量權職能」的規定。至於在解決「國家行為

「侵權行為發生地」和「損害地」都是在美國的要求。但是在最近一些
論」時，法院首先認為「國家行為論」不是限制法院的管轄權，而只是一
個避免在敏感領域內採取司法行為的精心設計，它可以避免由於法院對
於外國國家行為合法性的宣告而使得行政部門在推行外交政策時感到窘
困。主張「國家行為論」者負有舉證責任，它必須證明是依主權能力從事
該行為，並指出涉及國家的利益。法院以為被害人遺孀指控中華民國前情
報局長派人謀殺其丈夫並不違反「國家行為論」。因為謀殺在美國發生，
行政部門更有可能因為「國家行為論」的採納而窘困，更何況法院並未質
疑中華民國刑事法庭的判決，所以也無須判斷其是否為國家行為。上訴法
院所作的只是就中華民國法院所確定的事實，依加州法律予以宣判而已。
法院也列出一些考慮因素：外國是不是基於公共利益而行為；國際間對該
行為有什麼樣的共識；案子是不是會導致外交部門在擬定外交政策時有
困難等。法院最後認為「國家行為論」並不因為一個國家命令在美國境內
謀殺美國公民而自動生效，所以不得在本案中作為抗辯的理由。

　　「劉宜良」案判決常被學者引用，作為檢討美國法院處理外國政府在
美國執行暗殺行為時的主要參考資料。見Michael N. Schmitt, "State-Spon-
sored Assassination in International and Domestic Law," *Yale Journal of In-
ternational Law*, Vol. 17 (1992), p. 624。此外，地區法院有關中華民國適用
「國家行為論」的見解也曾被廣泛的批評。見Fletcher Alford, "When Nations
Kill: The Liu Case and the Act of State Doctrine in Wrongful Death Suits,"
Hastings International and Comparative Law Review, Vol. 12 (1989), p. 466。
雖然如此，但也有人以此討論私人侵權行為和公務侵權行為的區分，認為
前中華民國情報局局長為了私人原因，命令他人在美國謀殺劉宜良，而美
國法院判決中華民國必須為其負責，由於尚不清楚該行為是否可歸責於
中華民國，故判決的見解頗值得懷疑。見International Law Association,
Report of Sixty-Fifth Conference, London: ILA, 1993, p. 299。

重大的違反人權案件中，適用「侵權行為」條款就有困難，例如在「史密斯訴利比亞」案(*Smith v. The Socialist People's Libyan*)(註五八)，法院以為飛機是在美國以外的蘇格蘭上空爆炸，而非在美國境內，所以法院無管轄權；而在「納爾森」案(*Saudi Arabia v. Nelson*)(註五九)中，原告納爾森在沙烏地阿拉伯受到刑求的事實雖然被認定，但由於刑求不發生在美國境內，所以法院無法適用「侵權行為條款」並宣布其不具有管轄權審理此案，而這兩個案件都引起了很大的回響。一般的觀點是外國違反人權或是支持恐怖活動的事實如此明顯，而法院卻做出了對外國有利的判決，這根本是違反了司法正義。

「一九九六年反國家恐怖活動法」正是針對外國國家支持的恐怖活動而制訂。如依新法，美國應當可以對類似洛克比空難事件的受害者家屬提供救濟之途，它的原則與適用條件的限制為何？以下將做進一步觀察。

二、一九九六年反國家恐怖活動法

一九九六年，美國總統柯林頓簽署了「反恐怖活動和有效死刑罰法案」(the Antiterrorism and Effective Death Penalty Act)(註六○)，該法的主要目的之一是修正「外國主權豁免法」，使得美國法院對於從事恐怖活動的外國政府可以享有管轄權審理案件(註六一)。

在過去的三十年，國際間對於恐怖分子破壞活動日益增加的現象相當關心(註六二)。 不過雖然有一些針對恐怖分子個人的國際條約相繼完

註五八　*Smith v. The Socialist People's Libyan*, 866 F.Supp. 306 (E.D.N.Y. 1995).

註五九　*Saudi Arabia v. Nelson*, 507 U.S. 349 (1995).

註六○　Pub. L. No. 104–133, 110 State 1214 (1996).

註六一　*Ibid.*, § 221.

註六二　*Henkin*, p. 391.

成，例如「反對劫持人質國際公約」(International Convention Against the Taking of Hostages)(註六三)；「關於防止和懲罰侵害應受國際保護人員包括外交代表的罪行的公約」(Convention on the Prevention and Punishment of Crimes Against International Protected Persons Including Diplomatic Agents)(註六四)；「蒙特婁制止危害民航安全之非法行為公約」(Montreal Convention for the Suppression of Unlawful Acts Against the Safety of Civil Aviation)(註六五)；以及「海牙制止非法劫持航空器公約」(Hague Convention for the Suppression of Unlawful Seizure of Aircraft)(註六六)等，但到目前為止，還沒有一個公約是以支持恐怖活動的國家作為規範的對象(註六七)。

而在美國，決定美國法院是否能對外國政府主張管轄權的唯一標準是依據「外國主權豁免法」(FSIA)。依該法，外國政府因為在美國從事侵權行為而產生的訴訟中是不能主張「國家豁免」的。而在修正案通過前，法院的一貫見解是，「侵權行為」條款可以適用於發生在美國境內的恐怖活動，而無域外效力，理由是法院認為「外國主權豁免法」的「侵權行為」條款適用的要件是侵權行為和損害都一定要發生在美國境內(註六八)。所以一九八八年美國泛美航空在蘇格蘭洛克比(Lockerbie)上空的爆炸事件雖然據信是利比亞政府在幕後支持，但美國法院在一宗由遇難家屬所提起的控告利比亞政府的訴訟中，依舊表示無管轄權，理由即是因為侵權行為發生地是在美國以外(註六九)。

註六三　*ILM*, Vol. 18 (1979), p. 1456; *UNTS*, Vol. 1316, p. 205.

註六四　*UST*, Vol. 28, p. 1975; *UNTS*, Vol. 1035, p. 167.

註六五　*ILM*, Vol. 10 (1971), p. 1151; *UST*, Vol. 24, p. 565.

註六六　*ILM*, Vol. 10 (1971), p. 133; *UST*, Vol. 22, p. 1641; *UNTS*, Vol. 860, p. 105.

註六七　*Henkin*, p. 393.

註六八　*Cicippio v. Islamic Republic of Iran*, 30 F.2d 164, 169 (D.C. Cir. 1994).

　　除了洛克比空難事件外，紐約世界貿易中心爆炸案和奧克拉荷馬聯邦大廈爆炸案是促成美國國會立法的主要原因(註七〇)，支持這項修正案的人以為，它有助於遇難者的家屬尋求損害賠償，而且給從事恐怖活動國家一個很明確的訊息，即美國反對恐怖活動的決心(註七一)；而反對者則以為此舉會導致外國的報復並且會損害美國的外交關係(註七二)。

　　新修正案的重點是說明外國如從事酷刑折磨、非法律途徑殺人、破壞航空器、挾持人質、或是提供物質或是資源支持上述活動，則在相關訴訟中不得主張援引豁免(註七三)；修正案也提供了執行判決的方式(註七四)。但新修正案的行使要受到二項重大限制。首先，被告國必須名列「支持恐怖活動國家」名單之上(註七五)，至於它名列該名單之上是因為其過去的紀錄，或是由於此次被控訴行為的結果則無所謂，而目前在國會「支持恐怖活動國家」名單上的國家有古巴、伊朗、利比亞、北韓、蘇丹和敘利亞(註七六)。

　　第二項限制則是如果司法部長(Attorney General)能證明該請求可能會干擾刑事調查或控訴，或是妨礙國家安全，則被授權可以暫緩原告審視證據的請求，並且暫緩期限可以長達十年(註七七)，如果十年後，司法

註六九　*Smith v. Socialist People's Libyan Arab Jamahiriya*, 886 F.Supp. 306, 315 (E. D.N.Y. 1995).

註七〇　141 Cong. Res. H. 4600 (Daily ed., May 9, 1995).

註七一　Thomas W. Lippman, "Panels Lift Immunity in Terrorism: Proposals Open Nation to Lawsuits by Victims," *Washington Post*, July 3, 1995, at A10.

註七二　*Ibid.*

註七三　28 U.S.C. § § 1330, 1605(a)(7).

註七四　*Ibid.*

註七五　28 U.S.C. § 1605(a)(7)(A).

註七六　*Federal Registers*, Vol. 59 (1994), pp. 51, 130–51, 131.

部長覺得依舊有需要暫緩原告審視證據的請求，則可以請求法院批准，而法院可自由決定是否有需要以及期限的長度(註七八)。

新的修正案通過至今，美國法院已經審理過幾件有關國家支持恐怖活動導致美國人民死亡的訴訟，相關的見解及事實如下：

(1)一九九六年二月二十四日，美國人駕駛飛機在美國與古巴之間的公海區域上被古巴空軍擊落並造成四人死亡，其繼承人在佛羅里達州南區聯邦地方法院提起訴訟，控告古巴政府與古巴空軍，並要求賠償(註七九)。法院首先表示，古巴政府的行為嚴重地違反了國際法與基本人權，而它也注意到古巴政府透過外交管道提出法院無管轄權的抗辯，但法院進一步地指出基於下列理由與原告提出的證據法院當然擁有管轄權：第一，古巴空軍以飛彈在公海上擊落民用飛機完全符合「外國主權豁免法」所規定「非法律途徑殺人」的定義；第二，當時所截聽到的無線電波清楚地顯示，古巴軍機是接受古巴政府的指示從事任務；第三，四位飛行員中有三位是美國公民(註八〇)。最後，法院適用「民事責任法」(Civil Liability Act)以計算損害賠償，並以為普通民事賠償金額為美金四千九百九十二萬餘元，而懲罰性的損害賠償為美金一億三千七百七十萬元，合計約為一億八千七百萬美元(註八一)。

(2)一九九四年，泛美航空在蘇格蘭洛克比上空爆炸，遇難者的家

註七七　28 U.S.C. § 1605(g).

註七八　*Ibid.*

註七九　*Alejandre v. Republic of Cuba*, 996 F.Supp. 1239 (S.D. Fla. 1997).

註八〇　*Ibid.*, p. 1248.

註八一　*Ibid.*, p. 1249.

屬於聯邦紐約東區地方法院提出訴訟，控告利比亞政府在幕後支持該項恐怖活動，但當時法院基於侵權行為發生地不在美國境內而宣告其不具備管轄權(註八二)。 但由於國會通過了修正案，所以原告又針對該案重新提起訴訟，尋求救濟(註八三)。結果法院在判決中指出，國會通過對「外國主權豁免法」的修正案，賦予法院對外國國家從事恐怖活動享有管轄權並給予溯及既往的效力是完全合乎憲法，並強調基於「外國主權豁免法」的要求而指定一個國家為支持恐怖主義國家，並不違反該國家的「正當程序權利」(Due Process)。基於利比亞的行為造成了一百八十九名美國人遇難，和上述的法理，法院以為它對本案擁有管轄權。

(3)「西西皮歐訴伊朗」(*Cicippio v. Islamic Republic of Iran*)(註八四) 案是另一件與新修正「外國主權豁免法」有關的案件。三位美國青年被伊朗支持的恐怖組織綁架和刑求折磨，時間長達一千九百零八天。法院以為基於下列事實，它對本案有管轄權，並判決伊朗共和國應賠償原告六千五百萬美元：第一，原告遭到綁架和刑求的事實；第二，這些恐怖行動是一個由伊朗提供金錢支援的恐怖組織所為；第三，伊朗官員是在其「職務範圍」內提供對該組織的支持和援助；第四，在為該項行為時，伊朗已被依法認定是一個支持恐怖活動的國家；第五，受害人是美國公民(註八五)。

註八二　*Smith v. Socialist People's Libyan Arab Jamahiriya*, 886 F.Supp. 306 (1995), *aff'd*, 101 F.3d 239 (2d Cir. 1996).

註八三　*Rein v. Socialist People's Libyan Arab Jamahiriya*, 995 F.Supp. 325 (E.D.N.Y. 1998).

註八四　*Cicippio v. Islamic Republic of Iran*, 1998 WL 5470212 (D.D.C.).

⑷一九九五年四月九日，一名美國女大學生搭乘的巴士遭到巴勒
斯坦極端組織「吉哈達」(Jihad)的自殺炸彈攻擊而當場死亡。
一九九七年二月二十六日，死者的家人依據新通過的「一九九
六年反國家恐怖活動法」提起訴訟(註八六)，該法修正了「外國
主權豁免法」，允許法院對於支持恐怖活動的國家行使管轄權。
伊朗政府並未出庭，而法院基於下列事實認定伊朗政府應當負
責，並賠償美金二億四千七百五十萬元。首先，它認定「吉哈
達」組織有意地從事該項恐怖活動，而該組織唯一的金錢來源
是伊朗政府；其次，它也認定國務院已經將伊朗列為一個恐怖
活動國家，而所有參與該項活動的伊朗官員都是為職務範圍內
的行為；最後，它認為被害人是死於一個故意的而非法律途徑
的謀殺。

第四節 徵 收

徵收是國家強制取得私人財產的一種方式，對象則不限定於外國人
或是本國人。在第二次世界大戰後，許多昔日殖民地相繼獨立，基於各
種政治或經濟因素的考量，這些國家徵收外國人財產或是採取國有化措
施的情況相當普遍。而有關徵收問題的爭議主要在於賠償及其域外法律
效力問題，至於徵收行為本身一般都認為是國家的主權行為，故並不違
反國際法。

所以依美國「外國主權豁免法」國家從事徵收行為並不構成行使管
轄的基礎，它關心的重點是徵收後的補償問題。依該法第一六○五條⒜

註八五　*Ibid.*, p. 5.

註八六　*Flatow v. Islamic Republic of Iran*, 999 F.Supp. 1, 7 (D.D.C. 1998).

項(3)款規定，　如外國國家違反國際法徵收財產，　則其無法享受管轄豁
免(註八七)。依據國會的立法報告，所謂的「違反國際法」指的是未給予
被徵收者「迅速、足夠和有效的補償」(註八八)。由於這一條的規定和前
述對國家從事侵權行為行使管轄權的概念大不相同，故有必要加以說明。

　　依照傳統的「國家豁免」規則，由於國家從事徵收行為是主權行為，
所以法院對於私人提起的有關訴訟不具有管轄權。法國、義大利、德國、
南非等國法院都持此種見解(註八九)，所以美國「外國主權豁免法」專門
針對徵收問題而立法的作法相當特殊，而到目前為止也只有「國際法學
會」(ILA)草案採相同見解，其他相關立法都沒有提及徵收外國人財產問
題，而除了「國際法學會」草案外，英國法官丹寧(Lord Denning)在「堂
代會一號」(*The I Congreso del Partido*)中也曾表示：「外國政府徵收或沒
收外國居民的財產而不給予補償是違反國際法的，而且外國政府不應享
有豁免」(註九〇)，不過丹寧法官的見解並未獲得其他法官和樞密院的支
持(註九一)。

註八七　該條規定如下：

　　「(a)在下列情形下，外國不應享有在美國的管轄豁免：

　　……

　　違反國際法所取得財產權之爭議，　且該財產或任何交換此種財產之
　　財產留在美國而與外國國家在美國所從事商務活動有關連者；　或該
　　財產或任何交換此種財產之財產為外國國家機構或部門所持有或經
　　營，且該機構或部門在美國從事商務活動。」

　　28 U.S.C. § 1605(a)(3).

註八八　House Report No. 94–1987, *UN State Immunity Materials*, p. 110.

註八九　ILA Revised Draft Articles on State Immunity, Article III(G), 前引註十二，頁
　　四九一。

註九〇　*ILR*, Vol. 64 (1983), p. 235.

　　除了未被國際社會廣泛接受外,「徵收」條款和「侵權行為」條款另一個不同的是,一般侵權行為條款所要求的「領土聯繫」並不適用於此,因為很明顯的該條適用於美國以外所發生的違反國際法行為(註九二);此外,本條的適用也不需要區分主權行為和非主權行為,因為從美國的觀點而言,它的存在主要是要提供受害者一條救濟之路,並制裁不遵守國際法原則而徵收外國人財產的國家(註九三)。

　　但是未給予被徵收者「迅速、足夠和有效的補償」是否真的違反了國際法呢?雖然大多數西方國家的國際法學者和實踐是支持此種觀點,但並不是所有國家都同意,例如聯合國大會於一九六二年通過的「關於天然資源永久資源之永久主權宣言」和一九七四年通過的「各國經濟權利義務憲章」都只提到對於徵收和國有化要給予「適當的補償」(註九四),所以國際法對於國家的徵收而採取的補償原則到底是「全部」還是「部分」事實上存在著爭議。

　　到目前為止,本條款實際被應用的次數不多,原因之一可能是因為國會的立法報告指出,本條適用國家豁免事項,並不影響「國家行為論」的適用。而美國法院傳統上也是優先適用「國家行為論」而判決其對徵收和國有化的案件無管轄權(註九五)。但另一方面,也可能是為了建立管轄聯繫,「外國主權豁免法」要求被不法徵收的財產必須在美國,且與外國在美國所從事的商業活動有關連;或是該財產為外國在美國從事商務活動的機構或部門所持有,此二個要件都不容易滿足,所以大部分與此

註九一　Gerg Ress, *ILA 64th Reports*, 前引註九, 頁四一七。

註九二　*Ibid.*

註九三　*Schreuer*, p. 56.

註九四　有關徵收與國有化的國際法規範與有關爭議,可參考丘宏達,《現代國際法》, 頁七四〇～七四八。

註九五　參考本書第一章第五節有關「國家行為論」的論述。

條款相關的「國家豁免」案件都是被駁回(註九六)，理由不外是：被徵收財產的所有人是當地國人民；或是法院對外國徵收行為到底是否違反國際法尚有懷疑；或是留置船舶以抵充海難救助並不被認為是國際法上的「徵收」行為；或是財產並不在美國等(註九七)。而一九九八年的「克莉絲訴土耳其」(*Crist v. Republic of Turkey*)(註九八)即是一個典型的例子。原告宣稱其不動產被土耳其政府不當徵收且未補償，故要求土耳其政府補償七百五十萬美金。地院則以為原告的理由不符合徵收條款，因為原告無法具體指出不動產的所在地，也無法證明該財產和土耳其在美國所從事商業活動有關，故法院對本案無管轄權(註九九)。

第五節　小　結

「非商務侵權行為」條款對遭受外國侵害權利的私人提供了較佳的保障，雖然依傳統國際法，外國為侵權行為時，對受害者的補償應當是透過外交保護權的行使，由受害人所屬國代為提出要求，透過協商或是交付仲裁與國際法院解決。不過外交保護權的行使主要是基於受害者本國政府的決定，而行政部門往往會為了顧及外交關係的考量，而不願行使此一權利，以致私人的權益受到損害。而且如果侵權行為涉及到國家支持的暗殺或是恐怖活動，而受害人往往正是加害國的國民時，則外交保護權更不可能行使。而由當地法院行使管轄權以司法解決，被侵害的私人應能獲得較好的補償機會。所以雖然美國單方的以國內立法，而非締結條約的方式，主張其對發生在其境內的外國政府的侵權行為有管轄

註九六　*Dellapenna*, pp. 95–98.

註九七　*Schreuer*, p. 56.

註九八　*Crist v. Republic of Turkey*, 995 F.Supp. 5 (D.D.C. 1998).

註九九　*Ibid.*, p. 11.

權，理論上是違背了國家平等與互相尊重主權的原則(註一○○)。但是由各國實踐來看，國家對「侵權行為」得行使管轄權已經成為一種趨勢且為世人所接受。

在美國，外國從事侵權行為不能主張管轄豁免的適用，除了交通事故等私行為，也包括了執行職務範圍內所為的公行為；至於領土聯繫方面，雖然美國的「外國主權豁免法」中只提到「損害發生地」，但是法院的見解都是以為行使管轄權的要件，是侵權行為必須發生在美國境內。不過「外國主權豁免法」於一九九六年修正後，美國目前對於從事或支持恐怖活動的外國政府也有管轄權，不論損害是否發生在美國境內。此一修正案除了在政治上有宣示美國打擊恐怖活動決心的效果外，在法律上也開創了一個新的發展方向，效果值得繼續觀察。

註一○○　丘宏達，〈美國國家主權豁免法中對外國國家或其官員或代理人的侵權行為之管轄問題〉，前引註四，頁一六。

第八章　重要的美國實踐之三：國家放棄豁免

第一節　放棄豁免的意義與性質

「放棄豁免」(Waiver of Immunity)是指國家不援引管轄豁免，而同意另一國國內法院對其行使管轄權。作為主權者，國家當然可以自願放棄它本來應享有的權利。但「放棄豁免」一定要明確，故依聯合國「國際法委員會」的意見，「國家實踐證明，明白提到未作出同意是適用國家豁免的必要的條件」(註一)。所以，除非國家明確表示服從外國法院管轄，否則應推定國家並沒有放棄豁免而應享有「國家豁免」。

而依據美國「外國主權豁免法」，如果一個國家明示地(Explicitly)或默示地(Implicitly)表示放棄豁免，則縱然其行為符合享有「國家豁免」的條件，但國家依舊不得在美國法院主張管轄豁免(註二)。依美國法院實踐顯示，國家是否「放棄豁免」(Waiver of Immunity)是繼「商業活動」和「侵權行為」之後，另一個重要而具有爭議的訴訟領域。

國家放棄豁免的型態分為兩大類：一是明示，另一是默示。外國明示放棄其在美國應享有的豁免權通常引起的爭議較少，而依眾院的立法報告書，「明示」可以經由締結條約來達成，例如美國與許多國家所簽署

註一　《國際法委員會第四十三屆會議工作報告》，頁五一～五二。
註二　28 U.S.C. § 1605(a)(5).

的「通商友好航海條約」都明文提到締約國在一定的條件下，應放棄在
另一方法院的豁免權(註三)。但另一方面，有關何謂「默示」放棄豁免的
見解頗為歧異，「外國主權豁免法」本身並未規定「默示」的構成要件為
何，而眾院的立法報告書則以為有幾種型態可認定國家是「默示」放棄
豁免。它們是國家同意在另一國參加「仲裁」或是同意另一國法律為契
約的準據法， 以及國家參加訴訟， 但並未提出有關「國家豁免」 的答
辯(註四)。

放棄豁免的效果為何呢? 對國家而言，這表示其應接受另一國法院
的管轄; 而對另一國法院而言，無論外國採取何種形式，只要其明確的
放棄豁免，則國內法院就可以有效行使管轄權而無須再考慮國家行為的
性質(註五)。那麼誰有權代表其本國放棄豁免呢? 一般說來，如果被告是
外國國家或是中央政府，則該國駐法院地國的大使具有這種資格(註六)。
另外，外國國家特別授權的代表，例如律師或是代理人，也可以在法院
放棄管轄豁免(註七)。

國家是否可以撤回其放棄豁免的承諾呢? 答案應當是否定的，美國
和澳大利亞的國家豁免法律都明文規定放棄不可以撤回，德國法院也採
相同的見解(註八)，而依美國眾院的意見，除非在契約中已明文約定，否

註三　House Report No. 94–1847, *UN State Immunity Materials*, p. 109.

註四　*Ibid.*不過國際法委員會草案第七條第二項規定「一國同意適用另一國的法
　　　律，不應被解釋為同意該一國的法院行使管轄權。」此一條文顯然和美國眾
　　　院立法報告書的建議不同。

註五　《國際法委員會第四十三屆會議工作報告》，頁五三。

註六　參見英國「國家豁免法」第二條第七項，新加坡「國家豁免法」第四條(七)項，
　　　巴基斯坦「國家豁免法令」第四條(六)項，南非「外國主權豁免法」第三條(六)
　　　項，澳大利亞「外國國家豁免法」第十條(土)項。

註七　《國際法委員會第四十三屆會議工作報告》，頁五五。

則美國法院不應准許外國被告在爭端開始前或爭端發生後撤回其原本已經由明示或默示的方式而放棄的豁免(註九)。

第二節 放棄豁免的形式

放棄豁免的形式一般分為明示和默示兩種。明示放棄豁免是指國家經由口頭或書面形式表示接受外國法院管轄，具體的方法可能是在爭端發生前，或是在爭端發生後，以簽訂條約、契約、書面通知或是口頭聲明的方式放棄豁免。默示放棄豁免則是由外國國家與訴訟有關的行為判定其願意接受管轄，這包括國家在外國法院提起或參加訴訟，以及反訴的情況都是(註一○)。至於仲裁牽涉的問題較多，將在另一節敘述。

以下將分別介紹明示放棄豁免和默示放棄豁免。

一、明示放棄豁免

依據聯合國「國際法委員會」的意見，國家可以三種方式「明示」同意放棄豁免：第一是國際協定；第二是書面契約；而第三是在法院對特定訴訟發表的聲明或對特定訴訟的書面函件(註一一)。其中在以經由多邊條約方式放棄豁免方面，一九二六年的「統一國有船舶豁免若干規則的國際公約」規定國家或政府所有的商業性用途船舶不享有管轄豁免即是一例，它是在一特定領域中規範「國家豁免」問題。另一種型態是專

註八　龔刃韌，《國家豁免問題的比較研究——當代國際公法、國際私法和國際經濟法的一個共同課題》，北京：北京大學出版社，一九九四年，頁二三九。

註九　House Report No. 94–1847, *UN State Immunity Materials*, p. 109.

註一○　王鐵崖主編，《國際法》，北京：法律出版社，一九九五年，頁一三四～一三五。

註一一　「國家及其財產的管轄豁免條款草案」，第七條，明示同意行使管轄權。

門針對「國家豁免」而簽署的多邊公約，但目前生效的只有一九七二年的「歐洲國家豁免公約」，聯合國「國際法委員會」所通過的「國家及其財產的管轄豁免條款草案」現在的地位只是一個重要而值得參考的多邊國際文件，還不是一個有拘束力的條約(註一二)。至於雙邊條約涉及放棄豁免的主要例子則有前蘇聯和許多國家所簽署的通商航海條約或是貿易協定，這些文件都規定前蘇聯商務代表處所簽署的商業契約不享有管轄豁免(註一三)。

美國「外國主權豁免法」雖然並未特別指明同意的方式，但國會的立法報告書指出一個國家可以經由條約明示放棄其應享有的豁免權利，並以美國和許多國家之間所簽署的「通商友好航海條約」說明此一情況(註一四)。的確，一個典型的「通商友好航海條約」常常會在條文中直接說明締約方的任何國營或民營企業如在另一締約國境內從事與商業有關行為，均不能主張豁免(註一五)，有時這一類的條約還會提到締約方國民可以在「遵守當地法律」的條件下利用另一締約國的法院，例如美國和賴比瑞亞之間所簽署的「通商友好航海條約」即是(註一六)。而依美國最高法院的意見，「外國主權豁免法」正是外國所必須遵守的「當地法律」(註一七)。此外，在解釋此種條約中有關放棄豁免的意義時，應嚴格的依照字面意義適用於外國企業，而不應任意擴大到外國國家本

註一二　王鐵崖主編，《國際法》，前引註十，頁一三四。

註一三　*UN State Immunity Materials*, pp. 134–150.

註一四　House Report No. 94–1847, *UN State Immunity Materials*, p. 109.

註一五　有關美國和丹麥、德國（前西德）、希臘、南韓、伊朗、愛爾蘭、以色列、義大利、日本、荷蘭和尼加拉瓜所簽署的「通商友好航海條約」相關條文，見*UN State Immunity Materials*, pp. 131–134。

註一六　54 Stat. 1739.

註一七　*Argentina Republic v. Amerada Hess Shipping Corp.*, 488 U.S. 428 (1989).

身(註一八)。

有關以國際協定或條約放棄豁免的另一個重點是，如果一個國際協定並沒有包含「放棄豁免條款」，甚至也沒有提到在美國進行訴訟的可能性，則法院會認為締約國並未放棄豁免，例如在「弗羅諾瓦訴蘇維埃社會主義共和國」(*Frolva v. USSR*)一案中，法院就表示前蘇聯簽署「聯合國憲章」和「赫爾辛基協定」等條約，並不能表示其已明示放棄豁免(註一九)。

事實上，美國與外國所簽署的商業性條約並不一定會包含放棄豁免條款，因為當美國要求加入該條款時，同時也等於自己放棄了其在另一締約國法院內享有的豁免權，所以是否明示放棄豁免並不是一個定型化條款，而是在衡量評估國家利益後才做的決定(註二〇)。

另一種常見的明示放棄豁免的方法是國家有時會在和私人或公司的契約中明文表示放棄豁免權，最典型的例子就是借貸契約，例如「法國對外商業銀行」和泰國於一九七八年簽訂的契約中就寫明：「為了管轄以及執行或實施任何判決或裁決的目的，保證人據此證明他撤回並放棄在仲裁法庭或法院，以及其他當局前堅持提出基於主權豁免的任何抗辯或例外的任何權利。」(註二一)而通常在面對一個契約是否能表示國家明示放棄豁免時，法院往往會面對一個問題，即放棄豁免是僅限於「管轄豁免」呢？還是包含「執行豁免」？「國際法委員會」認為同意在另一國法院接受管轄並不當然包括判決的執行(註二二)，而美國法院實踐則顯示在決定當事國是否明示放棄執行豁免時，它必須考慮當事國所簽署契約的

註一八　*Restatement (Third)*, p. 417.

註一九　*Frolva v. USSR*, 761 F.2d 370 (7th Cir. 1985).

註二〇　*Gordon*, p. 9–5.

註二一　《國際法委員會第四十三屆會議工作報告》，頁五七。

註二二　同上，頁五八。

文字用語。以一個與哥斯達黎加有關的判決為例，該國在申請貸款的文書中說明：「借方〔哥斯達黎加〕可以其自己的名義被控訴和提起控訴，而且……沒有任何豁免的權利。」而在相同的備忘錄中則說明，「借方〔哥斯達黎加〕無條件和不可撤銷的放棄法律訴訟的豁免權利，這包括有關裁判以及其基於主權豁免所應享有的執行訴訟。」在這種情形下，法院很輕易的判定明示放棄豁免存在，雖然哥國辯稱契約條文中並未包括「裁判前扣押」(Prejudgment Attachment)等文字，不過法院並不採取此種見解(註二三)。

目前銀行在對外國從事借貸活動時，都會在契約中訂定妥善條款，以免銀行未來因國家主張「國家豁免」而喪失利益。例如尼日在一九九二年與中華民國建交後曾取得二筆貸款合計六千萬美元，當時是由「中國輸出入銀行」負責承辦。而在簽訂契約時，雙方並未選用中華民國或尼日法作為準據法，而是依國際商業習慣引用紐約州法律。因此當尼日違約拒還貸款時，「中國輸出入銀行」在紐約提起訴訟，而美國聯邦紐約地區法院則以為尼日在貸款契約中已明示放棄豁免，故裁定尼日須付約七千二百萬美元給「中國輸出入銀行」(註二四)。

在談判簽署國際契約時，往往有可能使用兩種語言文字。如果所達成的契約一份包含了明示放棄豁免條款，而另一份則沒有，那麼那一份可以決定當事國的意圖呢？在一個有關英文本和土耳其文本契約內容發生爭議的訴訟中(註二五)，英文本的契約是說明以美國法院作為訴訟法

註二三　*Libra Bank Ltd. v. Banco National de Costa Rica*, 676 F.2d 47 (2d Cir. 1982).

註二四　《聯合報》，民國八十七年十月三十日，第三版；*The Export-Import Bank of the Republic of China v. Republique Du Niger*, 97 Cir. 3090 (Lak), United States District Court Southern District of New York.

註二五　*Falcoal, Inc. v. Turkiye Komur Isletmeleri Kurumu*, 660 F.Supp. 1536 (D.S.D. Tex. 1987).

院，而土耳其文本則是規定選擇土耳其法院作為訴訟法院，結果法院認定該契約中並未包含放棄豁免的條款。因為法院認為契約是由美國當事人雇用土耳其籍的律師草擬準備的，而且並沒有證據顯示土耳其政府和該名律師之間有任何勾結串通行為。本案的最大意義或許是鼓勵美國廠商未來在簽署類似契約時，最好明訂以英文本為正式文本。

最後，當締約雙方為了要在美國做生意，而在美國提出申請文件，或是任命一個代理人從事文件送達的工作時，這些行為都不構成明示放棄豁免(註二六)。而當締約雙方表示，「解決國家和其他國家國民間投資爭論公約」將作為爭端解決的標準，而且仲裁結果將是最終有效時，也有法院認定該外國已明示放棄其有關執行該仲裁裁定的豁免權(註二七)。

二、默示放棄豁免

國家默示放棄豁免的最普遍方式就是直接提起或參加訴訟。因為既然國家願意在另一國法院以原告的資格提起訴訟，這當然表示它已經決定就該案件接受法院的管轄，故當然沒有理由再援引「國家豁免」。所以聯合國「國際法委員會」以為，如果一個國家在另一國法院提起訴訟，或是參與另一國法院的訴訟，除非這種參與純粹是要提出有關「國家豁免」的抗辯，否則都構成同意法院地國行使管轄(註二八)。而「歐洲國家豁免公約」第一條第一項也規定：「一締約國在另一締約國法院提起或參與訴訟，即為訴訟的目的服從該國法院的管轄。」同樣地，美國眾院的「外

註二六　*Paterson, Zochonis (UK) Ltd. v. Compania United Arrow, S.A.*, 493 F.Supp. 621 (S.D.N.Y. 1980).

註二七　*Liberian Eastern Timber Corp. v. Government of the Republic of Liberia*, 650 F.Supp. 73 (S.D.N.Y. 1986), *aff'd*, 854 F.2d 1314 (2d Cir. 1987). 並參考以下有關默示放棄豁免的相關說明。

註二八　「國家及其財產的管轄豁免條款草案」，第八條，參加法院訴訟的效果。

國主權豁免法」立法報告亦指出，國家出庭而未提出豁免的要求將構成默示放棄豁免(註二九)，所以主動提起訴訟當然會構成默示放棄豁免，但是「反訴」(Counterclaim)呢？

「國際法委員會」的「國家及其財產的管轄豁免條款草案」第九條對「反訴」的規定如下：

(1)一國在另一國法院提起一項訴訟，不得就與主訴相同的法律關係或事實所引起的任何反訴援引法院的管轄豁免。

(2)一國介入另一國法院的訴訟中提出訴訟要求，則不得就與該國提出的訴訟要求相同的法律關係或事實所引起的任何反訴援引管轄豁免。

(3)一國在另一國法院對該國提起的訴訟中提出反訴，則不得就主訴援引法院的管轄豁免。

而「歐洲國家豁免公約」第一條第三項亦規定，「一締約國在另一締約國法院訴訟中提出反訴，不僅就反訴而言，而且就主訴而言，都應服從該國法院的管轄。」

那麼美國的態度又為何呢？美國「外國主權豁免法」針對「反訴」有特別規定(註三〇)。依該法，外國所提起的反訴，如果是源自和主訴內容相同的交易或事件，則該外國不得享有豁免。故美國的規定大致上和目前的國際實踐是一致的。

在法院的見解方面，「紐約市銀行」(*National City Bank of New York v. Republic of China*)案是一件與反訴和我國都有關的案件。中華民國京滬鐵路管理局曾於一九四八年在美國紐約市銀行開戶，並存入二十萬美

註二九　House Report No. 94–1487. *UN State Immunity Materials*, p. 109.

註三〇　28 U.S.C. § 1607.

元。後來中華民國由於請求提款被拒而主動提起訴訟，紐約市銀行則提出反訴。反訴的理由是其所擁有的中華民國國庫券未經兌現，所以它因而拒絕付款。而在面對紐約市銀行的反訴時，中華民國提出了主權豁免的抗辯。一、二審皆支持中華民國的立場，但美國最高法院有不同的看法。它首先指出中華民國及其政府機構所享有外國主權豁免之範圍，與其他經美國所承認的國家都是相同的；其次，它表示國務院已發表聲明採取「限制豁免論」；最後，法院在考慮「交易號」案(*The Schooner Exchange v. McFaddon*)的判決後，以為中華民國政府在其本國法院可被起訴而為被告，而美國法院受理以中華民國為被告的反訴，並無損於中華民國的尊嚴和主權，故認為美國法院有管轄權(註三一)。

　　相較於明示放棄豁免，默示放棄豁免引起的爭議較多，這種爭議主要是集中在國家參加仲裁的效果。以下將對國家參加仲裁在何種情形下被認定是默示放棄豁免加以說明。

第三節　仲裁與「國家豁免」

一、原　則

　　仲裁和法院訴訟是二種不同的爭端解決方式，而且一般而言，當事人參加仲裁的目的之一就是要避免法院的審判管轄。在這種情況下，仲裁似乎和「國家豁免」沒有太大的關連。但是事實是，仲裁雖然是民間解決紛爭的方式，但卻依舊要接受法院的監督，而且仲裁判斷的有效性往往有賴於法院的支持和保障。尤其是如果簽訂仲裁協定的一方如果是

註三一　*National City Bank of New York v. Republic of China*, 384 U.S. 356 (1955).

　　　　中文譯文摘要請參考馬英九主編，陳榮傳助編，《國際法實例研究》，司法官班第三十六期講義，民國八十六年四月，頁一三四～一三六。

具備了「國家」身分的組織或部門，而另一方是另一國的私人或私法人，則當雙方進行有關仲裁事宜的訴訟，而「國家」作為被告時，則法院不可避免的要決定「國家豁免」是否適用的問題(註三二)。而且國家如與外國自然人或法人簽訂仲裁協定，意味著國家明確同意以規定的仲裁方式解決爭議，以及一切順理成章產生的後果(註三三)。故「歐洲國家豁免公約」第十二條規定，如果仲裁是在另一國的領土上或者是根據另一國的法律進行，而締約國以書面同意將民事或商業爭議交付仲裁，則對於一定的事項不得提出管轄豁免的要求，這些事項是：㈠仲裁協定的有效性或解釋；㈡仲裁程序；㈢裁決〔判斷〕的撤銷。這種立法方式和立場基本上為聯合國「國際法委員會」的草案所採，規定放棄司法管轄豁免只在所提及涉及仲裁協定效力內容的範圍內有效(註三四)。如前所述，這意味著一國一旦同意在另一國進行仲裁，則另一國法院在有關的仲裁事項上取得了管轄權。

　　常見與仲裁有關的訴訟包括要求法院強制一方依據仲裁協定進行仲裁；採取臨時保全措施；推翻或是承認仲裁判斷；以及執行仲裁判斷等。因此，仲裁有可能在下列幾個階段產生「國家豁免」問題：首先，在仲裁前，如果雙方對於如何實施仲裁條款發生歧異，或是一方請求法院強制另一方進行仲裁，而訴訟的被告又是具有「國家」的身分資格時，則法院必須考慮到是否能行使管轄權；其次，在訴訟進行中，如訴訟的一方請求法院裁定扣押「外國」的財產或是以其它保全方式以確定最終仲

註三二　有關仲裁與豁免的關係，可參考G. Delaume, "State Contracts and Transnational Arbitration", *AJIL*, Vol. 75 (1981), p. 788; J. G. Wetter, "Pleas of Sovereign Immunity and Act of Sovereignty before International Arbitral Tribunals," *Journal of International Arbitration*, Vol. 2 (1985), p. 7.

註三三　《國際法委員會第四十三屆會議工作報告》，頁一四一。

註三四　「國家及其財產的管轄豁免條款草案」，第十七條，仲裁協定的效果。

裁判斷的執行時，法院也會面臨同樣的問題；最後，當仲裁判斷達成後，如果有「國家」身分的一方拒絕履行，而另一方要求承認和執行該判斷時，法院還是一樣會考慮到「國家豁免」(註三五)。

　　而目前在仲裁的領域內，常常產生爭議的問題包括外國同意仲裁是否就代表國家放棄豁免而同意接受管轄呢(註三六)？如果答案是肯定的，則是僅限於與仲裁有關的事項呢？還是授予法院全面的管轄權？如果是僅限於與仲裁者有關事項，則所謂的「仲裁事項」範圍到底有多大呢？「歐洲國家豁免公約」和聯合國「國家及其財產的管轄豁免條款草案」由於明確地指出限於仲裁協定的效力或解釋、仲裁的程序或是仲裁判斷的撤銷，所以排除了對強制執行仲裁判斷的可能性。但英國「國家豁免法」第九條第一項僅規定外國在涉及仲裁的程序中不得主張豁免，故是否包含強制執行則不明確。此外，與仲裁有關的問題還包括一個「國家」同意在一國進行仲裁，是不是代表它也默示放棄了在其它國家的豁免權呢(註三七)？

　　如果希望就美國「外國主權豁免法」中尋找答案詮釋上述問題時，

註三五　參考姜兆東，〈外國國家主權豁免規則與有關國際商事仲裁的訴訟〉，《中國國際法年刊》，一九八七年，頁一○○～一一八。

註三六　有學者指出當國家同意在另一國內進行仲裁，則並不是表示國家對世界上其他第三國都因此放棄了豁免權。因為國家無法在有關仲裁的訴訟中援引管轄豁免權的前提應當是仲裁條款直接或間接地與法院地有聯繫關係，這種聯繫關係或許是法院地即是當事人所選擇的仲裁地，或許是當事人在仲裁條款雖未指定仲裁地，但是規定由所指定的仲裁人或機構指定，而指定地點與法院地相符合。見周曉林，〈審判管轄權與國家豁免〉，《中國國際法年刊》，一九八八年，頁一一五。

註三七　陳純一，〈論國家豁免原則〉，《問題與研究》，第三十二卷第十二期（民國八十二年十二月），頁九○。

會發現美國在一九七六年制訂「外國主權豁免法」時，並沒有明文的規範「國家」在有關仲裁的訴訟中是否能援引「國家豁免」。但這並不表示國會以為「國家」簽訂仲裁協定不涉及管轄豁免的問題，而是因為此一問題與一個例外原則有重大關係，那就是「國家」明示或默示放棄豁免(註三八)。因為依「外國主權豁免法」，如果一個外國國家明示或是默示放棄豁免，則該外國不能豁免在美國法院的管轄權。所以外國國家如果參加含有仲裁條約的契約，是不是意味著它明示或默示放棄了管轄豁免呢？依國會的立法報告顯示，一外國同意在另一國仲裁構成默示放棄豁免(註三九)。但是所謂的「另一國」是專指美國呢？還是包含其他國家？這一點引起了不少的爭議(註四○)。

　　結果美國國會於一九八八年通過對「外國主權豁免法」的修正案(註四一)。此一修正案針對仲裁事項有三方面的新規定：首先，是在美國聯邦法典第一篇第一章中增加一個條款，規定美國法院不得基於「國家行為論」而拒絕實施、確認和執行仲裁判斷。換句話說，由於「國家行為論」被排除適用，美國法院擴大了對仲裁事項的管轄權。其次，第二個修正內容是在第一六一○條(a)項增加內容，允許法院執行仲裁判斷。最後，最主要的修正是第一六○五條(a)項，規定在下列三種情形(註四二)，美國法院有強制外國國家履行仲裁協定的管轄權：

註三八　姜兆東，前引註三十五，頁一○二。

註三九　House Report No. 94–1487, *UN State Immunity Materials*, p. 109.

註四○　G. B. Sullivan, "Waiver of Sovereign Immunity by Consent to Arbitration: Territorial Scope and Procedural Limits," *Texas Journal of International Law*, Vol. 18 (1983), p. 337.

註四一　*ILM*, Vol. 28 (1989), p. 398.

註四二　*Henkin*, pp. 1162–1163.

⑴仲裁在美國或打算在美國進行；

⑵美國依有效的條約或其它國際協定可要求仲裁判斷的承認和執行；

⑶除了依仲裁協定，所主張的權利可依本條或第一六〇七條在美國法院提出。

關於此一修正案，第一點的目的主要是明確地表示只有仲裁地在美國才是默示的放棄豁免，第三點則是說明「商業活動」也是豁免權的例外，這二點都相當的明確，而第二點牽涉的問題稍複雜，例如，依美國所參加有關仲裁的「紐約公約」規定，一締約國可以強制履行在另一締約國所進行的仲裁協議，因此，依本修正案，似乎只要仲裁是在任何一個紐約公約締約國中進行，美國法院都可以享有管轄權。關於此點疑問，還有賴將來法院進一步的解釋(註四三)。

二、仲裁協定的效力

一國與外國自然人或法人簽訂仲裁協定後，是否代表著該國願意接受外國法院的管轄而放棄了豁免的要求呢？關於此點，依「歐洲國家豁免公約」第十二條，如果締約國以書面同意將民事或商業爭議交付仲裁，則放棄管轄豁免事項限於：㈠仲裁協定的有效性或解釋；㈡仲裁程序；㈢判斷的撤銷。聯合國「國際法委員會」持相同的立場，「國家及其財產的管轄豁免條款草案」規定司法管轄只在所提及涉及仲裁協定效力內容的範圍內有效。「國際法委員會」草案第十七條全文如下：

一國如與一外國自然人或法人訂立書面協定，將有關商業交易的爭議提交仲裁，則該國不得在另一國原應管轄的法院就有關下列

註四三　姜兆東，前引註三十五，頁一〇四～一〇五。

事項的訴訟中援引管轄豁免：

(a)仲裁協定的有效性或解釋；

(b)仲裁〔判斷〕程序；或

(c)裁決的撤銷。

但仲裁協定另有規定者除外。

依草案評註的意見，目前各國越來越傾向於創造有利的條件，以吸引當事方在其境內以仲裁解決爭議，其中一個吸引的方法就是儘量簡化司法管制的程序。不過在正常情況下，如果仲裁地位於法院地國境內，或是仲裁協定締約方選定法院地的國內法作為仲裁適用法，或是扣押查封的財產位於法院地國境內，則法院將有管轄權(註四四)。因此，當事方將爭議提交仲裁，等於同意接受以仲裁協定所規定的仲裁方式解決紛爭，而有關的豁免問題則是由協定所規定的法院，而不是由其它國家的法院來處理(註四五)。評註特別強調，「像這樣的同意仲裁並不等於放棄原應有權按事實裁定爭端或爭議的法院的管轄豁免權。但是，同意接受商業仲裁必定意味著同意接受此種商業仲裁順理成章產生的一切後果。」(註四六)最後，「國際法委員會」還表示，將投資爭端提交國際投資爭端解決中心仲裁絕不能被解釋為放棄豁免(註四七)。

「國際法委員會」的立場事實上也反應了國際的實踐，也就是一國如果一旦同意在另一國進行仲裁，則另一國法院在有關仲裁事項方面當然有權行使管轄(註四八)，但這並不表示該國因此「默示」放棄了一般事

註四四　《國際法委員會第四十三屆會議工作報告》，頁一四〇。

註四五　同上，頁一四〇～一四一。

註四六　同上，頁一四一。

註四七　同上。

註四八　G. Kahale, "Arbitration and Choice of Law Clauses as Waivers of Jurisdic-

項的管轄權，到目前為止，也沒有司法判決顯示，外國同意仲裁就表示它同時放棄了其它應享有的管轄權(註四九)。

那麼美國法院的見解又如何呢？ 在「沃林頓公司訴奈及利亞中央銀行」(*Verlinden B.V. v. Central Bank of Nigeria*)(註五〇)一案中，原告公司主張被告已默示放棄豁免，因為它同意以荷蘭的法律為準據法，而且國際商會(ICC)可以仲裁有關契約的紛爭，但是法院不同意原告的主張，它以為：

> 如果採納了原告的主張，可以預見在有關敏感對外關係事宜上會大幅增加聯邦法院的管轄權：任何時候，只要一個外國主權國家和世上任何一個私人簽約，而且選擇適用非自己國家的法律或法院地，則它可能將自己置於美國法院的個人責任之下……國會不可能有此意圖。(註五一)

而在「芝加哥橋樑鋼鐵公司訴伊朗」(*Chicago Bridge & Iron Co. v. Islamic Republic of Iran*)一案中，法院也不認為當事人之間的契約中包含了仲裁條款就表示它放棄了豁免，理由是該仲裁條款並未選擇美國法為準據法或是以美國為仲裁地(註五二)。反之，如果仲裁協定約定以紐約為

---

tional Immunity," *New York University Journal of International Law and Politics*, Vol. 14 (1981), p. 43; *Schreuer*, p. 70.

註四九 *Schreuer*, p. 70.

註五〇 *Verlinden B.V. v. Central Bank of Nigeria*, 488 F.Supp. 1284 (S.D.N.Y. 1980).

註五一 *Ibid.*, p. 1302 (S.D.N.Y. 1980).

註五二 *Chicago Bridge & Iron Co. v. Islamic Republic of Iran*, 506 F.Supp. 981 (N. D. ILL. 1980).

仲裁地，則美國法院當然有管轄權(註五三)。不過，如果仲裁是由位於華盛頓特區的國際投資爭端解決中心指定仲裁人處理時，法院以為當事人並未預期美國法院會牽涉其中，故並不認為這構成了默示放棄豁免(註五四)。此外，在最近一件有關中共的案子中，原告德國公司在美國提起訴訟，尋求執行香港法院對被告「上海外貿公司」(Shanghai Foreign Trade Corporation)有關仲裁事項的判決，法院雖然同意被告是國營且具有獨立的法人資格，故符合「外國主權豁免法」中「國家」的資格，但法院不同意由於中共已簽署了「承認與執行外國仲裁判斷的公約」就表示被告默示放棄了豁免(註五五)。

由以上的判決可知，美國法院一般以為國家僅僅同意仲裁並不等於全面地放棄豁免權，也不意味著美國法院就因此而享有管轄權。但是除此之外，還有一個問題有待解決，那就是同意仲裁是允許法院行使與仲裁有關的管轄權，但是這種仲裁事項的範圍有多大呢? 已知的判決顯示，契約的當事人之間雖有仲裁條款，但是當糾紛發生時，如果國家不願意參與仲裁，反而希望以訴訟的方式解決問題時，法院是否可以拒絕審判的方式或是發出命令強制當事人一定要遵循仲裁途徑解決爭端呢? 目前的見解是原則上要依仲裁協定的內容來決定，而不是理所當然地被允許(註五六)。

註五三　*Maritime Ventures International, Inc. v. Caribbean Trading & Fidelity*, Ltd., 802 F.Supp. 1058 (S.D.N.Y. 1992).

註五四　*Maritime International Nominees Establishment v. Republic of Guinea*, 693 F.2d 1094, 1103 (D.C. Cir. 1983).

註五五　*Trans Atlantic Shiffahrtskontor v. Shanghai Trade*, 996 F.Supp. 326 (S.D.N.Y. 1998).

註五六　*Schreuer*, p. 72.

三、領土聯繫和準據法

依美國國會的意見，默示放棄豁免包含了三種情況，第一是一個外國同意在另一國進行仲裁；第二是外國同意契約的準據法是另一國的法律；第三則是國家答辯時並沒有提出豁免的抗辯(註五七)。其中，第一種和第三種情況都涉及到如果仲裁地不是在美國，或是契約所選定的準據法不是美國法時，美國是否依舊有管轄權的問題。

在一九八八年修正案通過之前，美國相關的實踐很混亂，在仲裁地方面，如果協定規定仲裁地在美國，則美國法院一般都同意協定一方的外國放棄了在美國的管轄豁免權。同樣地，如果契約的準據法是美國法，則也意味著外國放棄了在美國的管轄豁免權。但是其它情形呢？華盛頓特區在審理有關奈及利亞的一個案子時，認為奈及利亞同意依國際商會(ICC)的規則和瑞士法，而於瑞士進行仲裁，構成奈及利亞的默示放棄豁免(註五八)。但是在隨後的另一件有關奈及利亞政府的案件中，法院則在推斷仲裁條款有可能選擇美國為仲裁地後，才認為美國法院有管轄權(註五九)。而隨後的主要法院見解還是要求當事國和法院之間要有特別的聯繫關係(註六〇)。

一九八八年的修正案實際上已經解決了大部分有關仲裁地的紛

註五七　參考*Frolova v. Union of Soviet Socialist Republics*, 761 F.2d 370 (7th Cir. 1985)；以及 House Report No.94–1487, *UN State Immunity Materials*, p. 109。

註五八　*Ipitrade International S.A. v. Federal Republic of Nigeria*, 465 F.Supp. 824 (D.D.C. 1978).

註五九　*Libyan American Oil Co. v. Socialist People's Libyan Arab Jamahiriya*, 482 F.Supp. 1175 (D.D.C. 1980).

註六〇　*Schreuer*, p. 83.

爭(註六一)。所以如果仲裁地點是在美國，或是美國受條約的拘束而必須承認或是執行仲裁判斷，或是美國法院依「外國主權豁免法」其它例外原則也可以管轄時，美國法院都有權進行審判。

四、仲裁判斷的承認和執行

國內法院在執行仲裁判斷一事上扮演著很重要的角色，因為通常仲裁判斷雖有拘束力，但卻無執行力，只有在得到法院承認並將其內容變為具有判決效力之後，判斷才能被執行(註六二)，所以大部分的仲裁規則在執行階段都要求國內法院的協助(註六三)。仲裁判斷被承認具有法院判決效力而要求一方履行，如果有義務的一方置之不理，這時會產生執行的問題，而在國家豁免的領域內，應履行義務的一方如果具有「國家」的身分，則情形會變得比較複雜。因為國際實踐顯示，和管轄豁免相比，各國在執行豁免上普遍表現出比較謹慎的態度，換句話說，除非符合一定的條件，否則通常是無法執行外國國家的財產(註六四)。

美國法院原則上是認為一個「國家」如果以仲裁協定默示地放棄了管轄豁免，那麼也同時包含了同意判斷的承認與執行(註六五)。而「外國

註六一　T. B. Atkeson & S. D. Ramsey, "Proposed Amendment of the Foreign Sovereign Immunities Act," *AJIL*, Vol. 79 (1985), p. 770.

註六二　姜兆東，前引註三十五，頁一一三，註四十。

註六三　*Schreuer*, p. 75.

註六四　見第九章有關「執行豁免」部分。

註六五　參考*Ipitrade International S.A. v. Federal Republic of Nigeria*, 465 F.Supp. 824 (D.D.C. 1978); *Birch Shipping Corp. v. United Republic of Tanzania*, 507 F.Supp. 311 (D.D.C. 1980)，但也有不同的見解，見*Libyan American Oil Co. v. Socialist People's Libyan Arab Jamahiriya*, 482 F.Supp. 1175 (D.D.C. 1980)。

主權豁免法」一九八八年的修正案在第一六一〇條(a)項加上第六款，允許執行一個基於仲裁判斷所產生的判決，條件是該判決必須不違背該仲裁協定(註六六)。

一九八一年二月九日，國務院請求司法部代表美國政府就有關查封幾內亞國有財產一事提出意見與建議，在該份意見中，司法部提出了下列重點說明：

(1)一九七六年「外國主權豁免法」的制定，顯示出國會意圖對在美國法院中作為被告的「外國」，給予在相似情形下，美國政府本身在法院時所享有的實質相似待遇。因此，如果沒有明示的豁免，不能在裁判前查封一個外國的財產，而且除非符合第一六一〇條(a)項的情況，也不能對外國的財產為強制執行(註六七)。

(2)雖然「外國主權豁免法」並沒有明示外國在上訴中不用提供擔保，但是司法部認為這很明顯的是國會的意圖，因為從整體看來，當外國在美國法院出庭時，並沒有必要增加其額外負擔，而且如此作法符合美國的利益。如果要幾內亞提供擔保，有可能對美國會造成一個不良的後果，即當美國在別國法院出庭時，目前免除美國提供擔保的國家，有可能會重新考慮此一問題，而要求美國提供(註六八)。

(3)本案還涉及「解決國家和其它國家國民間投資爭端公約」，故美國法院的處理方式不但對美國本身，對其它締約國而言都有影

註六六　*Henkin*, p. 1163.

註六七　*Republic of Guinea v. Maritime International Nominees Establishment (MINE), Cumulative Digest 1981–88*, p. 1662.

註六八　*Ibid.*

響，司法部以為美國法院要幾內亞在最終解決問題前提供擔保並不適當，因為美國在其它國家也會面臨相同的問題(註六九)。

(4)另一方面，被上訴人（指MINE公司）並未顯示，如果法院不准允提供擔保，對其會有不合理的歧視，而幾內亞卻有可能因為提供擔保而遭遇到很大的損害。在上訴中，幾內亞還證明地院有關主權豁免的見解是錯誤的，我們因此建議在管轄問題獲得解決前，幾內亞不需要提供擔保(註七〇)。

一九八一年二月十七日，法院拒絕了被上訴人MINE公司有關重新考慮和提供擔保的請求，而在一九八二年十一月十二日，哥倫比亞特區巡迴法院推翻了地院的見解，但它的見解卻主要是基於「禁反言」(Estoppel)原則，而並未詳加討論一個外國同意在國際投資爭端解決中心仲裁是否就構成一個默示放棄豁免(註七一)。

第四節 小 結

國家能主張在另一國的法院豁免管轄是因為主權國家之間平等與互相尊重的結果。但國家對於是否援引「國家豁免」一事有選擇的自由，它可以選擇自願放棄豁免。放棄豁免可經由明示或是默示的方式達成。明示的方法主要是國家經由條約、契約、書面通知或是口頭聲明等方式放棄豁免。而國家是否默示放棄豁免則必須觀察其特定的行為，通常同意的型態包括提起訴訟、參加訴訟、反訴以及仲裁等。這二種方式中，默示由於比較沒有明確的標準以確定國家的意圖，所以引起的爭議較多。

註六九　*Ibid.*, p. 1663.

註七〇　*Ibid.*

註七一　*Ibid.*, p. 1664.

　　美國「外國主權豁免法」的規定和法院的見解都顯示它有關放棄豁免的立場和國際實踐大致相當。在仲裁方面，經過一九八八年的修正案後，目前的見解是當一個外國政府或其國營事業與私人之間簽署了一個以美國為仲裁地，或是以美國法為準據法的商務仲裁契約時，這意味著外國已默示放棄在美國所享有的管轄豁免，同時也表示美國可以承諾和執行有關該仲裁協定的判斷。不過，這種豁免的放棄效果範圍應當限於與仲裁有關的事項，而不是指全面的放棄了司法管轄豁免權。

第九章　重要的美國實踐之四：國家財產的執行豁免問題

第一節　概　論

一、執行豁免的意義與性質

　　執行豁免指的是國家財產在另一國法院訴訟中，免於扣押、扣留和執行等強制措施(註一)。在「國家豁免」的領域內，執行豁免比管轄豁免更加敏感，因為法院如果能對外國行使司法管轄，其結果僅是確認訴訟當事人的權利義務與法律關係，但外國一旦置之不理，判決充其量也只能產生道德拘束力或輿論的壓力，而無法直接影響外國國家的利益。但是對外國財產直接採取強制措施的效果不同，外國國家往往會因為實際利益受到衝擊而嚴重反彈，因而影響到法院地國和外國之間的外交關係。

註一　參考《國際法委員會第四十三屆會議工作報告》，頁一四三。「國際法委員會」特別強調，由於各國關於強制措施的差異很大，所以希望找一個名詞包括一切可能的程序是不可能的。而它採用「強制措施」一詞是作為「普通名詞」用，代表著扣押、扣留和執行等大家都能理解的程序，而不是一個特定的法律技術名詞。本書採相同立場，雖然執行豁免涉及的問題主要是與我國強制執行法所規定的程序有關，但文中「強制措施」，「強制執行」和「執行」等名詞併用，而不加以區分其特定的法律意涵。

最有名的例子便是「湖廣鐵路債券」案，一九八二年美國法院的缺席判決要求中共賠償四千一百萬美元，美方原告並打算執行該判決，結果是造成中共強烈的抗議(註二)。國際實踐顯示，為了避免對外國財產採取強制措施而造成外交關係嚴重受損，所以執行豁免比管轄豁免更趨向於「絕對理論」(註三)。

國家財產的執行豁免和國家行為的管轄豁免一樣，都是基於主權平等原則而享有的一項權利。因此，聯合國「國際法委員會」表示，「如果人們承認，『沒有那個主權國家可對另一個同等的主權國家行使主權權力』(平等者之間不存在統治權)，那麼，一國當局就更不能用執行或脅迫的方式對另一國及其財產採取強制措施了(註四)。」而在第二次世界大戰以前，大多數歐美國家的法院對執行豁免都堅持絕對豁免的立場，但是隨著管轄豁免轉向限制豁免的立場後，近年來執行豁免的原則也逐漸改變(註五)。 英美等國相繼通過法律規定國家財產不享有執行豁免的情況，例如美國「外國主權豁免法」就規定如果財產是用於商業活動，則不得享有扣押和執行豁免(註六)。不過除了要考慮國家財產的性質外，一

註二　中共有關「湖廣鐵路債券」案的立場，請參考本書第三章第二節。

註三　H. Fox, " Enforcement Jurisdiction, Foreign State Property and Diplomatic Immunity," *ICLQ*, Vol. 34 (1985), p. 123.

註四　《國際法委員會第四十三屆會議工作報告》，頁一四五。

註五　龔刃韌，《國家豁免問題的比較研究：當代國際公法，國際私法和國際經濟法的一個共同課題》，北京：北京大學出版社，一九九四年，頁三六七。

註六　28 U.S.C. § 1610(a)(2). 其他國家的豁免立法也有類似的規定。例如，英國「國家豁免法」第十三條(四)項，新加坡「國家豁免法」第十五條(四)項，巴基斯坦「國家豁免法令」第十四條(二)項(b)款，南非「外國主權豁免法」第十四條(三)項，加拿大「國家豁免法」第十一條，澳大利亞「外國國家豁免法」第三十二條。

國法院還必須在符合一定的條件才可以對外國的財產採取強制措施(註七)。首先，強制措施原則上必須是基於一個可被執行的判決，如果被告國家可以在法院地國主張管轄豁免，則法院地國當然無法執行外國財產。其次，法院地國若要能執行一個對外國被告的判決或仲裁判斷，必須該請求是基於該外國的非主權行為，或是該外國已放棄其執行豁免。所以美國的「外國主權豁免法」規定，要求強制措施的實施必須是基於美國聯邦或州法院的判決，而放棄豁免也構成可對外國採取執行措施的理由之一(註八)。至於放棄豁免的方式，美國「外國主權豁免法」第一六一〇條規定可以明示或是默示放棄豁免，而依據眾議院司法委員會的立法報告解釋，關於執行豁免的放棄與第一六〇五條(a)項(1)款所規範管轄豁免的放棄適用相同的原則。因此在放棄的形式方面，美國的「外國主權豁免法」一般並不區分執行豁免和管轄豁免(註九)。不過針對中央銀行的財產，以及有關判決前查封或是扣押等措施，美國「外國主權豁免法」均例外規定，特別要求必須明示放棄豁免而不能默示放棄(註一〇)。

此外，依「外國主權豁免法」第一六一〇條(c)項，強制措施必須依據法院的命令，該命令的取得可能是在判決後經過一段合理的時間，也可能是在缺席判決的情況下，給予合理的通知承認時間之後(註一一)。至於如何決定合理的時間呢？國會建議由法院自由裁量決斷，考量的因素包括外國支付金額必須採取的步驟，外國為了滿足判決的要求而採取的一些措施，以及外國轉移財產的證據等(註一二)。

註七　Helmut Steinberger, "State Immunity," *Encyclopedia PIL*, Vol. 10, p. 441.

註八　28 U.S.C. § 1610(a)；並參考House Report No. 94–1487, *UN State Immunity Materials*, p. 118。

註九　龔刃韌，《國家豁免問題的比較研究》，前引註五，頁三六四。

註一〇　28 U.S.C. § 1610(d)(1).

註一一　28 U.S.C. § 1608(e).

　　最後，在許多時候，原告往往希望在判決宣告前採取保全程序以確定被告國有財產能提供作為未來執行判決之用。在這方面，有些國家法院以為此一問題的處理方式應和判決宣告後進行的強制程序一樣，即只要不涉及公共目的的財產，法院可以允許原告在判決確定前對被告國的其它種類財產採取保全措施。德國、瑞士、比利時和南非等國均持此一立場(註一三)；但是另一方面，美國「外國主權豁免法」和英國的「國家豁免法」卻持不同的立場。依美國法，判決前的保全程序一定要在當事國明示放棄豁免，而且其目的是在於保證履行某項已作出或最終可能作出對該外國國家判決，而不是為了取得管轄權的條件下方可(註一四)；至於英國則要求在為保全程序前要獲得當事國的書面同意(註一五)。支持對保全程序採取嚴格態度的主要理由是基於避免國際紛爭，因為一旦允許外國財產被假扣押而長期無法使用，有可能會造成該國報復措施(註一六)。

二、執行豁免與管轄豁免的關係

　　文獻和世界各國的實踐都顯示管轄豁免和執行豁免是二個不同的問題而應分開處理，因為前者關心的對象是國家的行為，而後者的重點則是外國國家的財產。而且在訴訟法上，管轄程序和執行程序是二個不同的階段，前者是確定雙方當事人的權利義務過程，而執行程序則是在管轄程序後，實質滿足債權人權利的一種方式。所以一個國家在另一國法

註一二　House Report No. 94–1487, *UN State Immunity Materials*, p. 120.

註一三　*Schreuer*, p. 164, Notes 195–197.

註一四　28 U.S.C. § 1610(d)(2).

註一五　英國「國家豁免法」，§ 13(2)(a)&(3); *UN State Immunity Materials*, p. 45。

註一六　Peter D. Trooboff, "Foreign State Immunity, Emerging Consensus on Principles," *Recueil DES Cours*, Vol. 200 (1986 V), p. 380.

院不享有管轄豁免權，也並不意味著法院當然可以依據判決對其強制執
行，除非該國明示或是默示放棄了執行豁免(註一七)。

國際實踐大多支持區分管轄豁免和執行豁免的作法，聯合國「國際
法委員會」的「國家及其財產的管轄豁免條款草案」認為「關於強制措
施必須另行表示同意」，除非有下列三種情況，否則「不得在另一國法院
的訴訟中採取針對一國財產的強制措施」，而這三種情況是：

(1)該國以下列方式明示同意就該有關財產採取此類措施：

　(a)國際協定；

　(b)仲裁協定或書面合同；或

　(c)在法院發表的聲明或在當事方發生爭端後提出的書面函件。

(2)該國已經撥出或專門指定該財產用於清償該訴訟標的的要求；
　或

(3)該財產在法院地國領土上，並且被該國具體用於或意圖用於政
　府非商業性用途以外的目的，而且與訴訟標的的要求有關，或
　者與被訴的機構或部門有關。

「歐洲國家豁免公約」第二十三條、「美國主權豁免法」第一六〇九
至一六一一條、英國的「國家豁免法」第十三條㈡項(b)款都有相關的規
定，說明執行的豁免不同於國家的管轄豁免。雖然這似乎對原告有些不
公平，因為既允許原告對外國提出訴訟，但又由於被告國的執行豁免而
使得原告無法享受勝訴的成果，結果是浪費原告的時間和金錢。不過另
一方面，強迫拍賣被告國家的財產會嚴重妨礙國家的功能和利益，例如
在一九七五至七六年期間，奈及利亞政府的債權人在歐洲許多國家和美
國提起訴訟凍結該國財產，導致奈及利亞無法使用其外匯存底(註一八)，

註一七　*Oppenheim's International Law*, pp. 350–351.

對於國際社會中許多小而貧窮的國家而言,這不但會嚴重影響國計民生,而且也有損各國主權獨立平等原則。這也是為什麼大多數政府和學者的意見都認為執行豁免和管轄豁免是不同的(註一九)。

第二節 「外國主權豁免法」的有關規定

一、原　則

在「外國主權豁免法」制訂以前,美國對於執行外國財產一事上是採取絕對理論的立場(註二〇),而「外國主權豁免法」基本上改變了此一立場,該法第一六〇九至一六一一條引進了「限制豁免論」的觀念,而立法型態和「外國主權豁免法」中有關「管轄豁免」的規範相似。

首先,第一六〇九條規定,外國國家的財產原則上是可以豁免執行的,但第一六一〇條和第一六一一條有例外規定(註二一)。緊接著,第一六一〇條表示,如果符合一定的條件,則一個外國在美國用於商業行為的財產是可以被強制執行的。在一九九六年之前,這些不享有豁免的條件是:

註一八　E. I. Nwogugu, "Immunity of State Property-the Central Bank of Nigeria in Foreign Courts," *Netherlands Yearbook of International Law*, Vol. 10 (1979), p. 179.

註一九　Sompong Sucharitkul, "Seventh Report on Jurisdictional Immunities of States and Their Property," *YBILC* 1985, Vol. II, Part One, Document A/CN.4/388, pp. 30, 35–36.

註二〇　見*Dexter & Carpenter, Inc. v. Kunglig Jarnvagtsstyvelsen*, 43 F.2d 705 (2d Cir. 1930); *Henkin*, p. 1177。

註二一　28 U.S.C. § 1609.

(1)國家明示或默示地放棄執行豁免。

(2)財產在現在或過去是被用於商業活動而且構成訴訟案件的權利
　　主張。

(3)違反國際法所獲得的財產。

(4)財產是由繼承或贈與所得。

(5)在美國境內的不動產，但該不動產的用途與一國維持其外交使
　　領館或館長官邸無關。

(6)財產是源於交通事故責任險和傷害險的請求(註二二)。

(7)對外國仲裁判斷的判決可以允許扣押和執行。

註二二　28 U.S.C. § 1610；並請參考「國家及其財產的管轄豁免條款草案」第十八
　　　條（免於強制措施的國家豁免）：

　　　　「一、不得在另一國法院的訴訟中採取針對一國財產的強制措施，
　　　　　　例如查封、扣押和執行措施，除非：

　　　　　　(a)該國以下列方式明示同意就該有關財產採取此類措施：

　　　　　　　　(1)國際協定；

　　　　　　　　(2)仲裁協定或書面合同；或

　　　　　　　　(3)在法院發表的聲明或在當事方發生爭端後提出的書面函
　　　　　　　　　　件。

　　　　　　(b)該國已經撥出或專門指定該財產用於清償該訴訟標的的要
　　　　　　　　求；或

　　　　　　(c)該財產在法院地國領土上，並且被該國具體用於或意圖用
　　　　　　　　於政府非商業性用途以外的目的，而且與訴訟標的的要求
　　　　　　　　有關，或者與被訴的機構或部門有關。

　　　　　二、按照第七條的規定同意行使管轄並非默示同意按第一款採取
　　　　　　　強制措施，關於強制措施必須另行表示同意。」

而第一六一○條在一九九六年經過修正，允許因為國家從事恐怖活動所造成的受害人，於取得有利判決後，可以執行該國家的財產。同條並規定行政部門應協助受害人尋找和執行外國國家的財產，不過總統也被授權可以決定不用執行該條的規定(註二三)。

至於「外國主權豁免法」第一六一一條則是強調，即使符合了第一六一○條所列舉的例外原則，但是有一些財產依舊不可以被執行，它們是國際組織經由在美國的辦公室所獲得並持有的財產、各國中央銀行的資金以及與軍事活動有關的財產(註二四)。

美國「外國主權豁免法」在規範有關對國家財產採取強制措施一事上，有兩點值得注意。第一，該法要求外國在美國的財產是「現在」或「過去」被用於商業活動而且構成訴訟案件的權利主張才可被執行。但是商業行為和該財產之間的領土關連性應當到達何種程度才可符合該要件還有待觀察，因為第一六一○條(a)項是規定「在美國的財產」，但關於此一敘述有二種不同的看法，一種是以為這種財產一定要都是在美國領土內被用於商業活動(註二五)；另一種是財產雖未在美國領土內被使用，但只要財產是外國在美國所擁有，而且符合有關強制措施的相關規定，

註二三　28 U.S.C. § 1610(f)；依國會的意見，總統被授權不用履行的範圍應限於第一六一○條(f)項(2)(A)款的部分，即在經過考量後，總統可以不用協助受害人對被告國家採取強制措施，見144 Congress Record E 2305-04。但白宮的聲明則是指出總統應有權對整個新修正的一六一○條強制措施程序都可以有權要求放棄(waiver)，見White House Statement on Waiver of Provision of Ominbus Appropriations Act, October 21, 1998。

註二四　28 U.S.C. § 1611.

註二五　R. Von Mehren, "The Sovereign Immunities Act of 1976," *Columbia Journal of Transnational Law*, Vol. 17 (1978), p. 62.

則應當都符合該條的規定(註二六)。美國國會本身也並未提供任何明確的見解(註二七)， 而《美國對外關係法第三次整編》 是支持前者的見解(註二八)。第二，依該法，所有不適用於執行豁免的財產指的都是「商業財產」， 因此可能導致的情形是僅能針對外國的商業財產採取強制措施，而外國國家的非商業財產是無法被執行的(註二九)。

不過依美國法，如要強制執行外國國營事業的財產，條件要比針對國家財產來得簡單。任何外國的機構或部門在美國的財產都可以被執行，只要訴訟與該外國的機構或部門所從事不得享有管轄豁免的活動有關(註三〇)，而且該部門或機構的財產，不論是商業性質或是非商業性質，也都可以被強制執行。不過值得注意的是，國家的部門和機構與國家本身之間的責任要劃分，國家的各部門和機構之間的責任也要區分清楚，換句話說，不可以用執行一個國家的機構或部門的財產以滿足另一個針對不同的部門，或是國家本身的判決，例如在「拉特利爾控智利」(*Letelier v. Republic of Chile*)一案中，雖然智利無法享有管轄豁免，但是法院卻拒絕以執行智利航空公司財產來滿足原告對智利的請求(註三一)。

最後，值得一提的是，美國的「外國主權豁免法」對判決前的訴訟保全措施和判決後的執行與扣押措施加以區別。該法禁止以扣押外國國家財產作為取得審判管轄權的方法(註三二)，國會之所以如此作主要是基於二點理由：第一，「外國主權豁免法」已提供了其它的管轄基礎，所以

註二六　*Dellapenna*, pp. 381–382.

註二七　參考House Report No. 94–1487, *UN State Immunity Materials*, pp. 118–119。

註二八　*Restatement (Third)*, pp. 437–438.

註二九　*Schreuer*, pp. 130–131.

註三〇　28 U.S.C. § 1610.

註三一　*Schreuer*, p. 139.

註三二　28 U.S.C. § § 1605(b), 1610(d)(2).

以扣押取得管轄權沒有必要；第二，美國既然已允許對外國的商業用財產實行判決後的執行措施，判決前的保全措施不僅不必要，而且容易引起外交摩擦(註三三)。

二、強制措施的標的

除非外國同意，否則法院地國不可以對外國國家具有公共目的的財產執行強制措施(註三四)。如此一來，不可避免地，法院常常必須決定區分那些財產是供公務使用？而那些財產又具有商業性質？在前述有關外國從事商業活動不得援引管轄豁免的領域內，曾經提到是以國家行為的性質而非目的作為判斷標準。但在有關決定那些國家財產可以被強制執行時，「目的」顯然是比較重要的考慮因素(註三五)。

在美國，欲對外國財產採取強制執行措施時，則財產是不是「商業的」具有非常重要的意義，理由有二：第一是「外國主權豁免法」第一六一〇條(a)項規定，只有「用於在美國商業活動」(used in a commercial activity in the United States) 的外國財產才可以被執行(註三六)；第二是同法第一六一〇條(a)項(2)款的例外原則更進一步的要求「該財產是被用於訴訟所基於的商業活動」(註三七)。該法有關執行豁免的條文並未再說明什麼是「商業活動」，也未解釋如何區分「商業活動」和「非商業活動」，所以應推定適用同法第一六〇三條的相關規定，不過另一方面，由於第一六一一條又以「目的」為標準，指定一定種類的財產不能被執行，所以法院在面對執行問題時，如欲以性質作為判斷的方法，所受到的限制

註三三　*Dellapenna*, p. 370.

註三四　Steinberger，前引註七，頁四四二。

註三五　*Schreuer*, p. 145.

註三六　28 U.S.C. § 1610(a).

註三七　*Ibid.*, § 1610(a)(2).

要大於在管轄豁免的領域(註三八)。

除此之外，有三個問題「外國主權豁免法」並沒有明示，首先前面已討論過的問題(註三九)，即商業性地使用該財產的事實是不是一定要在美國發生呢？有二種見解，第一種主張是以為由於第一六一〇條(a)項使用「用於」(used for)，所以採肯定見解，而另一方主張，該具有商業性質的財產不限於在美國被使用，只要執行時在美國境內即可，所以對法條的詮釋是採廣義的作法。

而第二個問題則是如何決定「該財產是被用於訴訟所基於的商業活動」？如果欲被執行的財產正好是被用於「訴訟所基於的商業活動」，則雖然在執行時該財產已不被用於該商業活動，它依舊可以被執行，因為第一六一〇條(a)項(2)款明定「現在或過去被使用」(is or was used)。但是如果希望要執行的財產與被用於「訴訟所基於的商業活動」的財產，並不全然一致，那又當如何呢？例如國家購買小麥，交付後拒不支付價金，原告欲對該批小麥採取執行措施顯然是不可能的，但這是不是表示原告可以對外國被告任何有關採購小麥的財產進行強制執行措施呢？有學者支持後者的見解，但法條在這方面規定的並不清楚(註四〇)。

第三個問題是雖然「外國主權豁免法」要求被執行的財產和商業活動要有聯繫，但是法條中所指的商業活動是指與訴訟所基於的單一交易呢？還是指一連串的商業契約，或者是與被告國整個的經濟活動有關(註四一)？此一問題也還有待解決。

註三八　*Dellapenna*, pp. 380–381.

註三九　參考註二十五至二十八與相關正文。

註四〇　*Dellapenna*, p. 382.

註四一　Del Bianco, "Execution and Attachment under the Foreign Sovereign Immu-nities Act of 1976," *Yale Studies in World Public Order*, Vol. 5 (1978), pp. 130–131.

　　美國「外國主權豁免法」有關商業財產的規範是一個精心設計，主要目的是一方面提供在美國的債權人多一種救濟方法，但另一方面卻希望吸引外國人來美國投資，因此要求被執行的財產和商業活動要有聯繫關係，以避免外國國家所有在美國的商業財產都成了執行標的(註四二)。

第三節　特定種類的國家財產

一、認定的標準

　　如何區分財產的種類是屬於「豁免」或是「非豁免」的範疇是執行豁免領域內一個最主要的問題。在管轄豁免領域內，標準是依行為的「性質」來斷定，而在執行豁免領域內，方法則是視財產的「目的」而定，而且在考察財產的目的時，又必須注重其未來被使用的方式，這一點也與管轄豁免不同，後者通常只需要觀察過去的活動。

　　如前所述，由執行豁免的發展情況看來，目前國際公法僅要求法院所屬的當地國給予外國有關公共目的財產執行豁免(註四三)，而有一些財產是公認享有執行豁免，例如用於外交目的的財產即是。而「國際法委員會」的草案也規定有一些財產必須受到特別保護，不得被視為具有商業和非公共目的的財產，並且被排除於任何推定或默示同意強制執行措施的範圍內。這些財產包括：有軍事性質而用於國防目的的財產；用於該國使館、領館、特別使節團、駐國際組織代表團的財產，這包括銀行帳戶在內；中央銀行和其它貨幣機構的財產；以及構成國家文化遺產和具有歷史價值的國家檔案等(註四四)。

註四二　*Schreuer*, p. 130.

註四三　Steinberger，前引註七，頁四四一。

註四四　「國家及其財產的管轄豁免條款草案」，第十九條，特定種類的財產，原

　　在目前的國際實踐中，銀行帳戶是法院在「執行豁免」領域內比較難處理但又常常會面臨的問題，主要的原因是帳戶是否為公共目的而使用不容易斷定。在實踐上，德國法院曾主張所有的銀行帳戶原則上都是為商業目的而使用，一國在銀行開帳戶和個人在銀行開設帳戶都是一樣的行為，所以不應當享有豁免，這一種說法到目前為止並未獲得太多的支持(註四五)。另一種見解則完全相反，例如法國法院曾以為國家的銀行帳戶應一律享有執行豁免(註四六)。不過目前實際解決此一問題的方式是視證據的多寡和誰擔負舉證責任以斷定帳戶的公共目的。德國憲法法院就表示僅僅證明帳戶在未來有可能用於公共目的是不足以支持豁免，被告國還必須提出「實質證據」方可(註四七)。

文如下：

　　「一、一國的以下各類財產尤其不應被視為第十八條第一項(c)款所指被一國具體用於或意圖用於政府非商業性用途以外目的的財產：

　　　　(a)用於或意圖用於該國使館、領館、特別使節團、駐國際組織代表團、派往國際組織的機關或國際會議的代表團用途的財產，包括任何銀行帳戶款項；

　　　　(b)屬於軍事性質，或用於或意圖用於軍事目的的財產；

　　　　(c)該國中央銀行或其他貨幣當局的財產；

　　　　(d)構成該國文化遺產的一部分、或該國檔案的一部分、並非供出售或意圖出售的財產；

　　　　(e)構成具有科學、文化或歷史價值的物品展覽的一部分，並非供出售或意圖出售的財產。

　　二、第一項不妨礙第十八條第一項(a)款和(b)款。」

註四五　*Schreuer*, p. 149, Note 121.

註四六　同上，p. 150, Note 122。

　　如果一個銀行帳戶同時兼具「公共」和「商業」目的則又當如何？澳大利亞法律規定只有在該帳戶實質地用於商業目的才不享有豁免(註四八)；而英國則是要求當事國使領館館長出面證明該銀行帳戶的用途，並以其意見作為是否豁免的依據(註四九)。至於國際法學會「蒙特利爾國家豁免公約草案」第八條b項是建議將該種帳戶內的金錢分開處理，公共目的的財產不可被執行，但商業用途的財產則可以。此種方式理論上可行，但欲有效執行必須依賴被告國願意自行證明其帳戶內財產的種類，否則原告幾乎不可能作這項區別的工作。德國憲法法院也拒絕適用此種方式，因為它以為調查銀行帳戶內金錢的使用目的可能有會干涉使領館的內部事務(註五〇)。

　　最後，一個國家還可以主張「程序上的豁免」(Procedual Immunities)。例如，未經其同意，國家不可以被迫提供任何文件，或透露任何資料。而且國家也不會因為未提供文件或資料而因此被處以罰款或罰金。此外，當國家作為訴訟的當事方時，它也無須提供任何擔保、保證、或保證金以保證它會支付另一國家法院的司法訴訟費用(註五一)。

註四七　International Law Association, *Report of Sixty-Fourth Conference*, London: ILA, 1991, p. 408.（以下簡稱 *ILA 64th Report*）

註四八　澳大利亞的「外國國家豁免法」第三十二條(a)項規定如下：「商業財產是除外交財產或軍事財產以外由外國國家實質上為商業目的使用的財產」，見《國際法資料》，第七輯，一九九三年，頁三三。

註四九　參考 *Alcom Ltd. v. Republic of Colombia*, 2 ALL. Eng. L. Rep. 6, 13 (1984)。

註五〇　*ILA 64th Report*，前引註四十七，頁四〇九。

註五一　參考國際法委員會「國家及其財產的管轄豁免條款草案」，第二十二條，法院訴訟期間的特權和豁免，原文如下：

　　　　「一、如一國未能或拒絕遵守另一國法院為一項訴訟的目的所下達的關於要求它實行或不實行一項特定行為、或提供任何文件、

　　美國「外國主權豁免法」第一六一一條也規定某些外國國家特定種類的財產應免於強制執行措施，第一是總統指定，可以享受「國際組織豁免法」所規定特權和豁免的國際組織；第二是除非放棄豁免，否則外國中央銀行或貨幣當局自己的財產；第三是用於或打算用於軍事活動的財產，而且該財產是為軍事當局或國防機構所控制。

　　以下僅就美國法上，在執行豁免領域內，重要或是具有爭議的特別財產，作一分析介紹。

二、中央銀行的財產

　　各國中央銀行的功能和在其本國法的國內地位不一，所涉及的工作從發行貨幣、管理外匯到進行借貸活動都有可能，在這種情況下，中央銀行的財產是否應比其它國家財產享有更高程度的執行豁免呢？歐洲大陸法系的國家，例如法國、德國和瑞士等國的法院判決顯示，並沒有對外國中央銀行的財產給予特殊的待遇(註五二)。而在國內立法方面，加拿大「國家豁免法」將外國中央銀行的財產分為「商業用途」和「非商業用途」，前者不享有執行豁免，而後者則享有執行豁免(註五三)。至於澳洲的「外國國家豁免法」則沒有專門保護外國中央銀行財產的規定。

　　　　　　　　或透露任何其他資料的命令，　則除了這種行為對該案的實質

　　　　　　　　可能產生的後果外，不應產生任何其他後果。特別是，不應因

　　　　　　　　此對該國處以任何罰款或罰金。

　　　　　二、一國對它在另一國法院作為當事一方的任何訴訟，　均無須出

　　　　　　　　具無論何種名稱的擔保、　保證書或保證金保證支付司法費用

　　　　　　　　或開支。」

註五二　龔刃韌，《國家豁免問題的比較研究》，前引註五，頁三八四～三八五。

註五三　H. L. Molet & M. L. Jewett, "The State Immunity Act of Canada," *Canada Yearbook of International Law*, Vol. 20 (1982), p. 116.

　　但是英美兩國的規定不同，英國「國家豁免法」第十四條㈣項規定，屬於外國中央銀行或其他貨幣當局的財產，不得被視為是商業財產。而新加坡、巴基斯坦和南非等國的規定和英國大致相同。而在美國方面，「外國主權豁免法」第一六一一條(b)項(1)款對於外國中央銀行或貨幣當局自己所持有的財產給予絕對的執行豁免，不過必須符合三個條件：第一，主體必須是中央銀行或者是貨幣當局；第二，財產必須為中央銀行或貨幣當局自己持有；以及第三，並沒有明示放棄豁免的情形(註五四)。美國「外國主權豁免法」如此的立法目的主要有二：第一是鼓勵外國的中央銀行在美國存放金錢，並且保證在未獲其同意之前，這些錢絕不會受到干擾；第二個原因是避免因為執行外國中央銀行的財產而產生嚴重的外交問題(註五五)。

　　如前所述，要符合豁免的規定，外國銀行必須先被確定為外國的中央銀行或是貨幣當局，然後還必須確定財產是為中央銀行所使用持有。在確定是否具備中央銀行身分一事上，「外國主權豁免法」並未提供解釋，但在一個判決中，法院認為主張其具備中央銀行資格者負有舉證責任，不過該判決並未明示該如何舉證(註五六)。而在確定財產是否歸屬於中央銀行一事上，眾議院司法委員會的立法報告也僅舉例說明是和中央銀行有關而被使用或持有的資金，並強調應和外國或其他實體僅用於商業交易的金錢有所區分(註五七)，而沒有說明具體的區分標準，不過已有法院以為如果外國銀行能提供證明，表示存放在美國一些帳戶內的錢完全是供其中央銀行所使用，而原告又提不出反證，則這些存款即可享有絕對

註五四　28 U.S.C. § 1611(b)(1)；並參考*Dellapenna*, p. 378.

註五五　House Report No. 94–1487, *UN State Immunity Materials*, p. 121.

註五六　*New England Merchants National Bank v. Iran Power Co.*, 502 F.Supp. 120, 124–125 (S.D.N.Y. 1980).

註五七　House Report No. 94–1487, *UN State Immunity Materials*, p. 121.

的執行豁免(註五八)。

第一六一一條(b)項(1)款還存有其它疑義。依該條，如果外國的中央銀行或其母國明示放棄豁免，則中央銀行的財產可以被執行。那麼，外國中央銀行是否可以放棄裁判前的執行豁免呢？第一種見解以為該條並不允許放棄裁判前的執行豁免，因為該法並不希望外國的中央銀行承受放棄豁免的壓力(註五九)；但另一種看法是第一六一一條(b)項(1)款有可能是立法時疏忽了，因為該條允許外國完全自由地決定是否可在裁判前放棄其財產的執行豁免，那麼為什麼中央銀行的財產不能在判決前放棄裁判豁免呢(註六〇)？此一問題到目前還未解決，在「威通金融投資公司訴厄瓜多」(*Weston Companie de Finance et d'Investissement, S.A. v. Republica del Ecuador*)(註六一)一案中，被告厄瓜多並不否認雙方的貸款協定中已有放棄豁免的條款，但被告抗辯因為第一六一一條(b)項(1)款的規範，所以明示放棄豁免不涵蓋判決前的強制措施，聯邦地方法院雖然同意此種見解，但卻希望上訴法院能發表意見，不過該案並未上訴，因此問題也還未解決(註六二)。

三、銀行帳戶

註五八　*Banque Compafina v. Banco de Guatemala*, 583 F.Supp. 320 (S.D.N.Y. 1984).

註五九　*Schreuer*, p. 165.

註六〇　Georges R. Delaume, "The Foreign Sovereign Immunities Act and Public Debt Litigation: Some Fifteen Years Later," *AJIL*, Vol. 88 (1994), pp. 270–271.

註六一　*Weston Companie de Finance et d'Investissement, S.A. v. Republica del Ecuador*, 823 F.Supp. 1106 (S.D.N.Y. 1993).

註六二　Delaume, 前引註六十，頁二七一～二七二。

　　一個國家駐外使領館的館舍免於被強制執行是源於國際條約和習慣法的要求，而美國「外國主權豁免法」也有相似的規範(註六三)，至於法院也持相同的見解(註六四)。不過雖然外交使領館的館舍享有執行豁免毫無疑義，但外國在美國的銀行帳戶是否能絕對豁免強制執行則尚有一些待解決的疑點。

　　在執行豁免的領域內，外國的銀行帳戶（有別於中央銀行帳戶）常常被視為是強制執行的理想標的，最主要的原因是執行技術上較容易而且有價值。但在另一方面，帳戶內金錢的使用目的常常不確定，帳戶可能是供公務使用，也可能轉變供商務目的。所以確定銀行帳戶是否具有公務性質變得非常重要，如果是供公務使用，則不允許被執行。而目前國際實務顯示，國家帳戶不能因為僅宣稱存款未來將被用於公務就可以享有管轄豁免，但是另一方面，所有銀行存款一律被視為具有商業性質的看法也未被接受(註六五)。

　　不過如果金錢被存放在使領館的帳戶內情況則不同，使領館帳戶內的金錢通常都被假定具有公共目的，因而享有豁免(註六六)。在美國，法院於「福克斯渥爾斯訴烏干達駐聯合國代表團」(*Foxworth v. Permanent Mission of the Republic of Uganda to United Nations*)(註六七)一案中表示，強制執行措施違反了「聯合國憲章」和「維也納外交關係公約」，因為扣押被告國家的銀行帳戶會導致被告停止運作，因此違反了美國在「聯合國憲章」和「維也納外交關係公約」的要求下的義務，即提供被告必須

註六三　28 U.S.C. § 1610(a)(4)(b).

註六四　*United States v. County of Arlington*, 609 F.2d 925 (4th Cir. 1982).

註六五　*Schreuer*, pp. 149–150.

註六六　同上，頁一五一。

註六七　*Foxworth v. Permanent Mission of the Republic of Uganda to United Nations*, 796 F.Supp. 761 (S.D.N.Y. 1992).

的豁免以便利其運作，和給予其充分的便利以便其執行功能。而在「賴
比瑞亞東方木材公司訴賴比瑞亞政府」(*Liberian Eastern Timber Corp. v.
Government of the Republic of Liberia*)(註六八)一案中，法院表示外國大使
館的銀行帳戶因為享有維也納公約的保護而免於被執行，除非明確的被
指定用於商業用途，否則帳戶內的資金不能作為強制執行的標的。

　　但是如果外國使領館的銀行帳戶同時供商務和公務使用時該如何
呢？到目前為止美國法院的見解還不一致。在「伯奇航運公司訴坦尚尼
亞」(*Birch Shipping Co. v. United Republic of Tanzania*)(註六九)一案中，法
院以為坦尚尼亞駐美大使館的銀行帳戶存款不能豁免強制執行，因為這
有可能產生法律漏洞。法院在該案中表示：

　　　　……混合帳戶享有豁免將會產生一個漏洞，因為任何財產都可以
　　　　隨時因為一些微小的公共目的，利用它而獲得豁免。被告宣稱，
　　　　如果財產未獲得豁免將會使得該外國無法維持大使館。即使它被
　　　　顯示真的是一個問題，解決之道不應當是被告所要求的廣泛豁免，
　　　　而是應區分公共目的的金錢和商業目的的金錢(註七〇)。

　　然而，同一個法院於「賴比瑞亞東方木材公司」(註七一)一案中，卻
沒有遵循「伯奇」一案的見解。面對是否執行一個對賴比瑞亞的仲裁裁
決時，法院認為「維也納外交關係公約」(註七二)保護大使館的帳戶免於

註六八　*Liberian Eastern Timber Corp. v. Government of the Republic of Liberia*, 659
　　　　F.Supp. 606 (D.D.C. 1987).

註六九　*Birch Shipping Co. v. United Republic of Tanzania*, 507 F.Supp. 311 (D.D.C.
　　　　1980).

註七〇　*Ibid.*, p. 313.

註七一　659 F.Supp. 606 (D.D.C. 1987).

被強制執行，而帳戶內資金有時偶而用於商業交易不應當導致整個帳戶都失去了主權豁免(註七三)。

四、用於軍事目的的財產

美國「外國主權豁免法」第一六一一條(b)項(2)款規定軍事財產享有絕對的執行豁免。依該條，財產如果「用於或意圖用於與軍事活動有關的財產，而且㈠有軍事特質，或㈡在一個軍事當局或國防機構的控制之下」(註七四)，則可以絕對地免於被強制執行，而且和中央銀行的資產不同，有關外國的軍事財產豁免是不可以被放棄的(註七五)。

國會的立法報告表明提供外國軍事財產絕對執行豁免的理由有二：第一是避免在涉及軍事援助或軍售外國政府等事上引起外交摩擦；第二則是不鼓勵外國對美國的海外軍事財產進行強制執行措施(註七六)。而受保護的軍事財產有二種：第一種是具有「軍事特質」的器材，這包括：武器、彈藥、軍事運輸工具、戰艦、坦克、飛彈等等。而第二種則是「在一個軍事當局或國防機構控制之下」的財產，它指的是軍事運作所必需的物質，即使該種財產並不具備一個特別的軍事特質，例如食物、衣服、燃料、辦公器材等等。而所有免於被執行的軍事物質都必須是現在或未來將要用於軍事用途，因此除役的軍事多餘物質不能享有執行豁免(註七七)。

註七二　*UST* Vol. 23, p. 3227.

註七三　659 F.Supp. 606, at 610 (D.D.C. 1987).

註七四　28 U.S.C. § 1611(b)(2).

註七五　由於第一六一一條(b)項(1)款明示可以放棄豁免，而第一六一一條(b)項(2)款卻刻意未提，可以證明國會的意圖。

註七六　House Report No. 94–1487, *UN State Immunity Materials*, p. 121.

註七七　*Ibid.*, pp. 121–122.

到目前為止，美國法院僅審理過一宗與執行外國軍事財產有關的案例，在「貝林國際公司訴伊朗皇家空軍」(*Behring International Inc. v. Imperial Iranian Air Force*)(註七八)一案中，法官以為由於爭議中的財產未被證明具有軍事特質，而且當時為一個運貨人所持有，並非在伊朗空軍的控制之下，且該運貨人也不是第一六一一條所指的軍事當局或是國防機構，所以原告可以對該財產執行強制措施。

第四節　小　結

經由前述的分析，我們可以得到下列幾點結論：

⑴雖然「外國主權豁免法」改變了美國傳統上對強制執行外國財產上的絕對主義立場，但有關執行的條件比管轄豁免部分嚴格，而且法院的態度也謹慎的多，所以許多有關主權豁免的案件即使勝訴也往往無法執行；

⑵外國中央銀行或貨幣當局以其自己之名義在美持有之財產，和外國用於軍事活動且置於軍事當局或國防機構下的財產都不可以作為執行之標的；

⑶外國在美國的財產除非用於商業活動而且構成訴訟案件的權利主張，否則不得對其強制執行；而外國的機關或部門如從事商業或侵權行為，其財產不限於與商業行為有關，皆可被執行；

⑷國家的部門或機構享有獨立的法律人格，不可以對其執行有關國家的判決；

⑸美國的「外國主權豁免法」禁止以扣押作為取得管轄權的手段，而且法院必須在決定判決已經過一段合理期間，並且在通知外國

註七八　*Behring International Inc. v. Imperial Iranian Air Force*, 475 F.Supp. 396 (D. N.J. 1979).

後，才可以對外國財產下令扣押和執行；

(6)外國的銀行帳戶是否享有豁免，要視該帳戶的目的而定，通常使領館的銀行帳戶都被推定具有公共目的而免於被強制執行。但一個同時具有公共和商業性質的混合帳戶是否可以免於執行，美國法院尚未達成一致的見解。

第十章　結　論

　　「國家豁免」是一項確認的國際法原則，關心的重點是當國家與外國自然人或法人發生法律爭議時，外國國家在另一國法院的地位問題。一般以為它存在的理論根據是主權平等原則，而具體內容則主要是經由各國國內法院的判決累積而成。此外，在其發展的過程中，由於對適用範圍有不同的見解，各國的實踐和理論因此發展出「絕對豁免論」和「限制豁免論」二種主張。前者以為國家的行為應一律享有豁免，而後者則將國家的行為區分為「主權行為」和「非主權行為」，「主權行為」享有豁免，「非主權行為」則不享有豁免。

　　在第二次世界大戰以前，不論是各國的實踐還是理論界，「絕對豁免論」的立場都獲得了普遍的支持。但是到了第二次世界大戰後，由於國家參加經濟貿易等活動日增，有關的法律爭端也隨之增加。對許多歐美國家而言，堅持「絕對豁免論」將無法有效保護和外國從事交易的本國公司和個人，也無法提供他們有效的法律救濟途徑，故紛紛改變立場走向「限制豁免論」。而且到了八〇年代末和九〇年代初，由於前蘇聯的瓦解和東歐共產國家政經體制的變化，使得支持「絕對豁免論」的國家再度減少。不過，雖然以上的發展可以顯示「限制豁免論」是當前「國家豁免」的發展趨勢，但這並不意味著它的內容已經完全被接受而成為舉世所公認的國際法原則，主要的原因是由於各國的國內經濟體制和對外關係不同，因此很難在「國家豁免」的具體適用問題上達成一致的結論。

　　到目前為止，有關「國家豁免」的區域公約僅有「歐洲國家豁免公約」生效。該公約對英國制訂「國家豁免法」一事產生了很大的影響，

但除此之外並未見多大的成效，也沒有任何相關的案例產生。而在學術團體的努力方面，「國際法學會」(International Law Association)所提出的公約草案固然頗獲得好評，但發揮的功效有限。至於聯合國「國際法委員會」的努力呢？該委員會所草擬的公約草案已完成並送交聯合國大會審議，並希望能儘早召開外交會議討論如何制訂成為國際公約，但由於會員之間的歧異頗大，所以大會一九九四年決定緩議，一九九七年第五十二屆會議雖恢復討論，但至今依舊無法達成共識，所以此一草案將來能否順利制訂成為一部國際公約的前景並不樂觀。聯合國草案面對的主要問題是由於「國際法委員會」為了希望能順利完成國際立法，所以草案中充滿了許多「妥協」的條文，以兼顧「絕對豁免論」和「限制豁免論」的立場。但對於已採納「限制豁免論」的歐美工業化國家而言，放棄已經由其國內法律或判決所建立的原則，而去接受一個融合「絕對豁免論」精神的新國際公約並不是一件容易的事，這也是為什麼英、美、德等國均持懷疑的態度。但另一方面，堅持絕對豁免的中共也不滿意聯合國草案包含了太多有關「限制豁免論」的條文。在這種情況下，可以預期即使未來順利召開外交會議完成國際立法工作，但簽署批准的國家也不會太多，因此也無法達成「國際法委員會」的原始構想，即經由國際公約的簽署而建立一個世界標準。在這種情況下，聯合國「國際法委員會」有關「國家豁免」的編纂工作，實際上並不是將已存在的國際習慣加以簡單的法典化，而是正在從事一項發展「國家豁免」原則的工作。

由於欠缺多邊和雙邊條約的規範，所以我們可以很肯定的提出，在可預見的未來，各國的法律和法院判決依舊是此一領域內最重要而必須遵循的原則。這種情況的隱憂是如果任由各國的國內法院或立法依其國家觀點或立場來片面地解釋適用「國家豁免」，則「國家豁免」恐怕將不再是國際法的原則，而成為各國國內法關心的對象。但是另一方面，這種趨勢的優點是許多國家的立法方式和內容可能會影響另一個國家的仿

效。例如，南非、巴基斯坦和新加坡的立法内容和英國「國家豁免法」相似，而且許多國家在同一問題上採取相同態度更有助於各界各國共識的達成。

此外，值得注意的是，在「限制豁免論」成為主流的今日，事實上還有一些問題是「限制豁免論」者本身也尚未達成定論的，最重要的就是如何區分國家的「主權行為」(*jure imperii*)和「非主權行為」(*jure gestionis*)呢？我們可以很肯定的說，訟爭的行為如果是只有國家才可以執行應當可以被認為是「主權行為」，因為國家從事稅收、外匯管制和軍事行動的行為，並不是源於利潤的考量，而是由於執行公共事務。但是，國家行為本身包含了公共目的並不足以就支持國家一定可以享有管轄豁免，尤其是當一個國家的行為是基於追求利潤而為時，它將確定無法享有豁免。至於在其他界限不是如此分明的案子中，最終的決定可能是要依靠各國的政策取向，而不是取決於法律原則的考量。而目前的趨勢則是顯示，國家被判決無法享有豁免的情況將會愈來愈多。至於其它還有許多問題也沒有一致肯定的答案，它們包括國家簽署仲裁協定是否表示國家放棄在任何有關該仲裁訴訟的豁免權？侵權和契約訴訟是否都必然構成豁免的例外原則？人權的因素是否要作為考量不給予「國家豁免」的重要因素？國營企業又是否應當被視為是「國家豁免」中所謂的「國家」呢？此外，在執行豁免方面，外國法院不可以對那些國家財產採取強制措施？執行豁免是否又必須和管轄豁免區分？這些問題都說明目前「國家豁免」的具體適用上尚無法找到統一的規則。

那麼美國有關「國家豁免」的實踐和發展是否可以有所啟示呢？在美國有關「國家豁免」的實踐歷史上，有三個重要的里程碑，分別是一八一二年的「交易號」案，一九五二年的「泰特信函」和一九七六年的「外國主權豁免法」。這三個階段標示著美國如何由傳統的「絕對豁免理論」支持者，慢慢地走向「限制豁免理論」之路。其中，一九七六年「外

國主權豁免法」制訂以後，司法實務的爭議以及學術的討論都集中在於
如何適用與解釋法條，而不再關心絕對論和限制論的爭議。而「外國主
權豁免法」的適用反映出美國法院在面對有關「國家豁免」案件的主要
困難，即此一領域涉及到美國國內法上「權力分立」(Separation of Powers)
原則和敏感的外交問題。所以雖然「外國主權豁免法」已確定由法院決
定是否給予外國「國家豁免」，但是基於對行政部門的尊重，美國國務院
的意見依舊有著很重要的地位，這是因為考慮到每一個有關「國家豁免」
的案子，都有可能會破壞美國的對外關係，不過這種壓力往往使得法院
在面對如何平衡美國私人的利益和美國的外交利益之間感到左右為難。
雖然如此，這種情形並不是意味著美國法院以外交政治考量作為決定訴
訟勝負的標準，相反地，過去數百個公布的案例顯示，目前美國法院處
理有關國家的管轄豁免和執行豁免問題時，最主要的法律依據還是一九
七六年制訂的「外國主權豁免法」，以及立法時眾議院司法委員會所準備
的立法報告，而且大多數的判決結果都對被告國不利。事實上，如果以
一個外國國家的角度來看，雖然美國的「外國主權豁免法」立法精神是
在訴訟時，以給予外國管轄和執行豁免為原則，而外國不享有豁免是例
外。但實務上的結果卻恰為相反，外國國家一旦面臨訴訟，要證明自己
符合豁免的條件比較困難，此一趨勢不但發生於商業活動領域內，也同
時流行於侵權行為、放棄豁免、強制執行等重要訴訟領域。所以，一個
以不給予豁免為原則，給予豁免為例外，但又不忽視特殊外交情勢考量
的作法，正足以說明美國目前有關國家及其財產的管轄豁免的理論和實
務。

　　由美國的經驗看當前「國家豁免」的發展，可以瞭解「國家豁免」
的根本問題是要維持個人的法律權利和國家對外關係的平衡。一方面，
國家任意利用「國家豁免」權利以規避其應盡的法律義務當然不被允許，
但是另一方面，國內法院的管轄權如果過度延伸則有違國家主權平等原

則，而且可能會造成對外國國家進行濫訴。但是要如何妥善處理此一問題呢？同意或是放棄豁免是目前最有效的解決方式。由於有關「國家豁免」的多邊條約短期內很難達成，國家之間可以締結雙邊條約的方式來規範「國家豁免」的適用範圍。此外，國家如果有必要和外國個人或是法人從事交易，則一定要在契約中定明「國家豁免」條款。而不論是雙邊條約還是普通契約，內容越具體明確，將來就愈能有效解決爭端。

最後，中華民國在世界的經濟活動中扮演著一個不可忽視的角色，為了避免將來的法律訴訟糾紛，有必要多瞭解分析各國有關「國家豁免」的具體實踐。另一方面，如此重要的一個經濟強國，如果僅僅因為未獲其它國家的外交承認就無法主張「國家豁免」顯然是不符合現實。因此，美國以「臺灣關係法」給予中華民國「國家豁免」權利的作法，可以供世界各國國際法學者和實務界人士參考。

附件一：聯合國國際法委員會通過的「國家及其
財產的管轄豁免條款草案」英文本

DRAFT ARTICLES ON JURISDICTIONAL IMMUNI-
TIES OF STATES AND THEIR PROPERTY*

PART I

INTRODUCTION

Article 1. Scope of the present articles

The present articles apply to the immunity of a State and its property from the jurisdiction of the courts of another State.

Article 2. Use of terms

1. For the purposes of the present articles:

(a)"court" means any organ of a State, however named, entitled to exercise judicial functions;

---

* Selected from *Yearbook of the International Law Commission*, 1991, Vol. II, Part Two, New York and Geneva: The United Nations, pp. 13–62 (Commentaries omitted).

(b)"State" means:

   (1)the State and its various organs of government;

   (2)constituent units of a federal State;

   (3)political subdivisions of the State which are entitled to perform acts in the exercise of the sovereign authority of the State;

   (4)agencies or instrumentalities of the State and other entities, to the extent that they are entitled to perform acts in the exercise of the sovereign authority of the State;

   (5)representatives of the State acting in that capacity;

(c)"commercial transaction" means:

   (1)any commercial contract or transaction for the sale of goods or supply of services;

   (2)any contract for a loan or other transaction of a financial nature, including any obligation of guarantee or of indemnity in respect of any such loan or transaction;

   (3)any other contract or transaction of a commercial, industrial, trading or professional nature, but not including a contract of employment of persons.

2. In determining whether a contract or transaction is a "commercial transaction" under paragraph 1(c), reference should be made primarily to the nature of the contract or transaction, but its purpose should also be taken into account if, in the practice of the State which is a party to it, that purpose is relevant to determining the non-commercial character of the contract or transaction.

3. The provisions of paragraphs 1 and 2 regarding the use of terms in the present articles are without prejudice to the use of those terms or to the mean-

ings which may be given to them in other international instruments or in the internal law of any State.

Article 3. Privileges and immunities not affected by the present articles

1. The present articles are without prejudice to the privileges and immunities enjoyed by a State under international law in relation to the exercise of the functions of:

(a)its diplomatic missions, consular posts, special missions, missions to international organizations, or delegations to organs of international organizations or to international conferences; and

(b)persons connected with them.

2. The present articles are likewise without prejudice to privileges and immunities accorded under international law to Heads of State *ratione personae*.

Article 4. Non-retroactivity of the present articles

Without prejudice to the application of any rules set forth in the present articles to which jurisdictional immunities of States and their property are subject under international law independently of the present articles, the articles shall not apply to any question of jurisdictional immunities of States or their property arising in a proceeding instituted against a State before a court of another State prior to the entry into force of the present articles for the States concerned.

PART II

GENERAL PRINCIPLES

Article 5. State Immunity

A State enjoys immunity, in respect of itself and its property, from the jurisdiction of the courts of another State subject to the provisions of the present articles.

Article 6. Modalities for giving effect to State immunity

1. A State shall give effect to State immunity under article 5 by refraining from exercising jurisdiction in a proceeding before its courts against another State and to that end shall ensure that its courts determine on their own initiative that the immunity of that other State under article 5 is respected.

2. A proceeding before a court of a State shall be considered to have been instituted against another State if that other State:

(a) is named as a party to that proceeding; or

(b) is not named as a party to the proceeding but the proceeding in effect seeks to affect the property, rights, interests or activities of that other State.

Article 7. Express consent to exercise of jurisdiction

1. A State cannot invoke immunity from jurisdiction in a proceeding before a court of another State with regard to a matter or case if it has expressly consented to the exercise of jurisdiction by the court with regard to the matter or case:

(a)by international agreement;

(b)in a written contract; or

(c)by a declaration before the court or by a written communication in a specific proceeding.

2. Agreement by a State for the application of the law of another State shall not be interpreted as consent to the exercise of jurisdiction by the courts of that other State.

Article 8. Effect of participation in a proceeding before a court

1. A State cannot invoke immunity from jurisdiction in a proceeding before a court of another State if it has:

(a)itself instituted the proceeding; or

(b)intervened in the proceeding or taken any other step relating to the merits. However, if the State satisfies the court that it could not have acquired knowledge of facts on which a claim to immunity can be based until after it took such a step, it can claim immunity based on those facts, provided it does so at the earliest possible moment.

2. A State shall not be considered to have consented to the exercise of jurisdiction by a court of another State if it intervenes in a proceeding or takes any other step for the sole purpose of:

(a)invoking immunity; or

(b)asserting a right or interest in property at issue in the proceeding.

3. The appearance of a representative of a State before a court of another State as a witness shall not be interpreted as consent by the former State to the exercise of jurisdiction by the court.

4. Failure on the part of a State to enter an appearance in a proceeding

before a court of another State shall not be interpreted as consent by the former State to the exercise of jurisdiction by the court.

Article 9. Counter-claims

1. A State instituting a proceeding before a court of another State cannot invoke immunity from the jurisdiction of the court in respect of any counter-claim arising out of the same legal relationship or facts as the principal claim.

2. A State intervening to present a claim in a proceeding before a court of another State cannot invoke immunity from the jurisdiction of the court in respect of any counter-claim arising out of the same legal relationship or facts as the claim presented by the State.

3. A State making a counter-claim in a proceeding instituted against it before a court of another State cannot invoke immunity from the jurisdiction of the court in respect of the principal claim.

PART III

PROCEEDINGS IN WHICH STATE IMMUNITY CANNOT BE INVOKED

Article 10. Commercial transactions

1. If a State engages in a commercial transaction with a foreign natural or juridical person and, by virtue of the applicable rules of private international law, differences relating to the commercial transaction fall within the jurisdiction of a court of another State, the State cannot invoke immunity

from that jurisdiction in a proceeding arising out of that commercial transaction.

2. Paragraph 1 does not apply:

(a)in the case of a commercial transaction between States; or

(b)if the parties to the commercial transaction have expressly agreed otherwise.

3. The immunity from jurisdiction enjoyed by a State shall not be affected with regard to a proceeding which relates to a commercial transaction engaged in by a State enterprise or other entity established by the State which has an independent legal personality and is capable of:

(a)suing or being sued; and

(b)acquiring, owning or possessing and disposing of property, including property which the State has authorized it to operate or manage.

Article 11. Contracts of employment

1. Unless otherwise agreed between the States concerned, a State cannot invoke immunity from jurisdiction before a court of another State which is otherwise competent in a proceeding which relates to a contract of employment between the State and an individual for work performed or to be performed, in whole or in part, in the territory of that other State.

2. Paragraph 1 does not apply if:

(a)the employee has been recruited to perform functions closely related to the exercise of governmental authority;

(b)the subject of the proceeding is the recruitment, renewal of employment or reinstatement of an individual;

(c)the employee was neither a national nor a habitual resident of the

State of the forum at the time when the contract of employment was concluded;

(d)the employee is a national of the employer State at the time when the proceeding is instituted; or

(e)the employer State and the employee have otherwise agreed in writing, subject to any considerations of public policy conferring on the courts of the State of the forum exclusive jurisdiction by reason of the subject–matter of the proceeding.

Article 12. Personal injuries and damage to property

Unless otherwise agreed between the States concerned, a State cannot invoke immunity from jurisdiction before a court of another State which is otherwise competent in a proceeding which relates to pecuniary compensation for death or injury to the person, or damage to or loss of tangible property, caused by an act or omission which is alleged to be attributable to the State, if the act or omission occurred in whole or in part in the territory of that other State and if the author of the act or omission was present in that territory at the time of the act or omission.

Article 13. Ownership, possession and use of property

Unless otherwise agreed between the States concerned, a State cannot invoke immunity from jurisdiction before a court of another State which is otherwise competent in a proceeding which relates to the determination of:

(a)any right or interest of the State in, or its possession or use of, or any obligation of the State arising out of its interest in, or its possession or use of, immovable property situated in the State of the forum;

(b)any right or interest of the State in movable or immovable property arising by way of succession, gift or *bona vacantia*; or

(c)any right or interest of the State in the administration of property, such as trust property, the estate of a bankrupt or the property of a company in the event of its winding-up.

Article 14. Intellectual and industrial property

Unless otherwise agreed between the States concerned, a State cannot invoke immunity from jurisdiction before a court of another State which is otherwise competent in a proceeding which relates to:

(a)the determination of any right of the State in a patent, industrial design, trade name or business name, trade mark, copyright or any other form of intellectual or industrial property, which enjoys a measure of legal protection, even if provisional, in the State of the forum; or

(b)an alleged infringement by the State, in the territory of the State of the forum, of a right of the nature mentioned in subparagraph (a) which belongs to a third person and is protected in the State of the forum.

Article 15. Participation in companies or other collective bodies

1. A State cannot invoke immunity from jurisdiction before a court of another State which is otherwise competent in a proceeding which relates to its participation in a company or other collective body, whether incorporated or unincorporated, being a proceeding concerning the relationship between the State and the body or the other participants therein, provided that the body:

(a)has participants other than States or international organizations; and (b)is incorporated or constituted under the law of the State of the forum or has its seat or principal place of business in that State.

2. A State can, however, invoke immunity from jurisdiction in such a proceeding if the States concerned have so agreed or if the parties to the dispute have so provided by an agreement in writing or if the instrument establishing or regulating the body in question contains provisions to that effect.

Article 16. Ships owned or operated by a State

1. Unless otherwise agreed between the States concerned, a State which owns or operates a ship cannot invoke immunity from jurisdiction before a court of another State which is otherwise competent in a proceeding which relates to the operation of that ship, if at the time the cause of action arose, the ship was used for other than government non-commercial purposes.

2. Paragraph 1 does not apply to warships and naval auxiliaries nor does it apply to other ships owned or operated by a State and used exclusively on government non-commercial service.

3. For the purposes of this article, "proceeding which relates to the operation of that ship" means, *inter alia*, any proceeding involving the determination of a claim in respect of:

(a)collision or other accidents of navigation;

(b)assistance, salvage and general average;

(c)repairs, supplies or other contracts relating to the ship;

(d)consequences of pollution of the marine environment;

4. Unless otherwise agreed between the States concerned, a State cannot invoke immunity from jurisdiction before a court of another State which is otherwise competent in a proceeding which relates to the carriage of cargo on

board a ship owned or operated by that State if, at the time the cause of action arose, the ship was used for other than government non-commercial purposes.

5. Paragraph 4 does not apply to any cargo carried on board the ships referred to in paragraph 2 nor does it apply to any cargo owned by a State and used or intended for use exclusively for government non-commercial purposes.

6. States may plead all measures of defence, prescription and limitation of liability which are available to private ships and cargoes and their owners.

7. If in a proceeding there arises a question relating to the government and non-commercial character of a ship owned or operated by a State or cargo owned by a State, a certificate signed by a diplomatic representative or other competent authority of that State and communicated to the court shall serve as evidence of the character of that ship or cargo.

Article 17. Effect of an arbitration agreement

If a State enters into an agreement in writing with a foreign natural or juridical person to submit to arbitration differences relating to a commercial transaction, that State cannot invoke immunity from jurisdiction before a court of another State which is otherwise competent in a proceeding which relates to:

(a) the validity or interpretation of the arbitration agreement;

(b) the arbitration procedure; or

(c) the setting aside of the award;

unless the arbitration agreement otherwise provides.

PART IV

STATE IMMUNITY FROM MEASURES OF CONSTRAINT IN CONNECTION WITH PROCEEDINGS BEFORE A COURT

Article 18. State immunity from measures of constraint

1. No measures of constraint, such as attachment, arrest and execution, against property of a State may be taken in connection with a proceeding before a court of another State unless and except to the extent that:

(a)the State has expressly consented to the taking of such measures as indicated:

 (1)by international agreement;

 (2)by an arbitration agreement or in a written contract; or

 (3)by a declaration before the court or by a written communication after a dispute between the parties has arisen;

(b)the State has allocated or earmarked property for the satisfaction of the claim which is the object of that proceeding; or

(c)the property is specifically in use or intended for use by the State for other than government non-commercial purposes and is in the territory of the State of the forum and has a connection with the claim which is the object of the proceeding or with the agency or instrumentality against which the proceeding was directed.

2. Consent to the exercise of jurisdiction under article 7 shall not imply consent to the taking of measures of constraint under paragraph 1, for which

separate consent shall be necessary.

Article 19. Specific categories of property

1. The following categories, in particular, of property of a State shall not be considered as property specifically in use or intended for use by the State for other than government non-commercial purposes under paragraph 1(c) of article 18:

(a)property, including any bank account, which is used or intended for use for the purposes of the diplomatic mission of the State or its consular posts, special missions, missions to international organizations, or delegations to organs of international organizations or to international conferences;

(b)property of a military character or used or intended for use for military purposes;

(c)property of the central bank or other monetary authority of the State;

(d)property forming part of the cultural heritage of the State or part of its archives and not placed or intended to be placed on sale;

(e)property forming part of an exhibition of objects of scientific, cultural or historical interest and not placed or intended to be placed on sale.

2. Paragraph 1 is without prejudice to paragraph 1(a) and (b) of article 18.

PART V

MISCELLANEOUS PROVISIONS

Article 20. Service of process

1. Service of process by writ or other document instituting a proceeding against a State shall be effected:

(a) in accordance with any applicable international convention binding on the State of the forum and the State concerned; or

(b) in the absence of such a convention:

    (1) by transmission through diplomatic channels to the Ministry of Foreign Affairs of the State concerned; or

    (2) by any other means accepted by the State concerned, if not precluded by the law of the State of the forum.

2. Service of process referred to in paragraph 1(b)(i) is deemed to have been effected by receipt of the documents by the Ministry of Foreign Affairs.

3. These documents shall be accompanied, if necessary, by a translation into the official language, or one of the official languages, of the State concerned.

4. Any State that enters an appearance on the merits in a proceeding instituted against it may not thereafter assert that service of process did not comply with the provisions of paragraphs 1 and 3.

Article 21. Default judgement

1. A default judgement shall not be rendered against a State unless the court has found that:

(a) the requirements laid down in paragraphs 1 and 3 of article 20 have been complied with;

(b) a period of not less than four months has expired from the date on which the service of the writ or other document instituting a proceeding has been effected or deemed to have been effected in accordance with paragraphs

1 and 2 of article 20; and

(c)the present articles do not preclude it from exercising jurisdiction.

2. A copy of any default judgement rendered against a State, accompanied if necessary by a translation into the official language or one of the official languages of the State concerned, shall be transmitted to it through one of the means specified in paragraph 1 of article 20 and in accordance with the provisions of that paragraph.

3. The time-limit for applying to have a default judgement set aside shall not be less than four months and shall begin to run from the date on which the copy of the judgement is received or is deemed to have been received by the State concerned.

Article 22. Privileges and immunities during court proceedings

1. Any failure or refusal by a State to comply with an order of a court of another State enjoining it to perform or refrain from performing a specific act or to produce any document or disclose any other information for the purposes of a proceeding, shall entail no consequences other than those which may result from such conduct in relation to the merits of the case. In particular, no fine or penalty shall be imposed on the State by reason of such failure or refusal.

2. A State shall not be required to provide any security, bond or deposit, however described, to guarantee the payment of judicial costs or expenses in any proceeding to which it is a party before a court of another State.

附件二：聯合國國際法委員會通過的「國家及其 財產的管轄豁免條款草案」中文本

說明：聯合國國際法委員會第四十三屆會議在一九九一年六月七日通過 二十二條「國家及其財產的管轄豁免條款草案」。以下譯文取自丘 宏達編輯，陳純一助編，《現代國際法參考文件》，臺北：三民書 局，民國八十五年，頁五六九～五七七。

第一部分　導　言

第　一　條　本條款的範圍

本條款適用於國家及其財產對另一國法院的管轄豁免。

第　二　條　用　語

一、為本條款的目的：

(a)「法院」是指一國有權行使司法職能的不論名稱為 何的任何機關；

(b)「國家」是指：

㈠國家及其政府的各種機關；

㈡聯邦國家的組成單位；

㈢受權為行使國家主權權力而行為的國家政治區分 單位；

㈣國家機構或部門和其他實體，只要它們受權為行 使國家主權權力而行為；

　　　　(五)以國家代表身分行為的國家代表;

　　　(c)「商業交易」是指:

　　　　(一)為出售貨物或為提供服務而訂立的任何商業合同
　　　　　　或交易;

　　　　(二)任何貸款或其他金融性質之交易的合同,包括與
　　　　　　任何此類貸款或交易有關的任何擔保義務或保賠
　　　　　　義務;

　　　　(三)商業、工業、貿易或專業性質的任何其他合同或
　　　　　　交易,但不包括雇用人員的合同。

二、確定本條第一款(c)項下的合同或交易是否屬於「商業
　　交易」時,首先應考慮合同或交易的性質,但是,如
　　果在作為其締約一方的國家的實踐中該合同或交易的
　　目的與確定其非商業性質有關,則也應予以考慮。

三、關於本條款用語的第一和第二款的規定不妨礙其他國
　　際文書或任何國家的國內法對這些用語的使用或給予
　　的含義。

第 三 條　不受本條款影響的特權和豁免

一、本條款不妨礙一國根據國際法所享有的有關行使下列
　　職能的特權和豁免:

　　　(a)其使館、領館、特別使節團、駐國際組織代表團、
　　　　或派往國際組織的機關或國際會議的代表團的職
　　　　能;和

　　　(b)與上述機構有關連的人員的職能。

二、本條款同樣不妨礙根據國際法給予國家元首個人的特
　　權和豁免。

第 四 條　本條款不溯及既往

在不妨礙本條款所列、不以本條款為轉移而根據國際法制約國家及其財產的管轄豁免的任何規則之適用的條件下，本條款不應適用於在本條款對有關國家生效前，在另一國法院對該國提起的訴訟所引起的任何國家及其財產的管轄豁免問題。

第二部分　一般原則

第 五 條　國家豁免

國家本身及其財產遵照本條款的規定對另一國法院享有管轄豁免。

第 六 條　實行國家豁免的方式

一、一國應避免對在其法院對另一國提起的訴訟行使管轄，以實行第五條所規定的國家豁免；並應為此保證其法院主動地確定第五條所規定的對該另一國的豁免得到遵守。

二、在一國法院中的訴訟應視為對另一國提起的訴訟，如果該另一國：

(a)被指名為該訴訟的當事一方；

(b)未被指名為該訴訟的當事一方，但該訴訟實際上企圖影響該另一國的財產、權利、利益或活動。

第 七 條　明示同意行使管轄

一、一國如以下列方式明示同意另一國對一個事項或案件行使管轄，則不得在該法院就該事項或案件提起的訴訟中援引管轄豁免：

(a)國際協定；

(b)書面合同；或

　　　　　　(c)在法院對特定訴訟發表的聲明或對特定訴訟的書面
　　　　　　函件。

　　二、一國同意適用另一國的法律，不應被解釋為同意該另
　　　　一國的法院行使管轄權。

第 八 條　參加法院訴訟的效果

　　一、一國如有下列情況，則在另一國法院的訴訟中不得援
　　　　引管轄豁免：

　　　　(a)該國本身提起該訴訟，或

　　　　(b)介入該訴訟或採取與案情實質有關的任何其他步
　　　　　驟。但如該國使法院確信它在採取這一步驟之前不
　　　　　可能知道可據以主張豁免的事實，則它可以根據那
　　　　　些事實主張豁免，條件是它必須盡早這樣做。

　　二、一國不應被視為同意另一國的法院行使管轄權，如果
　　　　該國僅為下列目的介入訴訟或採取任何其他步驟：

　　　　(a)援引豁免；或

　　　　(b)對訴訟中有待裁決的財產主張一項權利或利益。

　　三、一國代表在另一國法院出庭作證不應被解釋為前一國
　　　　同意法院行使管轄權。

　　四、一國未在另一國法院的訴訟中出庭不應被解釋為前一
　　　　國同意法院行使管轄權。

第 九 條　反　訴

　　一、一國在另一國法院提起一項訴訟，不得就與主訴相同
　　　　的法律關係或事實所引起的任何反訴援引法院的管轄
　　　　豁免。

　　二、一國介入另一國法院的訴訟中提出訴訟要求，則不得
　　　　就與該國提出的訴訟要求相同的法律關係或事實所引

起的任何反訴援引管轄豁免。

三、一國在另一國法院對該國提起的訴訟中提出反訴，則不得就主訴援引法院的管轄豁免。

第三部分　不得援引國家豁免的訴訟

第　十　條　商業交易

一、一國如與一外國自然人或法人進行一項商業交易，而根據國際私法適用的規則，有關該商業交易的爭議應由另一國法院管轄，則該國不得在該商業交易引起的訴訟中援引管轄豁免。

二、第一款不適用於下列情況：

(a)國家之間進行的商業交易；

(b)該商業交易的當事方另有明確協議。

三、國家享有的管轄豁免在一個國家企業或國家設立的其他實體所從事商業交易的有關訴訟中不應受影響，該國家企業或其他實體具有法人資格，並有能力：

(a)起訴或被訴；和

(b)獲得、擁有或占有和處置財產，包括國家授權其經營或管理的財產。

第 十一 條　雇用合同

一、除有關國家間另有協議外，一國在該國和個人間關於已全部或部分在另一國領土進行、或將進行的工作之雇用合同的訴訟中，不得對該另一國原應管轄的法院援引管轄豁免。

二、第一款不適用於下列情況：

(a)徵聘該雇員是為了履行與行使政府權力密切有關的

職務；

 (b)該訴訟的主題是個人的徵聘、雇用期的延長或復職；

 (c)該雇員在簽定合同時既非法院地國的國民，也非其長期居民；

 (d)該雇員在提起訴訟時是雇用國的國民；或

 (e)該雇員和雇用國另有書面協議，但由於公共政策的任何考慮，因該訴訟的事項內容而賦予法院地國法院專屬管轄權者不在此限。

第 十二 條　人身傷害和財產損害

除有關國家間另有協議外，一國在對據稱由歸因於該國的行為或不行為引起的人身死亡或傷害、或有形財產的損害或滅失要求金錢補償的訴訟中，如果該作為或不作為全部或部分發生在法院地國領土內，而且作為或不作為的行為人在作為或不作為發生時處於法院地國領土內，則不得對另一國原應管轄的法院援引管轄豁免。

第 十三 條　財產的所有權、占有和使用

除有關國家間另有協議外，一國在涉及下列問題之確定的訴訟中，不得對另一國原應管轄的法院援引管轄豁免：

 (a)該國對位於法院地國的不動產的任何權利或利益，或該國對該不動產的占有或使用，或該國由於對該不動產的利益或占有或使用而產生的任何義務；

 (b)該國對動產或不動產由於繼承、贈與或絕產而產生的任何權利或利益；或

 (c)該國對托管財產、破產者產業或公司結業時的財產的管理的任何權利或利益。

第 十四 條　知識產權和工業產權

除有關國家另有協議外，一國在有關下列事項的訴訟中不得對另一國原應管轄的法院援引管轄豁免：

(a)確定該國對在法院地國享受某種程度、即使是暫時的法律保護的專利、工業設計、商業名稱或企業名稱、商標、版權或任何其他形式的知識產權或工業產權的任何權利；或

(b)據稱該國在法院地國領土內侵犯在法院地國受到保護的、屬於第三者的(a)項所述性質的權利。

第 十五 條　參加公司或其他集體機構

一、一國在有關該國參加具有或不具有法人資格的公司或其他集體機構的訴訟中，即在關於該國與該機構或該機構其他參加者之間關係的訴訟中，不得對另一國原應管轄的法院援引管轄豁免，但有以下條件：

(a)該機構的參加者不限於國家或國際組織；而且

(b)該機構是按照法院地國的法律註冊或組成或其所在地或主要營業所位於法院地國。

二、但是，如果有關國家同意，或如果爭端當事方之間的書面協議作此規定，或如果據以建立或管理有關機構的文書中載有此一規定，則一國可以在此訴訟中援引管轄豁免。

第 十六 條　國家擁有或經營的船舶

一、除有關國家間另有協議外，擁有或經營一艘船舶的一國，在另一國原應管轄的法院有關該船舶的經營的一項訴訟中，只要在訴訟事由產生時該船舶是用於政府非商業性用途以外的目的，即不得援引管轄豁免。

二、第一款不適用於軍艦、輔助艦艇，也不適用於一國擁

有或經營的、專門用於政府非商業性活動的其他船舶。

三、為本條的目的,「有關該船舶的經營的訴訟」一語,除
其他外, 是指同確定下列要求有關的任何訴訟:

(a)碰撞或其他航行事故;

(b)協助、救助和共同海損;

(c)修理、供應或有關船舶的其他合同;

(d)海洋環境污染引起的後果。

四、除有關國家間另有協議外, 一國在有關該國擁有或經
營的船舶所在載貨物之運輸的一項訴訟中, 只要在訴
訟事由產生時該船舶是用於政府非商業性用途以外的
目的,即不得對另一國原應管轄的法院援引管轄豁免。

五、第四款不適用於第二款所指船舶所載運的任何貨物,
也不適用於國家擁有的、專門用於或意圖專門用於政
府非商業性用途的任何貨物。

六、國家可提出私有船舶、貨物及其所有人所能利用的一
切抗辯措施、時效和責任限制。

七、如果在一項訴訟中產生有關一國擁有或經營的一艘船
舶、或一國擁有的貨物的政府和非商業性質問題, 由
該國的一個外交代表或其他主管當局簽署並送達法院
的證件, 應作為該船舶或貨物性質的證據。

第 十七 條 仲裁協定的效力

一國如與一外國自然人或法人訂立書面協定, 將有關商業
交易的爭議提交仲裁, 則該國不得在另一國原應管轄的法
院就有關下列事項的訴訟中援引管轄豁免:

(a)仲裁協定的有效性或解釋;

(b)仲裁程序; 或

(c)裁決的撤消。

但仲裁協定另有規定者除外。

第四部分　在法院訴訟中免於強制措施的國家豁免

第 十八 條　免於強制措施的國家豁免

一、不得在另一國法院的訴訟中採取針對一國財產的強制
措施，例如查封、扣押、和執行措施，除非：

(a)該國以下列方式明示同意就該有關財產採取此類措
施：

㈠國際協定；

㈡仲裁協定或書面合同；或

㈢在法院發表的聲明或在當事方發生爭端後提出的
書面函件；

(b)該國已經撥出或專門指定該財產用於清償該訴訟標
的的要求；或

(c)該財產在法院地國領土上，並且被該國具體用於或
意圖用於政府非商業性用途以外的目的，而且與訴
訟標的的要求有關，或者與被訴的機構或部門有關。

二、按照第七條的規定同意行使管轄並非默示同意按第一
款採取強制措施，關於強制措施必須另行表示同意。

第 十九 條　特定種類的財產

一、一國的以下各類財產尤其不應被視為第十八條第一款
(c)項所指被一國具體用於或意圖用於政府非商業性用
途以外目的的財產：

(a)用於或意圖用於該國使館、領館、特別使節團、駐
國際組織代表團、派往國際組織的機關或國際會議

的代表團用途的財產，包括任何銀行帳戶款項；

(b)屬於軍事性質，或用於或意圖用於軍事目的的財產；

(c)該國中央銀行或其他貨幣當局的財產；

(d)構成該國文化遺產的一部分、或該國檔案的一部分、並非供出售或意圖出售的財產；

(e)構成具有科學、文化或歷史價值的物品展覽的一部分，並非供出售或意圖出售的財產。

二、第一款不妨礙第十八條第一款(a)項和(b)項。

第五部分　雜項規定

第 二十 條　訴訟文書的送達

一、以傳票或對一國提起訴訟的其他文件送達訴訟文書應按以下方式進行：

(a)按照對法院地國和有關國家有約束力的任何適用的國際公約；或

(b)如無此公約，則：

㈠通過外交渠道送交有關國家的外交部；或

㈡採取有關國家接受的不受法院地國法律禁止的任何其他方式。

二、以第一款(b)㈠項所指的方式送達訴訟文書時，外交部收到該項文書即視為該項文書已送達。

三、在必要時，送達的文書應附有譯成有關國家正式語文或正式語文之一的譯本。

四、任何國家在對其提起的訴訟中就實質問題出庭，其後即不得聲稱訴訟文書的送達不符合第一款和第三款的規定。

第二十一條　缺席判決

一、不得對一國作出缺席判決，除非法院已認定：

(a)第二十條第一和第三款規定的要求已獲遵守；

(b)從按照第二十條第一和第二款送達傳票或其他起訴文件之日算起、或認為已送達之日算起至少已經四個月；並且

(c)本條款不禁止法院行使管轄權。

二、對一國作出任何缺席判決，應通過第二十條第一款所指的一種方式並按該款規定將判決書的抄本送交該有關國家，必要時附上譯成有關國家正式語文或正式語文之一的譯本。

三、提請撤銷一項缺席判決的時限不應少於四個月，時限應從有關國家收到判決書抄本或認為有關國家收到判決書抄本之日算起。

第二十二條　法院訴訟期間的特權和豁免

一、如一國未能或拒絕遵守另一國法院為一項訴訟的目的所下達的關於要求它實行或不實行一項特定行為、或提供任何文件、或透露任何其他資料的命令，則除了這種行為對該案的實質可能產生的後果外，不應產生任何其他後果。特別是，不應因此對該國處以任何罰款或罰金。

二、一國對它在另一國法院作為當事一方的任何訴訟，均無須出具無論何種名稱的擔保、保證書或保證金保證支付司法費用或開支。

附件三：美國「外國主權豁免法」英文本

U.S. FOREIGN SOVEREIGN IMMUNITIES ACT OF 1976[*]

§ 1602. Findings and declaration of purpose

The Congress finds that the determination by United States courts of the claims of foreign states to immunity from the jurisdiction of such courts would serve the interests of justice and would protect the rights of both foreign states and litigants in United States courts. Under international law, states are not immune from the jurisdiction of foreign courts insofar as their commercial activities are concerned, and their commercial property may be levied upon for the satisfaction of judgments rendered against them in connection with their commercial activities. Claims of foreign states to immunity should henceforth be decided by courts of the United States and of the States in conformity with the principles set forth in this chapter.

§ 1603. Definitions

For purposes of this chapter—

(a)A "foreign state," except as used in section 1608 of this title, includes

---

* 本英文本內容取材自《美國法典》，標題二十八，第九十七章，第一六〇二條至第一六一一條。見28 U.S.C. § § 1602～1611 (as codified and amended)

a political subdivision of a foreign state or an agency or instrumentality of a foreign state as defined in subsection (b).

(b)An "agency or instrumentality of a foreign state" means any entity—

(1)which is a separate legal person, corporate or otherwise, and

(2)which is an organ of a foreign state or political subdivision thereof, or a majority of whose shares or other ownership interest is owned by a foreign state or political subdivision thereof, and

(3)which is neither a citizen of a State of the United States as defined in section 1332(c) and (d) of this title nor created under the laws of any third country.

(c)The "United States" includes all territory and waters, continental or insular, subject to the jurisdiction of the United States.

(d)A "commercial activity" means either a regular course of commercial conduct or a particular commercial transaction or act. The commercial character of an activity shall be determined by reference to the nature of the course of conduct or particular transaction or act, rather than by reference to its purpose.

(e)A "commercial activity carried on in the United States by a foreign state" means commercial activity carried on by such state and having substantial contact with the United States.

§ 1604. Immunity of a foreign state from jurisdiction

Subject to existing international agreements to which the United States is a party at the time of enactment of this Act a foreign state shall be immune from the jurisdiction of the courts of the United States and of the States except as provided in sections 1605 to 1607 of this chapter.

§ 1605. General exceptions to the jurisdictional immunity of a

foreign state

　　(a)A foreign state shall not be immune from the jurisdiction of courts of the United States or of the States in any case—

　　(1)in which the foreign state has waived its immunity either explicitly or by implication, notwithstanding any withdrawal of the waiver which the foreign state may purport to effect except in accordance with the terms of the waiver;

　　(2)in which the action is based upon a commercial activity carried on in the United States by the foreign state; or upon an act performed in the United States in connection with a commercial activity of the foreign state elsewhere; or upon an act outside the territory of the United States in connection with a commercial activity of the foreign state elsewhere and that act causes a direct effect in the United States;

　　(3)in which rights in property taken in violation of international law are in issue and that property or any property exchanged for such property is present in the United States in connection with a commercial activity carried on in the United States by the foreign state; or that property or any property exchanged for such property is owned or operated by an agency or instrumentality of the foreign state and that agency or instrumentality is engaged in a commercial activity in the United States;

　　(4)in which rights in property in the United States acquired by succession or gift or rights in immovable property situated in the United States are in issue;

　　(5)not otherwise encompassed in paragraph (2) above, in which money damages are sought against a foreign state for personal injury or death, or damage to or loss of property, occurring in the United States and caused by the tortious act or omission of that foreign state or of any official or employee of that foreign state while acting within the scope of his office or employment; except this paragraph shall not apply to—

(A)any claim based upon the exercise or performance or the failure to exercise or perform a discretionary function regardless of whether the discretion be abused, or

(B)any claim arising out of malicious prosecution, abuse of process, libel, slander, misrepresentation, deceit, or interference with contract rights;

(6)in which the action is brought, either to enforce an agreement made by the foreign state with or for the benefit of a private party to submit to arbitration all or any differences which have arisen or which may arise between the parties with respect to a defined legal relationship, whether contractual or not, concerning a subject matter capable of settlement by arbitration under the laws of the United States, or to confirm an award made pursuant to such an agreement to arbitrate, if (A) the arbitration takes place or is intended to take place in the United States, (B) the agreement or award is or may be governed by a treaty or other international agreement in force for the United States calling for the recognition and enforcement of arbitral awards, (C) the underlying claim, save for the agreement to arbitrate, could have been brought in a United States court under this section or section 1607, or (D) paragraph (1) of this subsection is otherwise applicable; or

(7)not otherwise covered by paragraph (2), in which money damages are sought against a foreign state for personal injury or death that was caused by an act of torture, extrajudicial killing, aircraft sabotage, hostage taking, or the provision of material support or resources (as defined in section 2339A of title 18) for such an act if such act or provision of material support is engaged in by an official, employee, or agent of such foreign state while acting within the scope of his or her office, employment, or agency, except that the court shall decline to hear a claim under this paragraph—

(A)if the foreign state was not designated as a state sponsor of terrorism under section 6(j) of the Export Administration Act of 1979 (50 U.S.C. App. 2405(j)) or section 620A of the Foreign Assistance Act of 1961 (22 U.S.C. 2371) at the time the act occurred, unless later so designated as a result of such act; and

(B)even if the foreign state is or was so designated, if—

(i)the act occurred in the foreign state against which the claim has been brought and the claimant has not afforded the foreign state a reasonable opportunity to arbitrate the claim in accordance with accepted international rules of arbitration; or

(ii)neither the claimant nor the victim was a national of the United States (as that term is defined in section 101(a)(22) of the Immigration and Nationality Act) when the act upon which the claim is based occurred.

(b)A foreign state shall not be immune from the jurisdiction of the courts of the United States in any case in which a suit in admiralty is brought to enforce a maritime lien against a vessel or cargo of the foreign state, which maritime lien is based upon a commercial activity of the foreign state: Provided, That—

(1)notice of the suit is given by delivery of a copy of the summons and of the complaint to the person, or his agent, having possession of the vessel or cargo against which the maritime lien is asserted; and if the vessel or cargo is arrested pursuant to process obtained on behalf of the party bringing the suit, the service of process of arrest shall be deemed to constitute valid delivery of such notice, but the party bringing the suit shall be liable for any damages sustained by the foreign state as a result of the arrest if the party bringing the suit had actual or constructive knowledge that the vessel or cargo of a foreign state was involved; and

(2)notice to the foreign state of the commencement of suit as provided in section 1608 of this title is initiated within ten days either of the delivery of notice as provided in paragraph (1) of this subsection or, in the case of a party who was unaware that the vessel or cargo of a foreign state was involved, of the date such party determined the existence of the foreign state's interest.

(c)Whenever notice is delivered under subsection (b)(1), the suit to enforce a maritime lien shall thereafter proceed and shall be heard and determined according to the principles of law and rules of practice of suits in rem whenever it appears that, had the vessel been privately owned and possessed, a suit in rem might have been maintained. A decree against the foreign state may include costs of the suit and, if the decree is for a money judgment, interest as ordered by the court, except that the court may not award judgment against the foreign state in an amount greater than the value of the vessel or cargo upon which the maritime lien arose. Such value shall be determined as of the time notice is served under subsection (b)(1). Decrees shall be subject to appeal and revision as provided in other cases of admiralty and maritime jurisdiction. Nothing shall preclude the plaintiff in any proper case from seeking relief in personam in the same action brought to enforce a maritime lien as provided in this section.

(d)A foreign state shall not be immune from the jurisdiction of the courts of the United States in any action brought to foreclose a preferred mortgage, as defined in the Ship Mortgage Act, 1920 (46 U.S.C. 911 and following). Such action shall be brought, heard, and determined in accordance with the provisions of that Act and in accordance with the principles of law and rules of practice of suits in rem, whenever it appears that had the vessel been privately owned and possessed a suit in rem might have been maintained.

(e)For purposes of paragraph (7) of subsection (a)—

(1)the terms "torture" and "extrajudicial killing" have the meaning given those terms in section 3 of the Torture Victim Protection Act of 1991.

(2)the term "hostage taking" has the meaning given that term in Article 1 of the International Convention Against the Taking of Hostages; and

(3)the term "aircraft sabotage" has the meaning given that term in Article 1 of the Convention for the Suppression of Unlawful Acts Against the Safety of Civil Aviation.

(f)No action shall be maintained under subsection (a)(7) unless the action is commenced not later than 10 years after the date on which the cause of action arose. All principles of equitable tolling, including the period during which the foreign state was immune from suit, shall apply in calculating this limitation period.

(g)Limitation on discovery.

(1)In general.

(A)Subject to paragraph (2), if an action is filed that would otherwise be barred by section 1604, but for subsection (a)(7), the court, upon request of the Attorney General, shall stay any request, demand, or order for discovery on the United States that the Attorney General certifies would significantly interfere with a criminal investigation or prosecution, or a national security operation, related to the incident that gave rise to the cause of action, until such time as the Attorney General advises the court that such request, demand, or order will no longer so interfere.

(B)A stay under this paragraph shall be in effect during the 12-month period beginning on the date on which the court issues the order to stay discovery. The court shall renew the order to stay discovery for additional 12-month periods upon motion by the United States if the Attorney General certifies that discovery would significantly interfere with a criminal investigation or prosecution, or a national security operation, related to the incident that gave rise to the cause of action.

(2)Sunset.

(A)Subject to subparagraph (B), no stay shall be granted or continued in effect under paragraph (1)after the date that is 10 years after the date on which the incident that gave rise to the cause of action occurred.

(B)After the period referred to in subparagraph (A), the court, upon request of the Attorney General, may stay any request, demand, or order for discovery on the United States that the court finds a substantial likelihood would—

(i)create a serious threat of death or serious bodily injury to any person;

(ii)adversely affect the ability of the United States to work in cooperation with foreign and international law enforcement agencies in investigating violations of United States law; or

(iii)obstruct the criminal case related to the incident that gave rise to the cause of action or undermine the potential for a conviction in such case.

(3)Evaluation of evidence. The court's evaluation of any request for a stay under this subsection filed by the Attorney General shall be conducted ex parte and in camera.

(4)Bar on motions to dismiss. A stay of discovery under this subsection shall constitute a bar to the granting of a motion to dismiss under rules 12(b)(6) and 56 of the Federal Rules of Civil Procedure.

(5)Construction. Nothing in this subsection shall prevent the United States from seeking protective orders or asserting privileges ordinarily available to the United States.

§ 1606. Extent of liability

As to any claim for relief with respect to which a foreign state is not entitled to immunity under section 1605 or 1607 of this chapter, the foreign state shall be liable in the same manner and to the same extent as a private individual under like circumstances; but a foreign state except for an agency or instrumentality thereof shall not be liable for punitive damages, except any action under section 1605(a)(7) or 1610(f); if, however, in any case wherein death was caused, the law of the place where the action or omission occurred provides, or has been construed to provide, for damages only punitive in nature, the foreign state shall be liable for actual or compensatory damages measured by the pecuniary injuries resulting from such death which were incurred by the persons for whose benefit the action was brought.

§ 1608. Service; time to answer; default

(a)Service in the courts of the United States and of the States shall be made upon a foreign state or political subdivision of a foreign state:

(1)by delivery of a copy of the summons and complaint in accordance with any special arrangement for service between the plaintiff and the foreign state or political subdivision; or

(2)if no special arrangement exists, by delivery of a copy of the summons and complaint in accordance with an applicable international convention on service of judicial documents; or

(3)if service cannot be made under paragraphs (1) or (2), by sending a copy of the summons and complaint and a notice of suit, together with a translation of each into the official language of the foreign state, by any form of mail requiring a signed receipt, to be addressed and dispatched by the clerk of the court to the head of the ministry of foreign affairs of the foreign state concerned, or

(4)if service cannot be made within 30 days under paragraph (3), by sending two copies of the summons and complaint and a notice of suit, together with a translation of each into the official language of the foreign state, by any form of mail requiring a signed receipt, to be addressed and dispatched by the clerk of the court to the Secretary of State in Washington, District of Columbia, to the attention of the Director of Special Consular Services—and the Secretary shall transmit one copy of the papers through diplomatic channels to the foreign state and shall send to the clerk of the court a certified copy of the diplomatic note indicating when the papers were transmitted.

As used in this subsection, a "notice of suit" shall mean a notice addressed to a foreign state and in a form prescribed by the Secretary of State by regulation.

(b)Service in the courts of the United States and of the States shall be made upon an agency or instrumentality of a foreign state:

(1)by delivery of a copy of the summons and complaint in accordance with any special arrangement for service between the plaintiff and the agency or instrumentality; or

(2)if no special arrangement exists, by delivery of a copy of the summons and complaint either to an officer, a managing or general agent, or to any other agent authorized by appointment or by law to receive service of process in the United States; or in accordance with an applicable international convention on service of judicial documents; or

(3)if service cannot be made under paragraphs (1) or (2), and if reasonably calculated to give actual notice, by delivery of a copy of the summons and complaint, together with a translation of each into the official language of the foreign state—

(A)as directed by an authority of the foreign state or political subdivision in response to a letter rogatory or request or

(B)by any form of mail requiring a signed receipt, to be addressed and dispatched by the clerk of the court to the agency or instrumentality to be served, or

(C)as directed by order of the court consistent with the law of the place where service is to be made.

(c)Service shall be deemed to have been made—

(1)in the case of service under subsection (a)(4), as of the date of transmittal indicated in the certified copy of the diplomatic note; and

(2)in any other case under this section, as of the date of receipt indicated in the certification, signed and returned postal receipt, or other proof of service applicable to the method of service employed.

(d)In any action brought in a court of the United States or of a State, a foreign state, a political subdivision thereof, or an agency or instrumentality of a foreign state shall serve an answer or other responsive pleading to the complaint within sixty days after service has been made under this section.

(e)No judgment by default shall be entered by a court of the United States or of a State against a foreign state, a political subdivision thereof, or an agency or instrumentality of a foreign state, unless the claimant establishes his claim or right to relief by evidence satisfactory to the court. A copy of any such default judgment shall be sent to the foreign state or political subdivision in the manner prescribed for service in this section.

§ 1609. Immunity from attachment and execution of property of a foreign state

Subject to existing international agreements to which the United States is a party at the time of enactment of this Act the property in the United States of a foreign state shall be immune from attachment arrest and execution except as provided in sections 1610 and 1611 of this chapter.

§ 1610. Exceptions to the immunity from attachment or execution

(a)The property in the United States of a foreign state, as defined in section 1603 (a) of this chapter, used for a commercial activity in the United States, shall not be immune from attachment in aid of execution, or from execution, upon a judgment entered by a court of the United States or of a State after the effective date of this Act, if—

(1)the foreign state has waived its immunity from attachment in aid of execution or from execution either explicitly or by implication, notwithstanding any withdrawal of the waiver the foreign state may purport to effect except in accordance with the terms of the waiver, or

(2)the property is or was used for the commercial activity upon which the claim is based, or

(3)the execution relates to a judgment establishing rights in property which has been taken in violation of international law or which has been ex-changed for property taken in violation of international law, or

(4)the execution relates to a judgment establishing rights in pro-perty—

(A)which is acquired by succession or gift, or

(B)which is immovable and situated in the United States: Provided, that such property is not used for purposes of maintaining a diplomatic or consular mission or the residence of the Chief of such mission, or

(5)the property consists of any contractual obligation or any proceeds from such a contractual obligation to indemnify or hold harmless the foreign state or its employees under a policy of automobile or other liability or casu-alty insurance covering the claim which merged into the judgment, or

(6)the judgment is based on an order confirming an arbitral award ren-dered against the foreign state, provided that attachment in aid of execution, or execution, would not be inconsistent with any provision in the arbitral agreement, or

(7)the judgment relates to a claim for which the foreign state is not immune under section 1605(a)(7), regardless of whether the property is or was involved with the act upon which the claim is based.

(b)In addition to subsection (a), any property in the United States of an agency or instrumentality of a foreign state engaged in commercial activity in the United States shall not be immune from attachment in aid of execution, or from execution, upon a judgment entered by a court of the United States or of a State after the effective date of this Act if—

(1)the agency or instrumentality has waived its immunity from attach-ment in aid of execution or from execution either explicitly or implicitly, notwithstanding any withdrawal of the waiver the agency or instrumentality may purport to effect except in accordance with the terms of the waiver, or

(2)the judgment relates to a claim for which the agency or instrumentality is not immune by virtue of section 1605(a)(2), (3), (5), or (7),or 1605(b) of this chapter, regardless of whether the property is or was involved in the act upon which the claim is based.

(c)No attachment or execution referred to in subsections (a) and (b) of this section shall be permitted until the court has ordered such attachment and execution after having determined that a reasonable period of time has elapsed following the entry of judgment and the giving of any notice required under section 1608(e) of this chapter.

(d)The property of a foreign state, as defined in section 1603(a) of this chapter, used for a commercial activity in the United States, shall not be immune from attachment prior to the entry of judgment in any action brought in a court of the United States or of a State, or prior to the elapse of the period of time provided in subsection (c) of this section, if—

(1)the foreign state has explicitly waived its immunity from attachment prior to judgment, notwithstanding any withdrawal of the waiver the foreign state may purport to effect except in the terms of the waiver, and

(2)the purpose of the attachment is to secure satisfaction of a judgment that has been or may ultimately be entered against the foreign state, and not to obtain jurisdiction.

(e)The vessels of a foreign state shall not be immune from arrest in rem, interlocutory sale, and execution in actions brought to foreclose a preferred mortgage as provided in section 1605(d).

(f)(1)(A) Notwithstanding any other provision of law, including but not limited to section 208(f) of the Foreign Missions Act (22 U.S.C. 4308(f)), and except as provided in subparagraph (B), any property with respect to which financial transactions are prohibited or regulated pursuant to section 5 (b) of the Trading with the Enemy Act (50 U.S.C. App. 5(b)), section 620(a) of the Foreign Assistance Act of 1961 (22 U.S.C. 2370 (a)), sections 202 and 203 of the International Emergency Economic Powers Act (50 U.S.C. 1701– 1702), or any other proclamation, order, regulation, or license issued pursuant thereto, shall be subject to execution or attachment in aid of execution of any judgment relating to a claim for which a foreign state (including any agency or instrumentality or such state) claiming such property is not immune under section 1605(a)(7).

(B)Subparagraph (A) shall not apply if, at the time the property is expropriated or seized by the foreign state, the property has been held in title by a natural person or, if held in trust, has been held for the benefit of a natural person or persons.

(2)(A) At the request of any party in whose favor a judgment has been issued with respect to a claim for which the foreign state is not immune under section 1605(a)(7), the Secretary of the Treasury and the Secretary of State shall fully, promptly, and effectively assist any judgment creditor or any court that has issued any such judgment in identifying, locating, and executing against the property of that foreign state or any agency or instrumentality of such state.

(B)In providing such assistance, the Secretaries—

(i)may provide such information to the court under seal; and

(ii)shall provide the information in a manner sufficient to allow the court to direct the United States Marshall's office to promptly and effectively execute against that property.

§ 1611. Certain types of property immune from execution

(a)Notwithstanding the provisions of section 1610 of this chapter, the property of those organizations designated by the President as being entitled to enjoy the privileges, exemptions, and immunities provided by the International Organizations Immunities Act shall not be subject to attachment or any other judicial process impeding the disbursement of funds to, or on the order of, a foreign state as the result of an action brought in the courts of the United States or of the States.

(b)Notwithstanding the provisions of section 1610 of this chapter, the property of a foreign state shall be immune from attachment and from execution, if—

(1)the property is that of a foreign central bank or monetary authority held for its own account, unless such bank or authority, or its parent foreign government, has explicitly waived its immunity from attachment in aid of execution, or from execution, notwithstanding any withdrawal of the waiver which the bank, authority or government may purport to effect except in accordance with the terms of the waiver; or

(2)the property is, or is intended to be, used in connection with a military activity and

(A)is of a military character, or

(B)is under the control of a military authority or defense agency.

(c)Notwithstanding the provisions of section 1610 of this chapter, the property of a foreign state shall be immune from attachment and from execution in an action brought under section 302 of the Cuban Liberty and Democratic Solidarity (LIBERTAD) Act of 1996 to the extent that the property is a facility or installation used by an accredited diplomatic mission for official purposes.

附件四： 一九七六年美國「外國主權豁免法」與增補條文(The Foreign Sovereign Immunity Act of 1976, Public Law 94–583, 90 Stat. 2891)

說明: 美國外國主權豁免法原載於《美國法規大全》(*United States Statute at Large*)第九十卷，頁二八九一～二八九八，編號第九十四屆國會公法第五八三號。自生效以來，曾經於一九八八年和一九九六年分別有二次重大修正增補。以下條文係作者自行翻譯，內容以原刑載於《美國法規大全》的形式為本，並包含二次主要修正的條文。

一件法律以確定美國法院對外國國家訴訟的管轄權，外國國家在美國豁免訴訟和其財產不被執行的情況，以及其它目的。

美國國會參議院和眾議院聯合制定，本法可以被稱作「一九七六年外國主權豁免法」。

第二條　　(a)修改《美國法典》標題二十八第八十五章，並立即在第一三三一條之前加入下列新條文:

「第一三三〇條　對外國國家的訟訴

(a)外國國家依本標題第一六〇五條至第一六〇七條，或是任何適用的國際協定而無法主張豁免時，地方法院對於本標題第一六〇三(a)條所定義有關屬人救濟請求

　　　　　　的任何控告外國國家的非陪審民事訴訟均有原始管轄
　　　　　　權。

　　　　(b)關於地方法院依(a)項有管轄權的救濟請求，如依本標
　　　　　　題第一六〇八條完成送達，則對於一個外國國家存在
　　　　　　著屬人管轄權。

　　　　(c)就(b)項而言，任何救濟請求如非產生於本標題第一六
　　　　　　〇五條至第一六〇七條，則一個外國國家的出庭並未
　　　　　　賦與屬人管轄權。」

　　(b)在「第一三三一條　聯邦問題；爭議數額；費用」之前加入
　　　　以下新項：「第一三三〇條　對外國國家訴訟」的分析。

第三條　修改《美國法典》標題二十八第一三三二條，刪除第(a)(2)，(3)
　　　　項，並以下列取代其位置：

　　　　「(2)一個國家的公民或一個國家的主體；

　　　　(3)不同國家的公民和一個外國國家的公民和主體為附加的當
　　　　　　事方；和

　　　　(4)本標題第一六〇三(a)條所定義的一個外國國家為原告，和
　　　　　　一個國家或不同國家的公民。」

第四條　(a)修改《美國法典》標題二十八，在第九十五章之後加入下列
　　　　新章：

　　　　「第九十七章　外國國家的管轄豁免

　　　　第一六〇二條　發現和目的宣示

　　　　第一六〇三條　定　義

　　　　第一六〇四條　一個外國國家的管轄豁免

　　　　第一六〇五條　一個外國國家管轄豁免的例外

　　　　第一六〇六條　責任程度

　　　　第一六〇七條　反　訴

第一六〇八條　送達；答覆的時間；缺席

第一六〇九條　一個外國國家財產的執行扣押豁免

第一六一〇條　扣押或執行豁免的例外

第一六一一條　特定種類財產的豁免執行

第一六〇二條　發現和目的宣示

國會發現，美國法院決定外國請求豁免該法院的管轄符合正義的利益，並且能同時保障外國國家和美國訴訟人的權利。依國際法，國家無法就其商業行為而豁免外國法院的管轄權，而且與其商業活動有關的商業財產也可以被扣押以滿足針對其下達的判決。因此外國國家的豁免請求應由美國聯邦法院和各州法院依本章的各項原則來決定。

第一六〇三條　定　義

為了本章的目的：

(a)一個「外國國家」，除了本標題第一六〇八條被使用的情形外，包括(b)項所定義的外國國家的政治區分單位，或外國國家的機構或部門。

(b)「一個外國國家的機構或部門」指的是任何實體：

　　(1)獨立的法人、公司或其它，和

　　(2)外國國家或其政治區分單位的機關，或外國國家或其政治區分單位擁有主要股份或其它所有權權益的機關；和

　　(3)此機關現非本標題第一三三二條(c)和(d)項所規定的某州的公民，亦非依任何第三國法律成立的實體。

(c)「美國」包含所有在美國管轄權之下的領土和水域，

大陸或島嶼。

(d)一個「商業活動」指得是一種正常的商業行為或一種特別的商業交易或行動。一個活動的商業特徵應由該行為或特定的交易或行為的性質來決定，而不是依據其目的。

(e)「一個外國國家在美國從事一項商業活動」的意義是該國從事商業活動，並且和美國有實質聯繫。

第一六〇四條　一個外國國家的管轄豁免

除非符合本章第一六〇五條至第一六〇七條，在不違反制定本法時，美國作為締約國的現存國際協定的情況下，一個外國國家應豁免美國法院的管轄權。

第一六〇五條　一個外國國家管轄豁免的例外

(a)在以下情形，一個外國國家不能豁免聯邦法院或州法院的管轄：

(1)該外國國家明示或默示放棄豁免，而且除非符合放棄的條件，否則該外國國家不可撤回放棄；

(2)訴訟是基於該外國國家在美國進行的商業活動；或者是在美國履行的某項行為與該外國在美國以外從事的商業活動有關；或者是在美國以外的行為與外國國家在美國以外從事的商業活動有關，且對美國造成了直接效果。

(3)違反國際法所取得財產權之爭議，且該財產或任何交換此種財產之財產留在美國而與外國國家在美國所從事商務活動有關聯者；或者該財產或任何交換此種財產之財產為外國國家機構或部門所持有或經營，且該機構或部門在美國從事商務活動；

⑷爭議與經由繼承或贈與所獲得的美國境內財產權利，或者是在美國境內不動產權利有關；或

⑸不在上述第⑵款的範圍內，由於外國國家或其官員僱用人在其職務或僱用範圍內，在美國所發生的侵權行為或不行為，而造成的人身傷害或死亡，或是財產損害或喪失的金錢賠償訴訟。但本項不適用以下二種情形：

⒜任何權利主張是基於行使或履行，或不行使或不履行自由裁量職權，即使此種自由裁量被濫用，或

⒝任何主張是基於惡意起訴，濫用程序，文字毀謗，誹謗，不正確陳述，欺騙，或干擾契約權利。

⒝對外國國家的船舶或貨物的海事留置權執行訴訟，如該海事留置權是源於該外國的一個商業活動，則該外國將無法豁免美國法院的管轄權：假使：

⑴遞送一份傳票和控訴副本，給海事留置權行使對象的船舶或貨物所有人或其代理人，以完成訴訟通知；但如果船舶或是貨物是依原告所獲得的傳票而被扣留，則該通知將不被視為已被或將被遞送。除非當事人不知與一個外國國家的船舶或貨品有關，在這種情形下，扣留傳票的送達將被視為構成該項通知；而且

⑵通知外國國家，本標題第一六○八條所規定的訴訟於十日之內開始，從本條第⑹⑴項所規定的通知寄送起，或者是在當事人不知一個外國國家船舶或貨物涉及其中時，該當事人決定外國利益存在之日起。

無論本條(b)(1)項的通知何時被寄送，該海事留置權應被視為是對當時擁有該有關船舶或貨物的外國國家的屬人主張；如果一個法院無法針對該外國而給予一個金額超過海事留置權存在的船舶或貨物價值的判決，則應以依本條(b)(1)項送達通知時來決定該價值。

第一六○六條　責任程度

關於一個外國國家不能依本章第一六○五條或第一六○七條主張豁免的任何救濟主張中，該外國國家應當和相同情況下的私人依同樣的方式，負同樣的責任；但除非是其機構或部門，一個外國國家沒有懲罰性損害賠償的責任；然而在死亡是訴訟原因，而行為或不行為發生地的法律規定，或是被解釋為規定，性質上僅有懲罰性的損害賠償時，則該外國國家應負實際或是補償性的損害賠償，依受惠於該訴訟提出之人所承受來自該死亡的金錢損失來計算。

第一六○七條　反　訴

一個外國國家在美國聯邦法院或是各州法院提起訴訟，或是介入訴訟，則該外國就任何〔下列〕反訴不得享有豁免：

(a)一個依本章第一六○五條而無法主張豁免的外國國家在另一個對該國的訴訟中提出該項請求；或

(b)源自該外國國家請求標的的交易或事件；或

(c)反訴並未尋求和一個數額超過或和該外國國家所尋求性質不同的部分。

第一六○八條　送達；答覆的時間；缺席

(a)美國聯邦法院和各州法院應對一個外國國家或其政治

區分單位送達:

(1)依據原告和外國國家或政治區分單位之間的特別送
達協定遞交一份傳票和控訴;或

(2)如果沒有特別協定,則根據一個可適用的司法文書
國際送達公約遞交一份傳票和控訴;或

(3)如果無法依第(1)或第(2)款送達,則由法院書記官,
以要求簽名回執的郵寄方式,向有關外國國家的外
交部長,寄送一份傳票、控訴和訴訟通知,以及它
們的外國官方語文譯本;或

(4)如果無法依第三款於三十日內送達,則由法院書記
官以要求簽名回執的郵寄方式,將二份傳票,控訴
和訴訟通知,以及它們的外國官方語文譯本,寄給
華盛頓特區的國務卿,並註明「特別領事服務主任」
收——國務卿將經由外交管道將該份文件送達至被
告國,並通知法院書記官一份掛號的外交記錄,說
明文件何時送出。

「訴訟通知」在本項使用的意義是一個由國務卿以命令
規定的格式以寄給外國國家的通知。

(b)美國聯邦法院和各州法院應對一個外國國家的機構或
部門送達

(1)依據原告和該機構或部門之間的特別送達協定遞交
一份傳票和訴訟;或

(2)如果沒有特別協定,遞送一份傳票給一位官員,經
理或一般代理人,或是其它被指定或是依法被授權
在美國境內接受送達的代理人;或是依據一個可適
用的司法文書國際送達公約。

(3)如果送達無法依(1)或(2)款完成，則依〔下列方式〕合理計算，以遞送一份傳票和控訴，與它們的外國官方語文譯本，完成訴訟通知：

(A)依該外國當局或政治區分以查詢函或要求的指示或

(B)由法院書記官以要求簽名回執的郵寄方式送達給該機構或部門，或

(C)法院依送達地法院法律指定。

(c)送達被視為已完成：

(1)依第(a)(4)項送達的情況下，外交通知證明本上所顯示的寄送時間；和

(2)其它依本條的情況，則憑證，郵局簽名回執，或其它送達方式所採用的送達證明上所顯示收到的日期。

(d)在向美國聯邦法院或各州法院提起的訴訟中，一個外國國家，其政治區分單位，或是一個外國國家的機構或部門,應當在依本條所適用的送達完成後六十日內，對原告提出一份回應或其它答覆文書。

(e)除非原告能向法院提出滿意的證據以支持其主張或救濟的權利,否則美國的聯邦法院不應對一個外國國家，其政治區分單位，或是一個外國的機構或部門下達一個缺席判決。

第一六〇九條　一個外國國家財產的執行扣押豁免

在不違反制定本法時美國為締約方的現存國際協定下，以及除非依本章第一六一〇條和第一六一一條的規定，一個外國國家在美國的財產應免於被扣押和執行。

第一六一〇條　扣押或執行豁免的例外

(a)本章第一六〇三(a)條所定義一個外國國家在美國的財產，被使用於一個在美國的商業活動，則在本法生效後，不能豁免依美國聯邦法院或是州法院判決所為協助執行的扣押或執行，如果

(1)該外國明示或默示放棄豁免協助執行的扣押或是執行，而且除非符合放棄的條件，否則該外國國家不可以撤回放棄，或

(2)該財產是現在或過去使用於請求所基於的商業活動，或

(3)執行與一個建立財產權利的判決有關，而該財產是以違反國際法所取得，或是其所交換的財產是違反國際法，或

(4)執行與一個建立財產權利的判決有關:
　(A)財產是經由繼承或贈與所獲得，或
　(B)財產是位於美國的不動產: 但該財產並非用於維持一個外交或領事團，或是該團館長的居所，或

(5)財產包含外國國家或其雇員依涵蓋該判決主張請求的汽車或其它傷害責任保險，所獲得的賠償或無害持有的契約責任或來自於該契約責任的金錢。

(b)除了(a)項以外，一個在美國從事商業活動的外國國家的機構或部門的任何在美國財產，在本法生效後，不能豁免依美國聯邦法院或是州法院判決所為協助執行的扣押，或是執行，如果:

(1)該機構或部門明示或默示放棄協助執行的扣押或是執行，而且除非符合放棄的條件，否則該機構或部

門不可以撤回放棄，或

(2)判決和該機構或部門依本章第一六〇五(a)(2)，(3)，
　或(5)條不享有豁免的主張有關，不論該財產現在或
　是已經使用於該主張所基於的活動。

(c)直到法院在決定判決下達和依本章第一六〇八(e)條所
　為的訴訟通知已經過一段合理的時間而命令扣押和執
　行前，本條第(a)和(b)項的扣押和執行不可為之。

(d)本章第一六〇三(a)條所定義使用於美國一個商業活動
　的一個外國國家的財產，不可以在向美國聯邦法院或
　各州法院提起訴訟的判決下達前，或是在本條第(c)項
　所規定的時間失效前豁免扣押，如果：

(1)該外國已在判決前明示放棄執行豁免，而且除非符
　合放棄的條件，否則該外國國家不可以撤回放棄，
　和

(2)扣押的目的在於確保能滿足一個已經或最終對該國
　的判決，而不是為了獲得管轄權。

第一六一一條　特定種類財產的豁免執行

(a)雖然有本章第一六一〇條的規定，總統指定的組織財
　產，依國際組織豁免法有權享有特權，免除，和豁免
　者，不得因為在美國聯邦法院或州法院提起的訴訟結
　果，而被採取強制執行或是其它有害一個國家金錢支
　付或訂購的司法程序。

(b)雖然有本章第一六一〇條的規定，一個外國國家的財
　產應可以豁免於扣押和執行，如果：

(1)一個外國中央銀行或貨幣當局自己帳戶所擁有的財
　產，除非該銀行或當局，或其外國國家明示放棄豁

免協助執行或執行，而且除非符合放棄的條件，該
銀行，當局或政府不可以撤回該放棄；或

(2)被用於或意圖被用於與一個軍事活動有關的財產，
而且

(A)有一個軍事特徵，或

(B)被一個軍事當局或國防機關所控制。」

(b)《美國法典》標題二十八「第四部分，管轄和審判地」的分
析應於「第九十五條　關稅法院」之後加入新項：「第九十七
章　外國國家的管轄豁免」以修改之。

第五條　　《美國法典》標題二十八第一三九一條最後應加入下列以修改
之：

「(f)本標題第一六○三(a)條所定義的對抗一個外國國家的民事
訴訟可以提出：

(1)在導致事件或不作為主張的實質部分發生的任何司法地
區，或是訴訟標的財產的一個實質部分所位於的司法地區；

(2)如果依本標題第一六○五(b)條提出主張，則一個外國國家
的船舶或貨物所位於的司法地區；

(3)如果訴訟是針對本標題第一六○三(b)條所規定的一個外國
國家的機構或部門，則該機構或部門被授權營業的司法地
區；或

(4)如果訴訟是針對本標題所規定的一個外國國家或其政治區
分單位，則為華盛頓地區的美國聯邦地方法院。」

第六條　　《美國法典》標題二十八第一四四一條應在其後加入下列新項
以修改之：

「(d)依本標題第一六○三(a)條在一個州法院所提起針對一個外
國國家的任何民事訴訟，可以由外國移轉至包含該訴訟所在地

　　　　　　　區的美國聯邦地方法院。訴訟移轉應由法院審判而不需陪審團。

　　　　　　　當移轉是基於本項時，本章第一四四六(b)條的時間限制可在任

　　　　　　　何時間及有原因顯示下延長之。」

第七條　　如果本法的任何條文或其適用於外國國家被宣告無效，則該無

　　　　　　　效不影響本法其它雖沒有該無效條文或其適用，而依舊有效力

　　　　　　　的條文或適用，為了此一目的，本法該條文是可以被分割的。

第八條　　本法制定後九十天生效。

一九七六年十月二十一日批准

一九八八年重要增修條文 （選譯）

第一六○五條(a)項(6)款 （增加）

⑹提起的訴訟，是要執行一個外國國家和一個私人當事方間提交仲裁的

　　協議，針對的是一個特定法律關係已經在當事人間產生或可能產生的

　　所有或任何差異，不論是否為契約上，但與依美國法律可以仲裁解決

　　的標的有關；或者該訴訟是要確定依據一個仲裁協定所獲得的仲裁判

　　斷，如果(A)仲裁在美國或打算在美國進行；(B)美國依一個管轄該協定

　　或仲裁判斷的有效的條約或其它國際協定可要求仲裁判斷的承認和執

　　行，(C)除了仲裁協定，所主張的權利可以依本條或依第一六○七條在

　　美國法院提出，或(D)本項第(1)款另外可以適用時。

一九九六年重要增修條文 （選譯）

第一六○五條(a)項(7)款 （增加）

⑺未為(2)款所涵蓋，對一個外國尋求人身傷害或死亡的金錢損害賠償訴

　　訟，如人身傷害或死亡的造成是由於酷刑折磨行為，非法律途徑殺人，

　　破壞航空器，劫持人質，或是因該外國的一位官員，雇員，或代理人

在其公務，僱傭，或是代理的範圍內，提供實質支持或資源而造成，除非該法院依本款拒絕接受一個請求。

(A)如果該外國在行為發生時，並未依一九七九年貿易行政法第6(j)條，或是一九六一年外國協助法第六二〇A條被指定為一個支持恐怖活動的國家，除非由於該行為而後來被如此指定；而且

(B)即使該外國現在或過去被指定，如果：

(i)提起的請求是對一個在美國所發生的行為，而且請求人並未依國際仲裁協定提供該外國一個合理的機會仲裁；或

(ii)當主張所基於的行為發生時，請求人和受害人都不是一個美國的國民。

第一六〇五條(e)項（增加）

基於第(a)項(7)款的目的——

(1)「酷刑折磨」和「非法律途徑殺人」的意義規定在酷刑折磨受害人保護法第三條；

(2)「劫持人質」的意義規定在反對劫持人質國際公約第一條；和

(3)「破壞航空器」規定在制止危害民航安全之非法行為公約第一條。

第一六一〇條(a)項(7)款（增加）

(7)判決與該外國依第一六〇五(a)(7)項無法豁免的請求有關，不論該財產是否與該請求所基於的行為有關。

參考書目

說明： 以下所列參考書目分為中文和英文兩大類，中文部分分為書籍和論文二項，英文部分除書籍(Books)和論文(Periodicals)外，再加上一項「其他」(Others)，內容則以重要的官方文件為主。此外，所有參考文獻的次序都依作者中文姓氏筆劃或是英文字母排列。

中　文

一、書　籍

1. 上海社會科學院法學研究所編譯室編譯，《各國憲政制度和民商法要覽》，歐洲分冊（上）（下），北京：法律出版社，一九八六年。

2. 大陸中國國際法學會和外交學院國際法研究所編輯，《國際法資料》，第七輯，北京：法律出版社，一九九三年。

3. 小木曾本雄，《關於國家及其財產的管轄豁免的初步報告》，A/CN.4/415，紐約：聯合國，一九八八年。

4. 《中華人民共和國對外關係文件集》，第一集，北京：世界知識出版社，一九五七年。

5. 《中華人民共和國對外關係文件集》，第二集，北京：世界知識出版社，一九五八年。

6. 中華民國外交部條約法律司編印，《外交法規彙編》，臺北：外交部條約法律司，民國八十二年五月。

7. 中華民國外交部編，《中外條約輯編》（中華民國十六至四十六年），臺北：臺灣商務印書館，民國五十二年六月。

8. 中華民國外交部編，《中外條約輯編第六編》（中華民國六十六至七十年），臺北：臺灣商務印書館，民國七十一年九月。

9. 日本國際法學會編，《國際法辭典》，北京：世界知識出版社，一九八五年。

10. 王鐵崖主編，《國際法》，北京：法律出版社，一九九五年。

11. 王鐵崖等編著，王人傑校訂，《國際法》，臺北：五南圖書出版公司，民國八十二年。

12. 王鐵崖編，《中外舊約章彙編》，第一～三冊，北京：三聯書局，一九八二年。

13. 王鐵崖總主編，《中華法學大辭典：國際法學卷》，北京：中國檢察出版社，一九九六年。

14. 丘宏達，《現代國際法》，臺北：三民書局，民國八十四年。

15. 丘宏達編輯，陳純一助編，《現代國際法參考文件》，臺北：三民書局，民國八十五年。

16. 司法院，國立政治大學法律研究所合譯，《美國法律整編第五冊：契約法，對外關係法》，臺北：司法週刊雜誌社，民國八十二年。

17. 余先予主編，《國際法律大辭典》，長沙：湖南出版社，一九九五年一月。

18. 周鯁生，《現代英美國際法的思想動向》，北京：世界知識出版社，一九六三年。

19. 林欣，李瓊英，《國際私法理論諸問題研究》，北京：中國人民大學出版社，一九九六年。

20. 俞寬賜，《新世紀國際法》，臺北：三民，民國八十三年。

21. 柳炳華著，朴國哲、林永姬譯，《國際法》，上卷，北京：中國政法大

學出版社，一九九七年。

22. 韋雪爾著，雷崧生譯，《國際法之理論與現實》，臺北：臺灣商務印書館，民國六十四年。

23. 倪征嶼，《國際法中的司法管轄權》，北京：世界知識出版社，一九八五年。

24. 馬英九主編，陳榮傳助編，《國際法案例研究》，司法官班第三十六期講義，民國八十六年四月。

25. 《國際法委員會第三十七屆會議工作報告》，大會正式記錄：第四十屆會議補篇第十號(A/40/10)，紐約：聯合國，一九八五年。

26. 《國際法委員會第四十一屆會議工作報告》，大會正式記錄：第四十四屆會議補篇第十號(A/44/10)，紐約：聯合國，一九八九年。

27. 《國際法委員會第四十二屆會議工作報告》，大會正式記錄：第四十五屆會議補篇第十號(A/45/10)，紐約：聯合國，一九九〇年。

28. 《國際法委員會第四十三屆會議工作報告》，大會正式記錄：第四十六屆會議補篇第十號(A/46/10)，紐約：聯合國，一九九一年。

29. 張彝鼎主編，《雲五社會科學大辭典，第四冊（國際關係）》，臺北：臺灣商務印書館，民國七十五年增訂二版。

30. 曹建明，周洪鈞，王虎華主編，《國際公法學》，北京：法律出版社，一九九八年七月。

31. 陳治世，《國際法》，臺北：臺灣商務印書館，民國七十九年。

32. 傅崑成等編譯，《美國憲法逐條釋義》，臺北：一二三資訊出版，民國八十年。

33. 勞特派特修訂，王鐵崖、陳體強譯，《奧本海國際法》，上卷，第一分冊，北京：商務印書館，一九八九年。

34. 黃炳坤主編，《當代國際法》，臺北：風雲論壇出版社，民國七十八年。

35. 黃異，《國際法》，臺北縣：啟英文化，民國八十五年。

36. 黃進，《國家及其財產豁免問題研究》，北京：中國政法大學出版社，一九八七年。

37. 董霖，《國際公法與國際組織》，臺北：臺灣商務印書館，民國八十二年。

38. 詹寧斯等修訂，王鐵崖等譯，《奧本海國際法》，第一卷，第一分冊，北京：中國大百科全書出版社，一九九五年十二月。

39. 劉鐵錚，陳榮傳，《國際私法論》，臺北：三民書局，民國八十五年。

40. 盧峻主編，《國際私法公約集》，上海：上海社會科學院出版社，一九八六年。

41. 蘇義雄，《平時國際法》，臺北：三民書局，民國七十年再版。

42. 龔刃韌，《國家豁免問題的比較研究：當代國際公法、國際私法和國際經濟法的一個共同課題》，北京：北京大學出版社，一九九四年。

二、論文

1. 太壽堂鼎，「管轄的豁免」，《日本國際法辭典》，頁九三三～九三四。

2. 王啟明，〈從涉外案件之案例談外交豁免權之研究〉，《警學叢刊》，第二十七卷第二期（民國八十五年九月），頁一～一四。

3. 王鐵崖，「領土管轄權」，《中華法學大辭典：國際法學卷》。

4. 王鐵崖，「編纂」，《中華法學大辭典：國際法學卷》，頁四三。

5. 王鐵崖，龔刃韌，「國家行為論」，《中華法學大辭典：國際法學卷》，頁二四八。

6. 丘宏達，〈美國國家主權豁免法中對外國國家或其官員或代理人的侵權行為之管轄問題〉，《中國國際法與國際事務年報》，第一卷（民國七十四至七十五年），臺北：臺灣商務印書館，民國七十六年，頁三～一七。

7. 丘宏達，〈國際慣例、條約、協定及非（準）官方協定在我國國內法上

的地位〉,《中國國際法與國際事務年報》, 第二卷 (民國七十五至七十六年), 臺北: 臺灣商務印書館, 民國七十七年, 頁一～二七。

8. 江山,〈從國際法論美國法院對「湖廣鐵路債券案」的管轄權〉,《國際法論叢》, 一九九〇年, 頁一〇～二六。

9. 池原季雄,「國際司法管轄」,《日本國際法辭典》, 頁四九三。

10. 吳志奇,〈略評聯合國「關於國家及其財產管轄豁免的條款草案」存在的問題〉,《法學》, 第八期 (一九九〇年), 頁一五五～一六〇。

11. 李欣, 李瓊英,〈國家對外商務活動中的主權豁免問題〉,《法學》, 第五期 (一九九一年), 頁六六～一七五。

12. 李浩培,〈論國家管轄豁免〉,《中國國際法年刊》, 一九八六年, 頁三〇一～三〇五。

13. 李澤銳,〈國家豁免問題的回顧與前瞻〉,《中國國際法年刊》, 一九八六年, 頁二四九～二七七。

14. 東壽太郎,「領事特權」,《日本國際法辭典》, 頁八〇〇～八〇一。

15. 周忠海,「國家行為理論的決議」,《中華法學大辭典: 國際法學卷》, 頁二四八。

16. 周曉林,〈審判管轄權與國家豁免〉,《中國國際法年刊》, 一九八八年, 頁九〇～一二二。

17. 姜兆東,〈外國國家主權豁免規則與有關國際商事仲裁的訴訟〉,《中國國際法年刊》, 一九八七年, 頁九七～一二二。

18. 倪征噢,〈關於國家豁免的理論和實踐〉,《中國國際法年刊》, 一九八三年, 頁三～三〇。

19. 溫樹斌,〈論國家豁免原則的發展趨勢〉,《烟台大學學報: 哲社版》, 第一期 (一九九二年), 頁六二～七〇。

20. 郭春源,〈涉外案件處理與外交特權暨豁免權之探討〉,《警學叢刊》, 第二十七卷第二期 (民國八十五年九月), 頁一五～二七。

21. 張彝鼎, "Jure Imperi and Sovereign Immunity",《國際法論集》, 臺北: 亞洲與世界社, 民國七十五年, 頁一〇九～一一一。

22. 張仲伯, 劉筱嵐,〈國家作為涉外民商事法律關係主體之法律地位初探〉,《中南政法學院學報》, 第四期（一九九一年）, 頁五七～六〇。

23. 陳純一,〈「國家豁免原則」在美國的發展與演變〉,《華岡法科學報》, 第十期（民國八十四年十二月）, 頁一四五～一五七。

24. 陳純一,〈「國家豁免原則」的一般內容〉,《國際私法理論與實際㈠: 劉鐵錚教授六秩華誕祝壽論文集》, 臺北: 學林, 一九九八年, 頁三八五～四一一。

25. 陳純一,〈中華民國有關「國家豁免原則」的理論和實踐〉,《問題與研究》, 第三十四卷第八期（民國八十四年八月）, 頁一～一二。

26. 陳純一,〈米倫工業公司控告北美事務協調委員會案之分析〉,《美國月刊》, 第八卷第十二期（民國八十二年十二月）, 頁一三〇～一三九。

27. 陳純一,〈美國「國家豁免原則」實踐中有關商業活動之研究〉,《華岡社科學報》, 第十三期（民國八十八年三月）, 頁二三～三九。

28. 陳純一,〈美國有關外交代表和領事人員豁免的法律規範〉,《美歐月刊》, 第九卷第十二期（民國八十三年十二月）, 頁一三七～一四〇。

29. 陳純一,〈參加「聯合國五十年與國際法」國際會議報告書〉,《中國國際法與國際事務年報》, 第九卷（民國八十三至八十四年）, 臺北: 臺灣商務印書館, 民國八十六年, 頁七五～八五。

30. 陳純一,〈國家主權豁免原則中有關商業交易不得援引豁免問題的研究〉,《中國國際法與國際事務年報》, 第七卷（民國八十年至八十二年）, 臺北, 臺灣商務印書館（民國八十四年）, 頁三～三〇。

31. 陳純一,〈國務院與「國家豁免原則」在美國的發展〉,《美歐月刊》, 第十卷第十一期（民國八十四年十二月）, 頁一〇五～一一七。

32. 陳純一,〈論「國家豁免原則」〉,《問題與研究》, 第三十二卷第十二期

（民國八十二年十二月），頁七七～九二。

33.陳純一，〈聯合國國際法委員會「國家及其財產的管轄豁免條約」草案評析〉，《問題與研究》，第三十三卷第七期（民國八十三年七月），頁七〇～八一。

34.陳純一，〈美國國家豁免實踐中有關外國侵權行為管轄問題之研究〉，《政大法學評論》，第六十一期（民國八十八年六月），頁四七九～四九九。

35.陳榮宗，〈國際民事訴訟之法律問題〉，《法學叢刊》，第三十六卷第三期（一九九一年七月），頁二五～三五。

36.陳體強，〈國家主權豁免與國際法──評湖廣鐵路債券案〉，《中國國際法年刊》，一九八三年，頁三～五三。

37.黃進，〈國家及其財產豁免的一般問題〉，黃炳坤主編，《當代國際法》，臺北：風雲論壇出版社，民國七十八年，頁一六八～一八五。

38.黃進，〈論限制國家豁免理論〉，《中國國際法年刊》，一九八六年，頁二七八～三〇〇。

39.黃肇炯，劉全勝，〈論國家及其財產的管轄豁免〉，《國際法學》，第五期（一九九六年），頁一四～一九。

40.黃慶源，〈從政府的國際商事活動論美國一九七六年外國豁免權法〉，《中興法學》，第十六期（民國六十九年三月），頁八七～一一九。

41.劉文仕，郭豫珍，〈司法豁免權之理論與實踐〉，《立法院院聞》，第十九卷第十二期（民國八十年十二月），頁八～一六。

42.撥多也里望，「外交特權」，《日本國際法辭典》，頁一八八～一八九。

43.蘇敏，〈論國家企業與政府分離的國際承認問題〉，《中南政法學院學報》，第四期（一九九一年），頁六一～六五。

44.蘇義雄，〈論外國管轄豁免──英美兩國之實踐〉，《中興法學》，第三十一期（民國七十九年十一月），頁二九～七七。

45.龔刃韌，〈外國侵權行為與國內法院管轄權〉，《法學研究》，第五期（一九九二年），頁六五～七一。

46.龔刃韌，〈國家管轄豁免的歷史形成過程〉，《中外法學》，第一期（一九九一年），頁三四～三九。

47.龔刃韌，〈國家管轄豁免原則的歷史起源〉，《中國法學》，第五期（一九九一年），頁九一～九八。

48.龔刃韌，〈關於國家管轄豁免理論根據的歷史考察〉，《法學》，第六期（一九九〇年），頁一三六～一四二。

49.龔刃韌，「國家豁免」，《中華法學大辭典：國際法學卷》，頁一九九～二〇〇。

50.龔刃韌，「絕對國家豁免」，《中華法學大辭典：國際法學卷》，頁三二四。

51.龔刃韌，〈論國營企業在外國法院的地位〉，《中國國際法年刊》，一九九二年，頁四六～六四。

52.龔刃韌，〈戰後歐美諸國關於國家豁免立場的新動向〉，《中國國際法年刊》，一九八九年，頁一三九～一六二。

53.龔刃韌，王獻柜，「歐洲國家豁免公約」，《中華法學大辭典：國際法學卷》，頁四四七。

English

A. Books

1. American Law Institute, *Restatement of the Law: The Foreign Relations of the United States,* 3rd ed., 2 Vols., 1987.

2. Badr, Gamal M., *State Immunity: An Analytical and Prognostic View,* The

Hague: Martinus Nijhoff Publishers, 1984.

3. Bedjaoui, Mohammed, General Editor, *International Law: Achievements and Prospects,* Paris: UNESCO, 1991.

4. Bernhardt R., ed., *Encyclopedia of Public International Law,* 12 Vols., Amsterdam: North-Holland Publishing Company, 1981–1990.

5. Brohmer, Jurgen, *State Immunity and the Violation of Human Rights,* The Hague: Nijhoff, 1997.

6. Cohen, Jerome A., and Hungdah Chiu, *People's China and International Law: A Documentary Study,* Vol. 1, Princeton: Princeton University Press, 1974.

7. Dellapenna, Joseph W., *Suing Foreign Governments and Their Corporations,* Washington, D.C.: The Bureau of National Affairs, Inc., 1988.

8. *Documentation for the Use of the Members of the Committee on State Immunity of the International Law Association,* prepared by Professor Georg Ress for the 66th Conference, 1994.

9. Gordon, Michael Wallace, *Foreign State Immunity in Commercial Transactions,* New Hampshire: Butterworth Legal Publishers, 1991.

10. Henkin, Louis, Richard C. Paugh, Oscar Schachter and Hans Smit, *International Law, Cases and Materials,* St. Paul, Minn.: West Publishing Co., 3rd ed., 1993.

11. Higgins, Rosalyn, *Problems and Process: International Law and How We Use It!* , Oxford: Oxford University Press, 1996.

12. International Law Association, *Report of the Sixty-Fourth Conference,* London: ILA, 1991.

13. International Law Association, *Report of the Sixty-Fifth Conference,* London: ILA, 1993.

14.International Law Association, *Report of the Sixty-Sixth Conference,* London: ILA, 1994.

15.Jennings, Robert, and Arthur Watts, eds., *Oppenheim's International Law,* Vol. 1, 9th ed., Introduction and Part 1, Parts 2–4, Harlow, Essex, England: Longmans Group UK Limited, 1992.

16.Jennings, Robert, *The Place of the Jurisdictional Immunity of States in International and Municipal Law,* Saarbrucken: Europa-Inst., 1988.

17.Jurisdiction of U.S. Courts in Suits Against Foreign States, Hearings on H.R. 11315 Before the Subcomm on Administrative Law and Governmental Relations of the House Comm. on the Judiciary, 94th Cong., 2nd Sers., 1976.

18.Morgan, Edward M., *International Law and the Canadian Courts,* Carswell: Toronto, 1990.

19.Nach (Leich), Marian, *Cumulative Digest of United States Practice in International Law 1981–1988,* Books I, II, III, Department of State: Washington, D.C., 1993.

20.*Papers for the Conference on State Immunity of the International Law Association,* prepared by Professor Georg Ress, Saarbrucken, 1993.

21.Schreuer, Christoph, *State Immunity: Some Recent Developments,* Cambridge: Grotius, 1988.

22.Sen, B., *A Diplomat's Handbook of International Law and Practice,* 3rd ed., Dordrecht: Martinus Nijhoff Publishers, 1988.

23.Shaw, Malcolm N., *International Law,* Fourth Edition, Cambridge: Cambridge University, 1997.

24.Sørensen, Max, ed., *Manual of Publical International Law,* New York: St. Martiin's Press, 1968.

25. Steiner, Henry J., Detler F. Vagts, and Harold H. Koh, *Transnational Legal Problems: Materials and Text,* Fourth Edition, New York: The Foundation Press, 1994.

26. Sweeney, Joseph M., *The International Law of Sovereign Immunity,* Washington, D.C.: U.S. Department of State, 1963.

27. Tessitore, John, and Susan Woolfson, eds., *A Global Agenda: Issues before the 49th General Assembly of the United Nations,* Lanham: University Press of America, 1994.

28. Tribe, Lawrence, *American Constitution Law,* 2nd ed., N.Y. Fundation Press, 1988.

29. *United Nations Materials on Jurisdictional Immunities of States and Their Property,* United Nations Legislative Series, ST/LEG/SER. B/20, New York: United Nations, 1982.

30. Wiktor, Christian L., *Multilateral Treaty Calendar 1648–1995,* The Hague: Martinus Nijhoff Publishers, 1998.

B. Periodicals

1. Abir, Danny, "Foreign Sovereign Immunities Act: the Right to a Jury Trial in Suits against Foreign Government-owned Corporations," *Stanford Journal of International Law,* Vol. 32 (1996), pp. 159–184.

2. Alford, Fletcher, "When Nations Kill: The Liu Case and the Act of State Doctrine in Wrongful Death Suits," *Hastings International and Comparative Law Review,* Vol. 12 (1989), pp. 465–494.

3. Atkeson T. B. & S. D. Ramsey, "Proposed Amendment of the Foreign Sovereign Immunities Act," *AJIL,* Vol. 79 (1985), pp. 770–783.

4. Bianch, Andrea, "Overcoming the Hurdle of State Immunity in the Domestic Enforcement of International Human Rights," in B. Conforti and F. Francioni, eds., *Enforcing International Human Rights in Domestic Courts,* the Netherlands: Kluwer, 1997, pp. 421–429.

5. Bianco, Del, "Execution and Attachment under the Foreign Sovereign Immunities Act of 1976," *Yale Studies in World Public Order,* Vol. 5 (1978), pp. 109–146.

6. Bowett, D. W., "The State Immunity Act 1978," *Cambridge Law Journal,* Vol. 37 (1978), pp. 193–196.

7. Brittenham, D. A., "Foreign Sovereign Immunity and Commercial Activity: A Conflicts Approach," *Columbia Law Review,* Vol. 83 (1983), pp. 1440–1512.

8. Brock, Carolyn J., "The Foreign Sovereign Immunities Act, Defining a Role for the Executive," *Virginia Journal of International Law,* Vol. 30 (1990), pp. 793–826.

9. Brodskym, Peter, "*Martin v. Republic of South Africa:* Alienating Injured Americans," *Brooklyn Journal of International Law,* Vol. 15 (1989), pp. 153–181.

10. Brooke, Julia B., "The International Law Association Draft Convention on Foreign Sovereign Immunity: A Comparative Approach," *Virginia Journal of International Law,* Vol. 23 (1983), pp. 635–669.

11. Brower, Charles N., "Litigation of Sovereign Immunity before a State Administrative Body and the Department of State: The Japanese Uranium Tax Case," *AJIL,* Vol. 71 (1977), pp. 438–460.

12. Byers, Michael, "State Immunity: Article 18 of the International Law Commission's Draft", *ICLQ,* Vol. 44 (1995), pp. 882–893.

13.Cardozo, Michael H., "A Note on Sovereign Immunity," *Virginia Journal of International Law,* Vol. 17 (1977), pp. 491–493.

14.Cardozo, Michael H., "Judicial Deference to State Department Suggestions Recognition of Prerogative and Abdication to Usurper?," *Cornell Law Review,* Vol. 48 (1963), pp. 461–498.

15.Cardozo, Michael, "Sovereign Immunity: The Plaintiff Deserves a Day in Court," *Harvard Law Review,* Vol. 67 (1954), pp. 608–618.

16.Cerna, Christina M., "Hugo Prihcz v. Federal Republic of Germany: How Far Does the Long-arm Jurisdiction of US Law Reach?", *Leiden Journal of International Law,* Vol. 8 (1995), pp. 377–393.

17.Delaume, G., "State Contracts and Transnational Arbitration", *AJIL,* Vol. 75 (1981), pp. 784–819.

18.Delaume, G., "The State Immunity Act of the United Kingdom," *AJIL,* Vol. 73 (1979), pp. 185–199.

19.Delaume, Georges R., "The Foreign Sovereign Immunities Act and Public Debt Litigation: Some Fifteen Years Later," *AJIL,* Vol. 88 (1994), pp. 257–279.

20.Dellapenna, Joseph W., "Suing Foreign Governments and Their Corporation, Choice of Law, Part IX," *Commercial Law Journal,* Vol. 87 (August/ September, 1982), pp. 375–385.

21.Denza E., "Diplomatic Agents and Missions, Privileges and Immunities," *Encyclopedia PIL,* Vol. 9, pp. 94–99.

22.Donoghue, Joan E., "Taking the 'Sovereign' Out of the Foreign Sovereign Immunities Act: A Functional Approach to the Commercial Activity Exception," *Yale Journal of International Law,* Vol. 17 (1992), pp. 489–538.

23.Enderlein F., "The Immunity of State Property from Foreign Jurisdiction and Education: Doctrine and Practice of the German Democratic Republic, " *Netherlands International Law Review,* Vol. 10 (1979), pp. 111–124.

24. Evanoff, Nicolas J., "Direct Effect Jurisdiction under the Foreign Sovereign Immunities Act of 1976: Ending the Chaos in the Circuit Courts," *Houston Law Review,* Vol. 28 (1991), pp. 629–661.

25. Evans, Malcolm D., "When the State Taketh and the State Giveth", *ICLQ,* Vol. 45 (1996), pp. 401–408.

26. Feldman, Mark B., "The United States Foreign Sovereign Immunities Act of 1976 in Perspective: A Founder's View," *ICLQ,* Vol. 35 (1986), pp. 301–319.

27. Feliciao, Florentino P., "The Doctrine of Sovereign Immunity from Suit in a Developing and Liberalizing Economy: Philippine Experience and Case Law," *Japan and International Law: Past, Present and Future*, International Symposium in Commemoration of the Centennial of the Japanese Association of International Law, in Supplement Document.

28. Fitzmaurice, G. G., "State Immunity from Proceedings in Foreign Courts", *BYIL,* Vol. 14 (1933), pp. 101–124.

29. Fonteyne, J. P., "Acts of State," *Encyclopedia PIL,* Vol. I (1992 ed.), pp. 11–20.

30. Fountain, Edwin L., "Out from the Precarious Orbit of Politics: Reconsidering Recognition and the Standing of Foreign Governments to Sue in U.S. Courts," *Virginia Journal of International Law,* Vol. 29 (1989), pp. 473–515.

31. Fox, Hazel, "Enforcement Jurisdiction, Foreign State Property and Diplomatic Immunity," *ICLQ,* Vol. 34 (1985), pp. 115–141.

32. Fox, Hazel, "Employment Contracts as an Exception to State Immunity: Is

All Public Service Immune?", *BYIL,* Vol. 66 (1995), pp. 97–171.

33. Gohlke, David E., "Clearing the Air of Muddying the Waters? Defining 'a Direct Effect in the United States' under the Foreign Sovereign Immunities Act after Republic of Argentina v. Weltover", *Houston Journal of International Law,* Vol. 18 (1995), pp. 261–298.

34. Greig, D. W., "Forum State Jurisdiction and Sovereign Immunity under the International Law Commission's Draft Articles," *ICLQ,* Vol. 38 (1989), pp. 243–276.

35. Henkin, Louis, "Is There a Political Question Doctrine?," *Yale Law Journal,* Vol. 85 (1976), pp. 597–625.

36. Hess, Burhard, "The International Law Commission's Draft Convention on the Jurisdictional Immunities of States and Their Property," *European Journal of International Law,* Vol. 4, No. 2(1993), pp. 269–282.

37. Higgins, R., "Execution of State Property: United Kingdom Practice", *Netherlands Yearbook of International Law,* Vol. 10 (1979), pp. 35–54.

38. Hillgenberg, Hartmut, "State Immunity and Diplomatic and Consular Immunity in German Practice," *Documentation for the Use of the Members of the Committee on State Immunity of the International Law Association,* 1994, pp. 132–142.

39. Hines, Julius H., "Why Do Unrecognized Governments Enjoy Sovereign Immunity? A Reassessment of the Wulfsohn Case," *Virginia Journal of International Law*, Vol. 31 (1991), pp. 717–759.

40. Hirobe, Kazuya, "Immunity of State Property: Japanese Practice," *Netherlands Yearbook of International Law,* Vol. 10 (1979), pp. 233–244.

41. Hsu, Richard Tien-shi, "The Invalidity of the Relault Judgement in *Jackson v. People's Republic of China,*" *Virginia Journal of International*

Law, Vol. 23 (1983), pp. 569–580.

42. Iwasawa, Yuji, "Japan's Interactions with International Law: Western or Non-Western Approaches? The Case of State Immunity," *Japan and International Law: Past, Present and Future,* International Symposium in Commemoration of the Centennial of the Japanese Association of International Law, 1997, pp.111–138.

43. Iwasawa, Yuji, "The Relationship between International Law and Municipal Law: Japanese Experiences," *BYIL,* Vol. 64 (1993), pp. 333–390.

44. Kahale, G., "Arbitration and Choice of Law Clauses as Waivers of Jurisdictional Immunity," *New York University Journal of International Law and Politics,* Vol. 14 (1981), pp. 29–63.

45. Kaiden, Jonathan, *"Millen Industries, Inc. v. Coordination Council for North American Affairs,* Unnecessarily Defying American Companies the Right to Sue Foreign Governments under the Foreign Sovereign Immunities Act", *Brooklyn Journal of International Law,* Vol. 17 (1991), pp. 193–219.

46. Karagiannakis, Magdalini: "State Immunity and Fundamental Human Rights", *Leiden Journal of International Law,* Vol. 11 (1998), pp. 9–43.

47. Kincaid, P. J., "Sovereign Immunity of Foreign State-Owned Corporations," *Journal of World Trade Law,* Vol. 10 (1976), pp. 110–128.

48. Lalive, J. F., "Swiss Law and Practice in Relation to Measures of Execution against the Property of a Foreign States," *Netherlands Yearbook of International Law,* Vol. 10 (1979), pp. 153–166.

49. Lalive, J. F., "L'immunite de Juridiction des Etats et des Urganisations Internationales", *Recueil DES Cours,* Vol. 84 (1953 II), pp. 205–396.

50. Lauterpacht H., "The Problems of Jurisdictional Immunities of Foreign

States," *BYIL,* Vol. 28 (1951), pp. 220–272.

51.Lee, R. D., "Jurisdiction over Foreign States for Acts of Their Instrumentalities: A Model for Attributing Liability," *Yale Law Journal,* Vol. 94 (1984), pp. 394–414.

52.Leigh, Monroe, "Foreign Sovereign Immunities Act—No Retroactive Application to Confer Jurisdiction," *AJIL,* Vol. 81 (1987), pp. 214–216.

53.Lininger, Tem, "Overcoming Immunity Defenses to Human Rights Suits in U.S. Courts", *Harvard Human Rights Journal,* Vol. 7 (1994), pp. 177–197.

54.Lippman, Thomas W., "Panels Lift Immunity in Terrorism: Proposals Open Nation to Lawsuits by Victims," *Washington Post,* July 3, 1995, at A10.

55.Lord, Herbert M., "Default Judgement against Taiwanese Government Instrumentality Vacated," *International Report* (Curtis, Mallet-Prevost, Colt & Mosle), May 1993, pp. 2–4.

56.Malkin, P. Sue, "Foreign Sovereign Immunity Act-Jurisdiction-Reintroduction of Executive Branch in Immunity Area, *Jackson v. People's Republic of China*", *Suffolk Transnational Law Journal,* Vol. 11 (1987), pp. 251–262.

57.Marston, G., "State Immunity—Recent United Kingdom Developments," *Journal of World Trade Law,* Vol. 13 (1979), pp. 349–355.

58. McCormick, Caitlin, "The Commercial Activity Exception to Foreign Sovereign Immunity and the Act of State Doctrine," *Law and Policy in International Business,* Vol. 16 (1984), pp. 477–538.

59.Molet, H. L. & M. L. Jewett, "The State Immunity Act of Canada," *Canada Yearbook of International Law,* Vol. 20 (1982), pp. 79–122.

60.Murphy, John F., "Foreign Claims", *The International Lawyer,* Vol. 31 (1997), pp. 579–587.

61.Niles, Margaret, "Judicial Balancing of Foreign Policy Considerations: Comity and Errors under the Act of State Doctrine," *Stanford Law Review,* Vol. 35 (1983), pp. 327–361.

62.Nwogugu, E. I., "Immunity of State Property—the Central Bank of Nigeria in Foreign Courts," *Netherlands Yearbook of International Law,* Vol. 10 (1979), pp. 179–196.

63.Paust, J., "Federal Jurisdiction over Extraterritorial Acts of Terrorism and Non-immunity for Foreign Violators of International Law under the FSIA and the Act of State Doctrine," *Virginia Journal of International Law,* Vol. 23 (1983), pp. 191–251.

64.Pax, Thomas J., "Old Bond and New Law: Misunderstanding Sovereign Immunity in the Chinese Railroad Case," *Connecticut Journal of International Law,* Vol. 5 (1990), pp. 629–634.

65.Ress, Gerg, "Final Report on Developments in the Field of State Immunity and Propsals for a Revised Draft Convention on State Immunity", *Report of Sixty-Sixth Conference,* London: ILA, 1994, pp. 452–499.

66.Ress, Gerg, "First Report on Development in the Field of State Immunity Since 1982," *Report of Sixty-Fourth Conference,* London: ILA, 1991, pp. 393–432.

67.Schmitt, Michael N., "State-sponsored Assassination in International and Domestic Law," *Yale Journal of International Law,* Vol. 17 (1992), pp. 609–685.

68.Schreuer, C., "Some Recent Developments in the Law of State Immunity," *Comparative Law Yearbook,* Vol. 2 (1978), pp. 215–236.

69. Sgro, Jill A., "China's Stance on Sovereign Immunity: A Critical Perspective on *Jackson v. People's Republic of China*," *Columbia Journal of Transnational Law*, Vol. 22 (1983), pp. 101–133.

70. Sinclair, I., "The European Convention on State Immunity," *ICLQ*, Vol. 22 (1973), pp. 254–283.

71. Sinclair, I., "The Law of Sovereign Immunity: Recent Developments," *Recueil DES Cours*, Vol. 167 (1980II), pp. 117–284.

72. Sornarajah, M., "Problems in Applying the Restrictive Theory of Sovereign Immunity," *ICLQ*, Vol. 31 (1982), pp. 661–685.

73. Stang, J., "Foreign Sovereign Immunities Act: Ownership of Soviet Foreign Trade Organizations," *Hastings International and Comparative Law Review*, Vol. 3 (1979), pp. 201–229.

74. Steinberger, Helmut, "State Immunity," *Encyclopedia PIL*, Vol. 10, pp. 428–446.

75. Sucharitkul, Sompong, "Immunities of Foreign States before National Authorities", *Recueil DES Cours*, Vol. 149 (1976 I), pp. 87–215.

76. Sucharitkul, Sompong, "Development and Prospects of the Doctrine of State Immunity: Some Aspects of Codification and Progressive Development," *Netherlands International Law Review*, Vol. XXIX (1982), pp. 252–264.

77. Sucharitkul, Sompong, "Fifth Report on Jurisdictional Immunities of States and Their Property," *YBILC 1983*, Vol. II, Part one, A/CN.4/SER. A/1983/add.1 (Part 1), New York: The United Nations, 1983, pp. 25–56.

78. Sucharitkul, Sompong, "Fifth Report on Jurisdictional Immunities of States and Their Property," *YBILC 1983*, Volume II, Part One, Document A/CN.4/363 pp. 17–38.

79.Sucharitkul, Sompong, "Immunity of States," in Mohammed Bedjaui, ed., *International Law: Achievements and Prospects,* Paris: UNESCO & Dordrecht: Martinus Nijhoff Publishers, 1991, pp. 327–346.

80.Sucharitkul, Sompong, "Preliminary Report on Jurisdictional Immunities of States and Their Property," *YBILC* 1979, Vol. II, Part One, A/CN.4/ SER.A/1979/Add.1 (Part 1), New York: The United Nations, 1981, pp. 227–244.

81.Sucharitkul, Sompong, "Second Report of Jurisdictional Immunities of States and Their Property," *YBILC* 1980, Vol. 2, Part One, Document A/ CN.4/331 and Add.1, New York: The United Nations, 1982, pp. 199–229.

82.Sucharitkul, Sompong, "Seventh Report on Jurisdictional Immunities of States and Their Property," *YBILC* 1985, Vol. II, Part One, Document A/ CN.4/388, pp. 21–47.

83.Sullivan, G. B., "Waiver of Sovereign Immunity by Consent to Arbitration : Territorial Scope and Procedural Limits," *Texas Journal of International Law,* Vol. 18 (1983), pp. 329–345.

84.Tarnapol, Debra, "The Role of the Judiciary in Settling Claims against the PRC (China)," *Harvard International Law Journal,* Vol.25 (1984), pp. 355–394.

85.Teitz, Louise Ellen, "International Litigation", *The International Lawyer,* Vol. 31 (1997), pp. 317–353.

86.Theroux, Eugene, and B. T. Peele, "China and Sovereign Immunity: The Huguang Railway Bond Case," *China Law Reporter,* Vol. 2 (1982), pp. 129–152.

87.Thompson, J. G., "Foreign Sovereign Immunity: The Status of Legal Entities in Socialist Countries as Defendants under the Foreign Sovereign Immunities Act of 1976," *Vanderbilt Journal of Transnational Law,* Vol. 12 (1979), pp. 165–184.

88. Trimble, Philip R., "International Law, World Order, and Critical Legal Studies," *Stanford Law Review,* Vol. 42 (1990), pp. 811–845.

89. Trooboff, Peter D., "Foreign State Immunity, Emerging Consensus on Principles," *Recueil DES Cours,* Vol. 200 (1986 V), pp. 235–431.

90. Verhoeven, J., "Immunity from Execution of Foreign States in Belgian Law," *Netherlands Yearbook of International Law,* Vol. 10 (1979), pp. 73–84.

91. Von Mehren, Robert B., "The Foreign Sovereign Immunities Act of 1976," *Columbia Journal of Transnational Law,* Vol. 17 (1978), pp. 33–66.

92. Wang, Guiguo, "China's Attitude toward State Immunity: An Eastern Approach," *Japan and Inter0national Law: Past, Present and Future,* International Symposium in Commemoration of the Centennial of the Japanese Association of International Law, 1997, pp. 168–188.

93. West, Mary B. & Sean D. Murphy, "The Impact on U.S. Litigation of Non-recognition of Foreign Governments," *Stanford Journal of International Law,* Vol. 26 (1990), pp. 435–478.

94. Wetter, J. G., "Pleas of Sovereign Immunity and Act of Sovereignty before International Arbitral Tribunals," *Journal of International Arbitration,* Vol. 2 (1985), pp. 7–20.

95. 陳榮傑，"The Foreign Sovereign Immunities Act of 1976 and Its Application to Commercial Transactions Involving Foreign States"，《臺大法學論叢》，第八卷第二期（民國六十八年六月），頁一六五～一九二。

C. Others

1. Asian-African Legal Consultative Committee, Final Report of the Commission on Immunity of States in Respect of Commercial and Other Transactions of a Private Character (1960).

2. Circular Note Transmitted by the Government of the Federal Republic of Germany to Foreign Embassies in Bonn on 20 December 1973, *UN State Immunity Materials,* p. 87.

3. Comments and Observation from Governments, *YBILC,* Vol. 2, Part 1 (1988), UN Doc. A/CN.4/SER.A/1988, pp. 45–123.

4. Draft Report of the ILC on the Work of its Fortieth Session: Jurisdictional Immunities of States and Their Property, UN GA Doc. A/CN.4/L. 439.

5. Harvard Law School, "Harvard Draft Convention on Competence of Courts in Regard to Foreign States," *Supplement to the American Journal of International Law,* Vol. 26 (1932), pp. 451–738.

6. International Law Association, Montreal Draft Convention on State Immunity, *Report of the Sixty Conference,* London: ILA, 1982, pp. 5–11.

7. International Law Commission (ILC), 41st Session Geneva, 2 May–21 July 1989—Second Report on Jurisdictional Immunities of States and Their Property of *MOTOO OGISO* (Special Rapporteur), UN GA Doc. A/CN.4/422.

8. League of Nations, Report of the Subcommittee of Experts for the Progressive Codification of International Law on Competence of the Courts in Regard to Foreign States, by M. Matsuda, LoN Doc. C.202.M.76.1927.V; *AJIL,* Vol. 22, Supp. (1928), pp. 118–132.

9. Letter from Jack B. Tate, Acting Legal Advisor of the Department of State, to Philip B. Perlman, Acting Attorney General (May 19, 1952), *Department State Bulletin,* Vol. 26 (1952), p. 984.

10. Note from the Change D'Affairs of the Permanent Mission of the Federal Republic of Germany to the Secretariat on 7 August 1979, *UN State Immunity Materials,* pp. 88–89.

11. Organization of American States, Inter-American Draft Convention on Jurisdictional Immunity of States, approved by the Inter-American Juridical Committee, January 21, 1983, *ILM,* Vol. 22 (1983) 292 et seq.

12. Press Release, "Delay in Convening Conference on Immunities of States Called for in Legal Committee," GA/L/3059, 11 November 1997.

13. Press Release, "Sixth Committee Considers Additional Efforts to Complete International Convention on Jurisdictional Immunities of States and Their Property," GA/L/3091, 9 November 1998.

14. Report of the Commission to the General Assembly on the Work of Its Forty-Third Session, *YBILC,* Vol. 2, Part 2 (1991), UN Doc. A/CN.4/SER. A/1991/Add.1 (Part 2), pp. 12–62.

15. Sucharitkul, Sompong, Eighth Report on Jurisdictional Immunities of States and Their Property, UN Doc. A/CN.4/396 (3 March 1986).

16. United Nations, Conference on Diplomatic Intercourse and Immunities, Vienna, 2 March–14 April 1961, Official Records, 2 Vols., UN Doc. A/CONF.20/14 (1962) with Add.1 (1963).

17. United Nations, Jurisdictional Immunities of States and their Property, Information and Materials submitted by Governments, UN Docs. A/CN.4/343 with Add.1–4 (1981).

18. United Nations, Legislative Texts and Treaty Provisions Concerning the

Legal Status, Privileges and Immunities of International Organizations, 2 Vols., UN Docs. St/LEG/SER.B/10 (1959) and 11 (1961).

一般索引

五劃

九劃

十八劃

十九劃

二十劃

二十一劃

二十二劃

國際條約、協定或文件索引

重要判決與案例索引（中文）

重要判決與案例索引（英文）

大雅叢刊書目

法學叢書書目

圖書資訊學叢書書目

三民大專用書書目——政治・外交

書名	著者		服務機構
政治學	薩孟武	著	前臺灣大學
政治學	鄒文海	著	前政治大學
政治學	曹伯森	著	陸軍官校
政治學	呂亞力	著	臺灣大學
政治學	凌渝郎	著	美國法蘭克林學院
政治學概論	張金鑑	著	前政治大學
政治學概要	張金鑑	著	前政治大學
政治學概要	呂亞力	著	臺灣大學
政治學方法論	呂亞力	著	臺灣大學
政治理論與研究方法	易君博	著	政治大學
公共政策	朱志宏	著	臺灣大學
公共政策	曹俊漢	著	臺灣大學
公共關係	王德馨 俞成業	著	交通大學
中國社會政治史(一)～(四)	薩孟武	著	前臺灣大學
中國政治思想史	薩孟武	著	前臺灣大學
中國政治思想史（上）（中）（下）	張金鑑	著	前政治大學
西洋政治思想史	張金鑑	著	前政治大學
西洋政治思想史	薩孟武	著	前臺灣大學
佛洛姆（Erich Fromm）的政治思想	陳秀容	著	政治大學
中國政治制度史	張金鑑	著	前政治大學
比較主義	張亞澐	著	政治大學
比較監察制度	陶百川	著	國策顧問
歐洲各國政府	張金鑑	著	前政治大學
美國政府	張金鑑	著	前政治大學
地方自治	管歐	著	國策顧問
中國吏治制度史概要	張金鑑	著	前政治大學
國際關係 ——理論與實踐	朱張碧珠	著	臺灣大學
中國外交史	劉彥	著	
中美早期外交史	李定一	著	政治大學
現代西洋外交史	楊逢泰	著	政治大學
中國大陸研究	段家鋒 張煥卿 周玉山	主編	政治大學